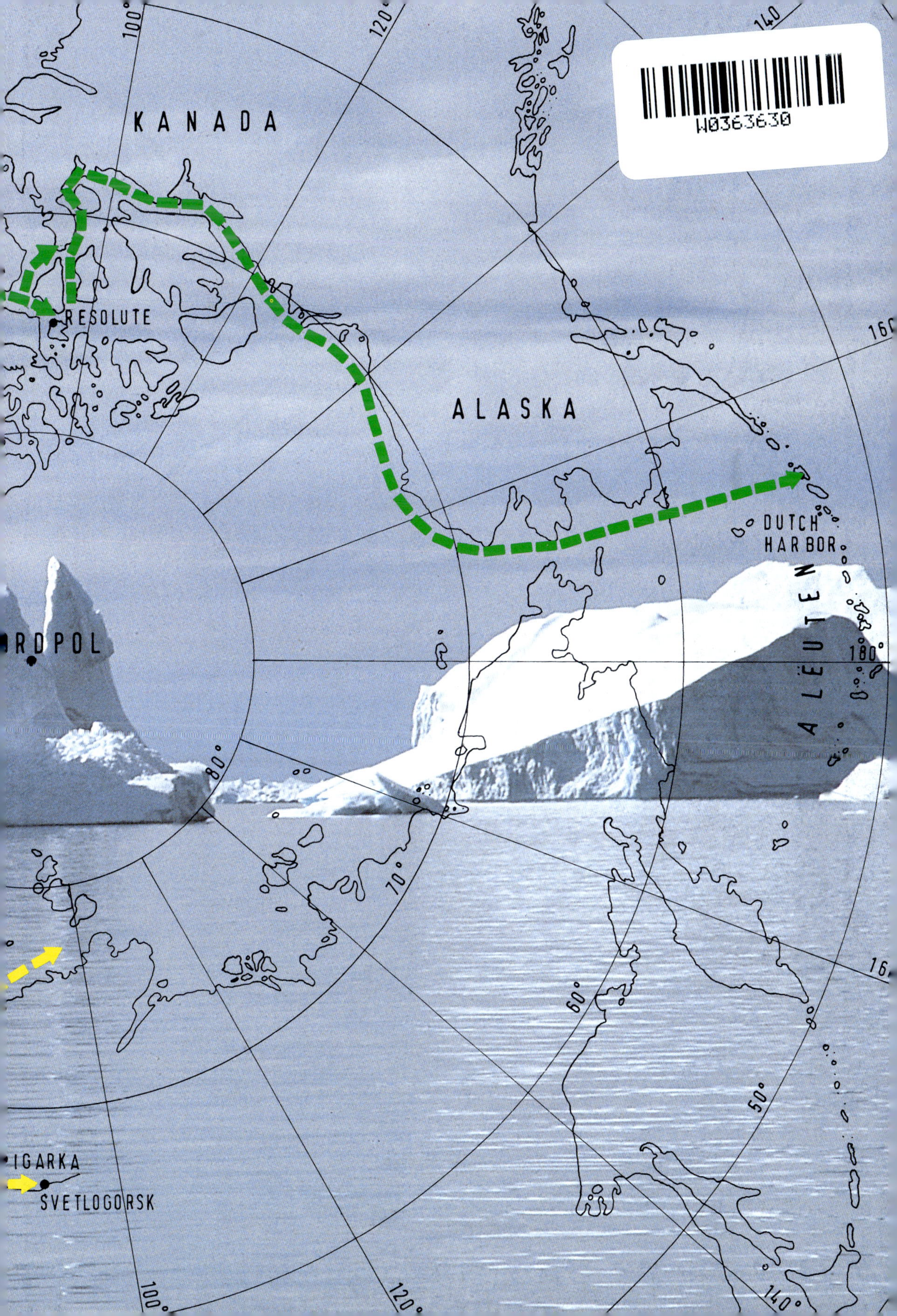
KANADA
RESOLUTE
ALASKA
DUTCH HARBOR
ALEUTEN
RDPOL
IGARKA
SVETLOGORSK
100°
120°
140
160
180°
80°
70°
60°
50°

DELIUS KLASING

ERSTE CIRCUMPOLARE UMRUNDUNG DES NORDPOLS

ICESAIL

GORE

Arved Fuchs

WETTLAUF MIT DEM EIS

Die Durchsegelung der Nord-West-Passage

Delius Klasing Verlag

Von Arved Fuchs sind darüber hinaus folgende Titel im
Delius Klasing Verlag erschienen:
Abenteuer zwischen Tropen und ewigem Eis
Der Weg in die weiße Welt
Im Faltboot um Kap Hoorn
Abenteuer Russische Arktis
Im Schatten des Pols

Die Deutsche Bibliothek – CIP-Einheitsaufnahme

Fuchs, Arved: Wettlauf mit dem Eis: die Durchsegelung der
Nord-West Passage/Arved Fuchs. – 1. Aufl. – Bielefeld: Delius Klasing, 2001
ISBN 3-7688-1303-7

1. Auflage
ISBN 3-7688-1303-7

Die Erstausgabe dieses Titels erschien 1994 bei
Kiepenheuer & Witsch, Köln.

Einbandgestaltung: Gabriele Engel
Druck und Bucheinband: Koelblin-Fortuna-Druck, Baden-Baden
Printed in Germany 2001

Delius Klasing Verlag, Siekerwall 21, D – 33602 Bielefeld
Tel: 05 21/5 59-0, Fax: 05 21/5 59-1 13
e-mail: info@delius-klasing.de
www.delius-klasing.de

Für Dich, Brigitte

Inhalt

Vorwort

Die Expedition ICESAIL war in insgesamt vier Abschnitte untergliedert, von denen der zweite und dritte Teil mit Abstand zu den ereignisreichsten der gesamten Expedition gehörten. Darüber berichtet dieses Buch.

Erstmals in ihrer Laufbahn verbrachte die Dagmar Aaen Tausende von Seemeilen entfernt im unzugänglichen Norden Sibiriens und eingepackt in meterdicken Eisfeldern neun Monate lang einen eisstarrenden Winter – mit all den daraus resultierenden logistischen Problemen. Nach dem dramatischen Eisaufbruch im Frühjahr 1992 folgte die Befahrung des Jennissei und des Kureika, vorbei an verfallenen Gulags aus der Stalin-Ära, durch die scheinbar endlose Taiga und Tundra des russischen Nordens, bis wir schließlich unweit des Kap Tscheljuskins an der Nordküste Sibiriens endgültig von den Packeisfeldern gestoppt wurden. Waren im ersten Jahr der ICESAIL-Expedition die Behörden noch sehr wohlwollend gewesen, so hatte sich das Verhältnis merklich abgekühlt. Die Euphorie über den Besuch des »deutschen Schiffes« war einer ablehnenden Haltung der zuständigen Behörden gewichen, und das bürokratische Eis war häufig schwieriger zu durchdringen als das polare. Immerhin waren uns die Kapitäne der großen Eisbrecher wohlgesonnen und zeigten sich beeindruckt von der Zähigkeit unseres kleinen Kutters, der auch den widrigsten Naturverhältnissen mit stoischer Ruhe trotzte. Ebenso wie die einfache Bevölkerung waren sie es, die uns nach Möglichkeit unterstützten. Dennoch ist man in diesem riesigen Land letztendlich völlig auf sich allein gestellt. Schweren Herzens flüchteten wir vor dem Eis des ungewöhnlich früh einsetzenden Winters und überwinterten im norwegischen Tromsö.
Die dritte Etappe der ICESAIL-Expedition führte uns zur Insel Jan Mayen und weiter nach Island, wo ein von uns initiiertes internationales Jugendprojekt stattfand. Die anschließende Befahrung der gesamten grönländischen Westküste sowie die vollständige Durchfahrung der Nord-West Passage stellten den absoluten Höhepunkt dar. Kompakter und eindringlicher kann eine solche Expedition kaum sein. Mehrfach stand dabei nicht nur der Erfolg der Expedition auf der Kippe, sondern auch das Überleben des Schiffes, das von mächtigen Packeisfeldern in die Zange genommen wurde und nur Dank seiner soliden Bauart einer Zerstörung entging.
Spannungsgeladen und abwechslungsreich waren diese Abschnitte der Expedition, die auch nach mehreren Jahren Abstand in meiner Erinnerung noch genauso lebendig sind wie damals, als wir erschöpft und mit einem angeschlagenen Schiff, aber überglücklich im Hafen Dutch Harbor auf den Aleuten einliefen, um Zuflucht vor den schweren Herbst- und Winterstürmen der Beringsee zu suchen. In meiner persönlichen Erinnerung werden diese Etappen der ICESAIL-Expedition immer eine herausragende Rolle einnehmen. Deshalb freue ich mich, daß der lange vergriffene Bericht jetzt wieder vollständig und ungekürzt vorliegt.

Bad Bramstedt im Mai 2001
Arved Fuchs

Einleitung

Als wir im September 1991 nach rund 7400 Seemeilen und 139 Reisetagen mit unserem Schiff, der »Dagmar Aaen«, im sibirischen Hafen Igarka festmachten, da hatten wir eine spannende und erlebnisreiche Reise hinter uns. Von Hamburg waren wir im April 1991 gestartet, um innerhalb von 3 Jahren auf den historischen Routen den Nordpol zu umsegeln. Igarka, tief im Innersten Sibiriens gelegen, sollte der Abschluß der ersten Etappe und unser Winterhafen werden. Wir waren seit der Oktoberrevolution das erste private westliche Schiff, das die Genehmigung zur Durchfahrung der Nord-Ost Passage erhalten hatte. Wir hatten dramatische Momente erlebt. Als wir einreisten, gab es die alte Sowjetunion noch – wenige Wochen später nicht mehr. Wir hatten den Putsch 1991 und das Ende der kommunistischen Machtkonstellation hautnah mitverfolgen können. Die arktischen Inseln, die seit Jahrzehnten keiner besuchen durfte, standen uns erstmalig offen. Es war eine in vieler Hinsicht anstrengende, aber großartige Reise gewesen. Jetzt waren wir in dem fremden Igarka, um das Schiff für den nahenden arktischen Winter mit Temperaturen von unter –50 Grad aufzulegen. Und trotzdem stand die Expedition ICESAIL zu diesem Zeitpunkt erst an ihrem Anfang.

Inzwischen sind 2 weitere Expeditionsjahre vergangen. Über diese berichtet das vorliegende Buch. Aus den ursprünglich geplanten 3 Jahren Expeditionsdauer sind 4 geworden. Stürme und meterdicke Packeisfelder haben unser Schiff, die »Dagmar Aaen«, nicht nur einmal eingeschlossen. Vieles ist anders gelaufen als ursprünglich geplant. Aber dadurch ist die Expedition nicht ärmer, sondern reicher geworden. Die Natur, und besonders die Arktis, läßt sich – Gott sei Dank – nicht verplanen. Viele Inhalte und Aktionen sind in die Expedition aufgenommen worden, die ebenfalls in der ursprünglichen Planung nicht vorgesehen waren. Anstatt, wie ursprünglich geplant, durch die russische Arktis nach Alaska zu gelangen, sind wir durch die legendäre Nord-West Passage, also durch die kanadische Arktis, dorthin gesegelt. Das Packeis wollte es so und nicht anders! Aber es sind nicht nur die Abenteuer, die Stürme und Packeisfelder, die uns immer wieder beschäftigt haben. ICESAIL ist eine Erlebnisreise. Nicht die Probleme sind es, die uns in die Arktis ziehen, sondern die landschaftliche Schönheit, die Fülle der Erlebnisse und die Freundlichkeit der dort lebenden Menschen. Seit der ersten Überwinterung in Igarka sind viele Eindrücke dazugekommen. Neue, uns bislang unbekannte Teile Sibiriens haben wir ebenso aufgesucht wie die entlegene Jan Mayen-Insel, Island, Grönland, Alaska und schließlich die Nord-West Passage. Niemals zuvor hat es eine Expedition gegeben, die so umfassend die arktischen Landschaften besucht hat. Die Umsegelung des Nordpols auf der, wie wir es nennen, »wahren Nordroute«, ist viel mehr als »nur« eine Segelreise durchs Eis. Es ist ein faszinierendes Erlebnis mit ständig wechselnden Eindrücken von großer Intensität. Warum machen wir das? Weil es uns Spaß bringt! Auch wenn es oft harte Arbeit ist und das Zusammenleben an Bord unter extremen Bedingungen nicht immer einfach ist – die Gemeinsamkeiten und die Freude über das gelebte Abenteuer überwiegen.

Wir segeln um den Nordpol – segeln Sie mit.

Der Winter beginnt

9 Monate liegt die »Dagmar Aaen« im Eis des Jenissei. Die Polarnacht mit Temperaturen, die bis zu –58 Grad Celsius erreichen, stellt hohe Anforderungen an das Schiff und die Wintercrew.

Die erste Überwinterung der »Dagmar Aaen« im sibirischen Igarka begann am 9. September 1991. An diesem Tag verließen wir mit einem kleinen Charterflugzeug unser Schiff und flogen Richtung Moskau. Obwohl jeder froh war, nach rund 5 Monaten der Enge des Schiffes entfliehen und sich den Annehmlichkeiten des zivilisierten Lebens zuwenden zu können, war es für mich ein eigenartiges Gefühl, das Schiff an diesem Ort zurückzulassen. Wir waren nach 5 Monaten an Bord ausgelaugt. Die Enge an Bord, das absolute Fehlen jeglicher Privatsphäre hatten uns zu schaffen gemacht.
Wie nach jeder Reise würde ich auch nach dieser ersten Etappe eine sorgfältige Analyse vornehmen, um einmal gemachte Fehler nicht zu wiederholen. Aber das hatte noch Zeit. Vorerst galt meine Sorge dem Schiff. Eine Überwinterung birgt so viele Unwägbarkeiten und Risiken, daß ich mich einfach nicht von der »Dagmar Aaen« lösen konnte. Dabei waren alle Maßnahmen getroffen worden, um sie sicher durch den Winter zu bringen: Die Hafenverwaltung hatte sich vertraglich verpflichtet, sich um das Schiff zu kümmern. Diesel für die Öfen würde in ausreichender Menge bereitgestellt werden – bei der gespannten Versorgungslage in Rußland durchaus keine Selbstverständlichkeit.
Stromanschluß von Land war gewährleistet, das Schiff verfügte über ausreichend Lebensmittel, und die Stadtverwaltung sowie die Einwohner Igarkas waren uns sehr freundschaftlich gesonnen. Man hatte uns unter die »Fittiche« genommen. Alex, ein junger Russe, würde mit einer kurzen Unterbrechung den ganzen Winter auf dem Schiff verbringen. Ihm zur Seite sollte jeweils mindestens ein Deutscher stehen. In einer geheizten Garage hatten wir die »Polaris«, unser Ultralight-Flugzeug, nebst anderen Ausrüstungsteilen unterstellen können. Rettungsinsel, Außenborder, Vorsegel und Schwimmwesten wurden winterfest eingelagert. Sämtliche Antennen wurden abmontiert und unter Deck verstaut. Wir hatten die Navigationsinstrumente vorsorglich demontiert und in einer Koje im Mittschiff verpackt. Der Mittschiffsraum würde in jedem Fall irgendwie beheizt sein. Eine Frage quälte mich immer wieder: »Wie gut wird der Rumpf gegen die brutale Kälte isoliert sein?« 6 Zentimeter Eichenplanken, die Spanten und schließlich die Innenbeplankung, Wegerung genannt, waren das Bollwerk gegen die Kälte. Ich hatte angeordnet, daß Schnee rund um das Schiff angehäuft werden sollte – als zusätzliche Isolierung. Desgleichen sollte auch auf Deck kein Schnee gefegt werden, sondern als schützende Schicht liegenbleiben. Alle 3 Abteilungen des Schiffes konnten voneinander getrennt beheizt werden: im Vorschiff durch einen Reflex-Dieselofen mit eigenem Tank, das Mittschiff durch den Dickinson-Dieselherd sowie einen weiteren Reflex-Dieselofen. Letzterer versorgt über eine Umwälzpumpe einen Heizkörper im Navigationsraum mit Heißwasser und Wärme. Zusätzlich verfügten wir über 2 Heizlüfter, die bei Ausfall einer der Öfen nach Bedarf zugeschaltet werden konnten. Die Maschinenanlage war winterfest gemacht, und die Bilgen waren ein letztes Mal gelenzt worden. Die »Dagmar Aaen« macht so gut wie kein Wasser. Während des gesamten Winters mußten die Bilgen nicht einmal gelenzt werden. Für ein traditionell gebautes Holzschiff durchaus nicht die Regel. Raimer Fuhlendorf hatte den Proviantplan vor Antritt der Reise so umsichtig zusammengestellt, daß die Überwinterer gut von dem leben konnten, was an Bord vorhanden war. Ein Risikofaktor während des langen Winters würde die Brandgefahr sein. Die Öfen würden den ganzen Winter hindurch brennen müssen. Dabei ist die Luft trocken, und die »Dagmar Aaen« besteht aus gut abgelagertem Holz. Daher war das erste Gebot: Niemals darf das Schiff ohne Aufsicht sein. Egal was passiert, eine Person muß ständig ein Auge auf die Öfen haben. 2 Kettensägen lagen stets im Navigationsraum parat, um notfalls Eisschollen zu zersägen, die bedrohlichen Druck auf den Rumpf ausüben könnten. Schließlich hatten wir noch eine Persenning über das Mittschiff gezogen, um den Einstiegsbereich von Schnee freizuhalten. Derart gewappnet hatten wir die »Dagmar Aaen« zurückgelassen; zwar noch im offenen Wasser und noch nicht am endgültigen Liegeplatz, aber

gut vorbereitet auf den sibirischen Winter. Die zweite Septemberhälfte und die ersten 2 Wochen des Oktobers würden noch unproblematisch sein. Die Eisbildung setzt immer erst Mitte Oktober ein. Deshalb reichte für die ersten Wochen auch eine Wachperson aus. Erst wenn das Eis des Jenissei eine Stärke von mehreren Zentimetern haben würde, müßte das Schiff ein letztes Mal verholt werden. Ein Schlepper sollte dazu das Eis brechen und die »Dagmar Aaen« zum endgültigen Winterliegeplatz schleppen. Dort würde das Schiff einfach im Eis liegenbleiben, ohne Anker oder Festmacherleinen, einfach in der vom Schlepper gebrochenen Rinne einfrieren, etwa 50 Meter vom Ufer entfernt.
Zu diesem Zeitpunkt sollte Jörn Bohlmann, ein junger Hamburger, bereits an Bord sein. Jörn hatte ich über einen Brief kennengelernt, den er mir vor einiger Zeit geschrieben hatte. Darin hatte er sein großes Interesse an der Expedition erklärt und den Wunsch geäußert, in der einen oder anderen Form daran teilzunehmen. Viel Zeit hatten wir nicht, uns gegenseitig kennenzulernen. Wir trafen uns, und er war mir sofort sympathisch. Statt in einer Wohnung zu leben, hatte sich Jörn einen alten Bauwagen umgebaut, einen jener schönen Bauwagen, die noch ganz aus Holz gefertigt sind. Die Standorte für den Bauwagen wechselt er nach Belieben. Wenn es ihm irgendwo nicht mehr gefällt, leiht er sich bei einem Bauern einen Trecker aus und reist mit seiner »Wohnung« zu einem anderen Standort. Meist in einer landschaftlich schönen Umgebung an der Elbe. Die Einrichtung ist urgemütlich, ein bißchen wie auf dem Schiff. Der Mann würde keine großen Probleme haben, sich auf der »Dagmar Aaen« einzuleben. Zudem ist Jörn mit Herz und Seele Segler und von Beruf Segelmacher. Es sollte für ihn die erste große Auslandsreise werden – und dann gleich nach Sibirien! Das Lampenfieber war ihm deutlich anzumerken. Aber ich mochte seine Begeisterungsfähigkeit. Wie sich später zeigte, hatte ich mit Jörn eine sehr gute Wahl getroffen. Allerdings – wie bei so vielen Menschen, die mit der »Dagmar Aaen« zu tun haben – wuchs auch bei ihm der Wunsch, noch intensiver mit der Expedition zu verwachsen. Und je näher die Stunde seines Abschieds von Igarka kam, desto eindringlicher wurde seine Bitte, doch auch im Sommer an der Reise teilnehmen zu können. Jens Holst, ein langjähriger Freund aus Bad Bramstedt, sollte Jörn ablösen. Jens ist auslands- und reiseerfahren. Sibirien war allerdings auch für ihn Neuland. Er reiste zu einem Zeitpunkt nach Igarka, als das Schiff bereits an seinem Winterliegeplatz eingefroren war. Für einige Zeit lebte er zusammen mit Jörn und Alex auf dem Schiff, um in alle Einzelheiten des winterlichen Bordbetriebes eingewiesen zu werden. Dann reiste Jörn zurück nach Hamburg, und Jens übernahm die Schiffsleitung. Da Alex kein Wort Deutsch oder Englisch sprach und weder Jörn noch Jens russische Sprachkenntnisse hatten, war das gemeinschaftliche Leben an Bord nicht einfach. Aber die Überwinterer arrangierten sich und wurden bald Freunde. Ein lustiges Sprachgemisch aus Russisch, Englisch und Deutsch entstand, das nur von der Schiffsbesatzung verstanden werden konnte. »Pietschka schlecht arbeiten – Blecha Mucha!« war ein geflügeltes Wort an Bord. »Pietschka« bedeutet Ofen, »Blecha Mucha« ist ein Schimpfwort und wird besser nicht übersetzt. Die Öfen mußten ständig gewartet werden. Verunreinigter Diesel sorgte immer wieder für verstopfte Leitungen und Regler. Wenn einer der Öfen ausfiel, sank die Temperatur dramatisch schnell ab. Mit kalten Fingern mußte dann der Regler zerlegt und gereinigt werden, bevor der Ofen erneut Wärme spendete. Logbuch 3. Dezember: »Wir beklagen den Ausfall des Vorschiffofens. Grund: Bei –40°Celsius ist der getankte Diesel zähflüssig geworden. Damit ist klar, daß man uns beim Tanken am 20. Oktober keinen Arktis-Diesel gegeben hat, obwohl ich das ausdrücklich verlangt hatte. Mit der Heißluftpistole versuchen wir, Tank und Leitung zu erwärmen – mit mäßigem Erfolg. Die Temperatur im Vorschiff ist auf –8° und später auf –10° gesunken.« Das Beheben solcher Zwischenfälle dauerte mitunter Stunden und war bei der extremen Kälte harte Arbeit. Dieselfässer mußten bewegt und umgepumpt werden, um die geheiligten Öfen am

Brennen zu halten. Nur wer eine Kälte von –40° einmal erlebt und gespürt hat, weiß den Wert eines bullernden, wärmespeienden Ofens zu schätzen. Am 4. Dezember notiert Jens ins Logbuch: »Abends friert das Schiebeluk vom Mittschiff zu. Anderentags kann ich es erneut vom Eis befreien, eine Arbeit, die häufiger notwendig sein wird. Von innen die Auflage des Luks mit einem Metallsägeblatt gereinigt – geht am besten.« Einmal war das Luk so solide zugefroren, daß Jens sich beim Versuch, es zu öffnen, fast einen Rückenwirbel verrenkt hätte. So groß waren seine Schmerzen, daß er im Krankenhaus von Igarka mit Akupunktur behandelt werden mußte.

Anfang Dezember hatten zudem die gefürchteten Eispressungen eingesetzt. Der zerstörerischen Wirkung solcher Pressungen sind ungezählte Schiffe zum Opfer gefallen. Ich habe selten etwas Unheimlicheres erlebt als Eispressungen. Völlig hilflos ist man diesem Naturphänomen ausgesetzt. Die Pressungen können abrupt, ohne jede Vorwarnung einsetzen, alles ihnen im Wege Stehende zerstören und dann genauso plötzlich wieder aufhören. Berühmte Schiffbauer, allen voran der Norweger Colin Archer, der für Fridtjof Nansen die »Fram« gebaut hatte, setzten sich lange mit dem Problem auseinander. Dabei gab man den Versuch schnell auf, Schiffe zu bauen, die so stark waren, dem Eisdruck standzuhalten. Das ideale Polarschiff mußte dem Eisdruck ausweichen können. Die »Fram« hatte deshalb eine Eiform erhalten. Dadurch wurde ihr Seeverhalten zwar beeinträchtigt, aber Eispressungen drückten sie einfach nach oben, ohne Schaden anrichten zu können. Damit wurde sie zum Inbegriff des Polarschiffes. Die »Fram« überstand die Polardrift ohne Schaden und bewährte sich auf späteren Expeditionen unter härtesten Eisbedingungen. Auch die Deutschen ließen nach den Plänen der »Fram« in Kiel die »Gauss« bauen, ebenso wie Roald Amundsen die »Maud« als Nachfolgeschiff der »Fram«, nachdem diese sich als zu alt erwiesen hatte. Die »Dagmar Aaen« war ursprünglich nicht für das Polareis konstruiert worden, sondern für den Fischfang in der Nordsee. Deshalb mußte sie zuallererst ein seetüchtiges Schiff sein, das auch den Winterstürmen standhalten würde. Allerdings weist ihr Unterwasserschiff runde Formen auf, so daß sie bei Pressungen ebenfalls in die Höhe gehoben werden konnte, sofern sie dem ersten Ansturm des Eises standhielt. Lange hatten wir mit den Schiffbauern in Dänemark sowie meinem Freund Detlev Löll beraten, was konstruktiv zu geschehen habe, um das Schiff »eistüchtig« zu machen. Das Resultat konnte sich sehen lassen. Aber die Nagelprobe stand natürlich noch bevor. Ich war ziemlich aufgeregt, als ich aus Igarka ein Telegramm erhielt mit der Mitteilung, daß Eispressungen eingesetzt hatten und das Schiff in den Verbänden ächzte und krachte. Ich kenne dieses Naturereignis nur zu gut. Unzählige Male bin ich auf Expeditionen im Nordpolarmeer von dem Knacken, Pfeifen und Zischen im Zelt geweckt worden. Risse bildeten sich plötzlich im Eis – wie bei einem Erdbeben – und tonnenschwere Eisbrocken wurden anscheinend schwerelos in die Höhe gedrückt. Und so plötzlich, wie der Spuk begonnen hatte, so schnell war er auch wieder vorbei. Trotzdem – einschlafen konnte ich danach nicht mehr. Würde sich das Schiff wirklich, wie berechnet, heben? Würden die Spanten, die Decksbalken und die zusätzlich montierten Eichenverstrebungen dem enormen Druck widerstehen? Ich verfluchte in diesen Tagen meine Vortragstournee, die Pressegespräche und andere Verpflichtungen. Auch wenn ich wußte, daß ich nicht mehr tun konnte als die Crew an Bord oder die wintererfahrene Hafenverwaltung von Igarka, so war ich doch in einem erheblichen Maße beunruhigt und mißgelaunt. Da erreichte mich ein weiteres Telegramm aus Igarka: »Das Schiff wird vom Eis hochgedrückt. Der Bug hat sich ein ganzes Stück gehoben«. Ich war erleichtert, stolz auf mein Schiff, auf die Leute an Bord, die Bootsbauer und auch ein wenig auf mich selbst.

Da fast immer 2 Personen an Bord waren, hatte einer der beiden die Möglichkeit, sich für ein paar Tage zu verabschieden, um auf Skitour zu gehen. Die Ausrüstung dafür war an Bord vor-

Trotz Polarnacht und sibirischer Kälte harrt die Wintercrew auf der »Dagmar Aaen« aus.

handen. Fast jeder der Überwinterer machte Gebrauch davon. Schnell hatten sich persönliche Freundschaften mit den Menschen in Igarka gebildet. Einladungen zu Ausflügen in die Umgebung gab es viele. Jörn schreibt am 12. November ins Logbuch: »Bin am Freitag mit einigen Waldläufern auf Skitour gestartet. Daß wir statt der geplanten 2 Tage 5 Tage blieben, war ausgezeichnet. Ich habe noch nie eine so hinreißend schöne, melancholische Landschaft gesehen!« Begeisterung für die Natur und die Menschen, denen die Überwinterer begegnen, schwingt immer wieder in den Tagebuchaufzeichnungen mit.

Da ist Evgeni, ein Künstler, der während des Winters Drucke von der »Dagmar Aaen« anfertigt, die sie in den unterschiedlichen Stadien der Überwinterung zeigt. Slava Gorchakov, der Chefredakteur der lokalen Zeitung, der der Crew in allen Bereichen hilft, ihr freundschaftlicher Berater, Dolmetscher, Organisator und Gastgeber zugleich ist, und die Bürgermeister kümmern sich persönlich um das Wohlergehen der Seeleute. Und im Laufe der Monate findet so etwas wie eine »Adoption« des Schiffes samt Crew statt. Vorbei die Zeit, in der man mit großen Augen unsere farbenfrohe Gore-Tex Kleidung betrachtete. Keiner, der sich mehr umdrehte, wenn einer von uns ins Restaurant oder in den »Club« trat. Wie mir später Leute aus Igarka sagten, wuchs bei der Bevölkerung auch so etwas wie Respekt vor der Wintercrew. Auch bei der ersten großen Kälte gerieten Schiff und Besatzung nicht in Gefahr. Die »Dagmar Aaen« war weitgehend autark. Im Gegenteil, wenn es draußen bei –40° stürmte, konnte man unter Deck im T-Shirt bei +20° Zimmertemperatur sitzen und beim Schein der Petroleumlampen einen Teepunsch trinken. Jens hatte um das

Schiff herum zusätzlich einen Schneewall aufgeworfen, um die Isolierung zu verbessern. Selbst im Maschinenraum, der lediglich durch einen Heizkörper vom Navigationsraum aus beheizt wurde, sank die Temperatur selten auf den Gefrierpunkt. Und wenn es geschah, dann nur, weil einer der Öfen kurzzeitig den Dienst quittiert hatte, was auf verschmutzten Diesel zurückzuführen war. Obwohl das Eis eine Stärke von 1,5 Meter erreichte, konnte den ganzen Winter hindurch unser Pumpklo benutzt werden. Wir hatten den Auslaß in etwa 2 Meter Wassertiefe installiert. Der Wassereinlaß lag sogar bei 2,20 Meter. Auf diese Weise war auch die Frischwasserversorgung kein Problem. Die Überwinterer entnahmen dem Jenissei Wasser, das sie dann abkochten.

Kurz vor Weihnachten war die erste Hälfte meiner Vortragstournee vorbei. Umgehend setzte ich mich in ein Flugzeug, um nach Igarka zu fliegen. Harm Warnemünde und Falk Mahnke, 2 langjährige Freunde aus Bad Bramstedt, sowie Helmut Hammele, einer der Expeditionsteilnehmer, flogen mit, Helmut einfach aus Interesse. Er war ein Mann der ersten Stunde, als es darum ging, ein geeignetes Schiff für die ICESAIL-Expedition zu finden. Harm und Falk waren noch nie auf einer Expedition gewesen, ihr Beruf hatte es nicht erlaubt. Jetzt war es ihnen gelungen, sich Zeit zu nehmen. Beide planten, 1993 eine Etappe mitzusegeln, weil sie die Reise und was damit verbunden war interessierte: das Schiff, Rußland und vielleicht auch die andere Art zu leben. Falk sollte mir darüber hinaus helfen, einen Wunsch der Stadtväter von Igarka zu erfüllen: Eine neue Bäckerei stand ganz oben auf ihrem Wunschzettel. Um für rund 25 000 Einwohner eine Bäckerei zu installieren, braucht man einiges Fachwissen, über das ich nicht verfüge. Falk ist Experte, er sollte sie beraten.

Es war kalt für uns, als wir in Igarka landeten, milde für die Überwinterer, die uns hemdsärmlig empfingen. Alex war, wie wir erfuhren, mit der Wartung der Öfen keinesfalls ausgelastet und hatte den Freiraum dazu genutzt, die Herzen einiger junger Mädchen zu brechen. Er war richtig in Terminstreß geraten. Dabei waren seine diversen Liebschaften einer der Gründe gewesen, sich für einige Monate aus Ryazan abzusetzen. Er schien sehr talentiert auf diesem Gebiet zu sein! Jens hatte sich zu diesem Zeitpunkt bereits von seiner Rückenverletzung erholt und sah gut aus. Das Wiedersehen mit dem Schiff löste bei mir Wiedersehensfreude aus: Es war das gleiche gute, alte Schiff! Alles war vertraut, grundsolide und bestens erhalten. Wie ein Bollwerk gegen Sturm und Eis lag die »Dagmar Aaen« eingefroren in meterdickem Eis, als wäre es das Selbstverständlichste von der Welt. Aber trotzdem war irgendwie alles anders. Die Landschaft, der Fluß und die Häuser wirkten durch den Schnee und den strengen Frost total verändert. Das war nicht mehr das Igarka, das ich im September gekannt hatte. Nur wenige Stunden Dämmerlicht gab es um die Mittagszeit. Ansonsten war es finster, von gelegentlichen Polarlichtern unterbrochen. Mit einem Mal wurde mir klar, daß die Expedition weitergegangen war. Sie befand sich in einem neuen Stadium. Ich wußte plötzlich wieder, warum ich Abend für Abend auf einer Bühne stand und Vorträge hielt. Ich wußte auch, daß ich vieles hinter mir gelassen hatte: die Diskussionen über mangelndes Frischgemüse auf Franz-Josef-Land oder die verletzte Eitelkeit anderer. Den Wunsch nach Frischgemüse, Joghurts oder Obst auf unserer letzten Fahrt konnte ich gut nachvollziehen, aber schließlich befanden wir uns auf keiner Kreuzfahrt, sondern auf einer Expedition. Niemals zuvor hatte ich auf einer meiner Expeditionen derart gut und abwechslungsreich gegessen. Und Raimer als Koch hatte seinen Teil dazu beigetragen, immer wieder Abwechslung in den Speiseplan zu bringen. Ein Bekannter, der das Whitbreadrennen mitgesegelt hatte, äußerte sich erstaunt über die Reaktion einiger Crewmitglieder: »Im Gegensatz zu unserer spartanisch eingerichteten Rennyacht ist die ›Dagmar Aaen‹ geradezu eine ›Luxusyacht‹«. Aber häufig muß auf Schiffen das Essen herhalten, um persönliche Probleme zu kompensieren. Einige der alten Crewmitglieder würden auf der zweiten Etappe der ICESAIL-Expedition nicht mehr dabeisein.

Das Problem war, daß die Crew auf engstem Raum über Monate hinweg zusammenleben mußte. Für manche war das vollkommen ungewohnt, sie wußten nicht, wie sie mit dieser Belastung zurechtkommen würden. Und wir hatten es erlebt: Nicht jedem gelang der Umgang mit dieser Situation gleichermaßen gut. Andere wiederum würden aus beruflichen Gründen nicht mehr mitfahren können. Detlef Soitzek etwa unterhält gemeinsam mit einem Freund ein eigenes großes Segelschiff, die »Thor Heyerdahl«. Er war einfach nicht abkömmlich für diese Saison. Neu im Team würden Peter Lechhart, Jörn Bohlmann, Ragna Koch, Miroslav Jakes und Henryk Wolski sein. Peter Lechhart ist ein alter Freund von mir, mit dem ich neben zahlreichen Bergtouren auch mit seinem Segelboot der »Golden Goose« den Atlantik überquert habe. Er ist in vielen Dingen mein Lehrer gewesen und würde mein Vertreter auf dieser Etappe sein. Jörn als gelernter Segelmacher würde die Rolle des Bootsmanns übernehmen. Miroslav Jakes stammt aus Prag und ist aktiver Bergsteiger. Die Seefahrt ist ein neues Betätigungsfeld für ihn. Aber da er auch Grönland durchquert hat, bringt er einschlägige polare Erfahrung mit ein und wird sich schnell in den Bordbetrieb einfinden. Henryk Wolski aus Polen ist auf dem Wasser groß geworden, Segeln bedeutet ihm alles. Wir kennen uns seit 1990. Damals war er auf einigen der Trainingsreisen mitgefahren und hatte gezeigt, was in ihm steckt. Darüber hinaus gibt es nichts, was ihn aus dem seelischen Gleichgewicht werfen könnte. Immer ruhig, immer gut gelaunt und zu einem Spaß aufgelegt, ist er eine echte Bereicherung der Mannschaft. Last, but not least Ragna Koch. Ragna ist mit 24 Jahren die Jüngste im Team. Da sie meine Cousine ist, kennen wir uns gut, allerdings nicht unter so extremen Bedingungen wie auf dem Schiff. Doch ich traue ihr diese Aufgabe zu. Zu Recht, wie sich zeigt. Unheimlich engagiert fügt sie sich in die Mannschaft ein, reagiert schnell und besonnen und wird damit zum unverzichtbaren Teil der Crew.

Hier lag sie, die »Dagmar Aaen«, bewegungslos, aber voller Leben. Tiefgefroren außen, aber mollig warm im Innern – eine Insel im Eis. Eine Insel auch im übertragenen Sinn. Sie ist unser Stück Freiheit und unsere Unabhängigkeit. Unser Werkzeug, um unsere Träume zu verwirklichen. Die Zeit war weitergelaufen seit Weihnachten 1991. Und als ich in die frischen Gesichter von Jens und Alex blickte, wußte ich, was mir die letzten Wochen und Monate gefehlt hatte: das freie und nach anderen Gesetzmäßigkeiten verlaufende Leben. Der Wunsch, einfach hierzubleiben und zu überwintern, wurde fast übermächtig. Indem ich das Schiff betrachtete und mit meinen Freunden zusammensaß, kam die Welt wieder in Ordnung. Die wenigen Tage, die wir in Igarka auf der »Dagmar Aaen« verbrachten, vergingen wie im Zeitraffer. Plötzlich standen wir wieder auf dem Flugplatz und jetteten in eine andere Welt zurück. Eine Welt, die für Falk und Harm bislang die Regel war und der sie gewiß auch nicht entfliehen mochten. Trotzdem waren sie gefangen von den Eindrücken. Falk meldete sich sogleich wieder an, um im Frühjahr mit uns nach Igarka zu fliegen. Der Bäckerei wegen, wie er mit ernster Miene sagte… Die Temperatur in Igarka fiel in den folgenden Wochen auf den Tiefstand des Winters. Jens vermeldete den schwersten Schneesturm, den er bisher erlebt hatte. In Igarka wurden offizielle –58° gemessen! Zu Weihnachten hatten Einwohner von Igarka am Klüverbaum einen kleinen Tannenbaum aufgestellt und ihn mit Glaskugeln geschmückt. Obwohl das russische Weihnachtsfest auf ein späteres Datum fällt und während der kommunistischen Ära ohnehin kaum gefeiert wurde, versuchte man, den deutschen Gästen eine heimische Atmosphäre zu schaffen. Heiligabend hatten Alex und Jens Slava mit seiner Frau Valentina und Tochter Sveta zum Essen eingeladen. Eine festlich gedeckte Tafel im Mittschiff sorgte für den stimmungsvollen und kulinarischen Rahmen.

Die »Dagmar Aaen« war kein Fremdkörper mehr in Igarka. Vielmehr wurde sie im Verlauf des Winters zu einer festen Institution – und zu einem »Igarker Schiff«, das wie selbstverständlich dem sibirischen Winter trotzte.

Eine Insel im Eis

Während draußen alles in Schnee und Eis versinkt, ist es unter Deck warm und trocken. Auch im übertragenen Sinn stellt die »Dagmar Aaen« eine lebenserhaltende Insel im Eis dar.

11. Mai 1992
Übernächtigt blicke ich aus dem Bullauge der zweimotorigen Antonow AN 24 auf die gleißenden Schneefelder, die langsam unter dem Flugzeug dahinziehen. Eine baumlose Tundralandschaft, unterbrochen von gefrorenen Flußläufen und Seen: Sibirien. Wir waren gestern von Ryazan aus mit der gecharterten Antonow gestartet und mit einigen Zwischenstops in Workuta gelandet. Der Name Workuta weckt grausame Assoziationen. Für viele Kriegsgefangene war das Arbeitslager von Workuta Endstation im wahrsten Sinne des Wortes. Bis heute unterhalten die Russen dort ein Arbeitslager für Kriminelle. Man muß die Landschaft gesehen, die Kälte erlebt haben, um zu verstehen, was das bedeutet. Die Verbannung nach Sibirien kam häufig einem Todesurteil gleich; nicht nur wegen der Kälte, sondern auch wegen der Lebensumstände. Das Leben im Lager war geprägt von Erniedrigungen, Korruption, Sadismus und menschenverachtender Fronarbeit, die über kurz oder lang im totalen physischen und psychischen Zusammenbruch endete. Aufstände wurden blutig niedergeschlagen, die Lagerinsassen waren der Willkür der Aufseher ausgesetzt, und das Essen hätte nach Menge und Qualität selbst in gemäßigteren Klimazonen kaum gereicht. Ohne pathetisch werden zu wollen – Workuta war, wie viele andere Gulags, die Hölle. Selbst heute noch wirkt der Ort düster und abweisend. Das mag an der Jahreszeit und den vielen matschigen Straßen liegen, wohl aber auch an den Betonfassaden der Häuser mit ihren verwitterten Farbresten sowie insgesamt am sozialistischen Baustil. Workuta hat sich zu einer Stadt entwickelt mit Hotels, Autos, Bussen und Fabriken und Menschen, die einer ganz normalen Tätigkeit nachgehen. Aber die Erinnerung lastet auf der Stadt.
Wir sind froh, als wir nach einigen Stunden die qualmenden Schlote und schmuddeligen Straßen hinter uns lassen und in der Geborgenheit unseres Fliegers sitzen. Es ist nicht mehr weit, vor uns taucht der gefrorene Lauf des Jenissei auf und dahinter die ersten Häuser von Igarka. Der Pilot drosselt die Motoren und leitet langsam den Sinkflug ein. Jetzt schläft keiner mehr. Schiffe, Pontons und Schwimmkräne liegen fein säuberlich aneinandergereiht im Eis; dazwischen irgendwo die »Dagmar Aaen«, und zwar schon seit 9 Monaten. Solange dauert der sibirische Winter. Seit wir am 3. September vergangenen Jahres in Igarka eintrafen, ist die »Dagmar Aaen« nur zweimal verholt worden. Jetzt naht die Zeit, wo der Winter sich dem Ende

Die Menschen Igarkas sind es gewohnt, mit der Eiseskälte umzugehen.

zuneigt und ein Schiff endlich wieder zum Schiff wird. 9 Monate, die in jeder Hinsicht ereignisreich waren, 9 Monate, in denen ich sibirienentrückt von Vortragstermin zu Vortragstermin hetzte und die angenehmen wie auch lästigen Aufgaben eines Expeditionsleiters durchzuführen hatte. Vieles mußte geregelt werden, wollte organisiert sein. Mein Tagesablauf war keine Spur abenteuerlich. Schreibtischarbeit, Vorträge, Interviews waren an der Tagesordnung. Dazu Manöverkritik vom letzten Jahr, endlose Diskussionen über den Expeditionsfilm, der zu kontroversen Diskussionen geführt und mich selbst und auch andere enttäuscht hatte. Der Nachschub zum Schiff mußte geregelt werden. Außerdem mußten Brigitte und ich innerhalb Bad Bramstedts in eine neue Wohnung ziehen, um mehr Platz und insbesondere ein Büro zu haben. Das gesamte Organisationsbüro wurde von Hamburg nach Bad Bramstedt verlegt. Es war uns gelungen, Elke Hoffmann für unsere Sache zu gewinnen. Seitdem ist sie der Dreh- und Angelpunkt des Büros.

9 Monate, in denen die »Dagmar Aaen« keineswegs Winterschlaf hielt. Das Leben an Bord ging ohne Unterbrechung seit September weiter. 6 Männer haben sich die Überwinterung auf der »Dagmar Aaen« geteilt: Alex, ein Russe aus Ryazan, Jörn Bohlmann aus Hamburg, Jens Holst, ein Bad Bramstedter, der die Abgeschiedenheit nordischer Länder mag und sich spontan bereit erklärt hatte, auf dem Schiff zu überwintern, sowie Wilfried Erdmann, der als Weltumsegler nicht nur Seglern ein fester Begriff ist. Wilfried hat schon längst Segelgeschichte geschrieben und ist seit seiner »Magischen Route« einem großen Publikum bekannt. Zu den Überwinterern zählte auch Stefan Dörksen, Maschinenbaustudent, ebenfalls aus Bad Bramstedt. Für Stefan wie auch für Jörn sollte es die erste große Auslandsreise werden. Und last, but not least Torsten Heller. Torsten studiert Elektrotechnik und legte spontan ein Urlaubssemester ein, als er von der Möglichkeit hörte, nach Igarka fliegen zu können. Während Alex nahezu die gesamte Zeit an Bord blieb, haben sich die anderen abgewechselt, so daß keiner länger als 8 Wochen auf dem Schiff zubringen mußte. Alex als Russe war diese Zeitspanne noch am ehesten zuzumuten, sprach er doch dieselbe Sprache wie die Igarker und war mit Mensch und Natur am besten vertraut. 9 Monate, in denen die »Dagmar Aaen« von einem bis zu 1,5 Meter dicken Eispanzer eingeschlossen war, von Eispressungen hochgedrückt wurde und jeden Tag 24 Stunden lang beheizt und gewartet werden mußte; in denen sie bei völliger Dunkelheit und Temperaturen von bis zu – 58 Grad Celsius arktischen Stürmen trotzen und der Crew dabei eine sichere Unterkunft gewähren mußte. Das Schiff hat dabei geknackt und geächzt – kaputtgegangen ist nichts. Von dicken Schneewehen zugepackt, wirkte die »Dagmar Aaen« mit ihren bullernden Dieselöfen und dem Schein der Petroleumlampen wie eine Insel der Geborgenheit. Und sie wirkte nicht nur so – sie war es auch. Ich hätte die Mannschaft keinem schlechteren Schiff anvertrauen mögen. Was viele in Deutschland und selbst einige der Crew nicht verstanden hatten: Die Expedition ICESAIL war im September letzten Jahres nicht zu einem Ende gekommen. Sie ist auch nicht in die »Winterpause« getreten. Die Expedition ICESAIL ging den ganzen sibirischen Winter – eben 9 Monate lang – weiter.

Als die Antonow gelandet ist und wir wenig später mitsamt unserem umfangreichen Gepäck von einem klapprigen Bus zum Schiff gebracht werden, nähert sich für Alex und Torsten endgültig das Ende der Überwinterung. Große Wasserlachen haben sich auf dem Flußeis gebildet, hier und dort gibt es bereits breite Risse. Trotzdem kann der Bus noch direkt neben dem Schiff parken – ein ungewohntes Bild. Wir gehen an Bord, werden von Torsten und Alex begrüßt. Das Deck ist sauber gefegt, keine Spur mehr vom Schnee, der den Winter über an Deck gelegen und wie eine Isolierschicht gewirkt hat. Die Farbe am Rumpf ist rissig und abgeblättert; aber sonst wirkt die »Dagmar Aaen«, als habe sie Geringeres hinter sich als einen sibirischen Winter. Ich übernehme auch formell das Schiff von Torsten und Alex und fühle mich sofort zu Hause. Angekommen!

97308205
HELP

Der Hilfstransport

Der Transport mit Hilfsgütern für das Krankenhaus erreicht nach einer wochenlangen Tour durch die Wildnis Sibiriens Igarka. Da es keine Straßen nach Igarka gibt, wird das letzte Stück geflogen.

Die ersten Tage nach unserem Eintreffen sind hektisch. Rucksäcke und Reisetaschen stapeln sich an Deck, jeder ist bemüht, Ordnung in seine persönliche Ausrüstung zu bringen und alles in dem knapp bemessenen Stauraum unterzubringen. Neben seiner Koje verfügt jeder über einen kleinen Schrank. Darin muß alles untergebracht werden, herumliegen darf nichts. Die Werkzeugkisten werden hervorgeholt, und einige Stunden nach unserem Eintreffen sind wir bereits mit der Renovierung in vollem Gang. Der strenge Frost hat die gesamte Farbe am Rumpf des Schiffes brüchig gemacht, so daß sie bei der leichtesten Berührung in großen Placken abplatzt. Da das Schiff immer noch fest im Eis liegt, läßt es sich gut arbeiten. Wann kann man schon trockenen Fußes um sein Schiff herumlaufen! Ich bin überrascht, wie gut die »Dagmar Aaen« den sibirischen Winter überstanden hat. Außer der abgeplatzten Farbe gibt es keine Schäden zu verzeichnen. Unsere Arbeiten konzentrieren sich daher fast ausschließlich auf die Konservierung des Holzes bzw. auf kosmetische Operationen. Das Schiff wirkt wie ein Fels in der Brandung, und so ganz können wir es immer noch nicht fassen, daß der sibirische Winter überstanden ist.

Aufgrund der schwierigen Versorgungslage in Igarka hatte ich beschlossen, daß alle Nahrungsmittel sowie Ausrüstungsteile für die Expedition aus Deutschland eingeführt werden sollen. Das Wenige, das es in Igarka gab, wollten wir den Menschen nicht vor der Nase wegkaufen. Im Gegenteil: Da während des Winters mehrfach die Bitte an uns gerichtet wurde, einige Medikamente für das örtliche Krankenhaus zu besorgen, schmiedeten wir Pläne, eine groß angelegte Hilfsaktion für Igarka zu initiieren. Eine Untersuchung unsererseits ergab, daß es Nahrungsmittel in ausreichendem Maße gab. Massive Probleme gab es hingegen bei der medizinischen Versorgung. Zwar gibt es ein Krankenhaus und qualifizierte Ärzte, aber keine Antibiotika, Schmerzmittel oder andere Medikamente – von modernen, elektronischen Gerätschaften ganz zu schweigen. Hier würden wir gezielt Hilfe leisten und uns für die erwiesene Gastfreundschaft revanchieren können. Wir wollen nicht nur nehmen, sondern auch geben. Der Plan war gefaßt, allerdings gestaltete sich die Umsetzung sehr schwierig: Zum einen mußten die finanziellen Mittel aufgebracht werden, mußte vor Ort von einer Fachkraft recherchiert werden, was genau an Medikamenten benötigt wurde, und zum anderen mußte der lange Weg nach Sibirien überbrückt werden. Um alles einigermaßen solide vorbereiten zu können, blieben uns nur wenige Wochen Zeit. Über einen Bekannten wurde der Kontakt zur karitativen Organisation HELP mit Sitz in Bonn hergestellt. HELP, vertreten durch Herrn von Galen, war spontan interessiert an diesem Projekt und versprach zu helfen. Monika Puskeppeleit, eine junge Ärztin, die in der Antarktis auf der deutschen »Georg v. Neumeyer«- Station eine Überwinterungsgruppe geleitet hatte, erklärte sich ebenfalls sofort bereit, nach Igarka zu fliegen, um sich vor Ort ein Bild von den Gegebenheiten zu machen. Ein weiterer Bekannter, Johannes Ehmanns, löste die Transportfrage. 2 LKWs sowie ein geländegängiger PKW sollten die Hilfsgüter von Hamburg über Moskau quer durch Sibirien bis nach Kemerovo transportieren. Nach Igarka selbst führt keine Straße, es ist nur aus der Luft zu erreichen. Kemerovo, eine häßliche Industriestadt, bildet das nördlichste über eine Straße erreichbare Sprungbrett, von dem aus Igarka angeflogen werden kann – rund 6000 Kilometer über Schotterpisten, durch unwegsame Wildnis, bei unsicheren politischen Verhältnissen, immer in Sorge, ob die nächste Tankstelle auch tatsächlich über Diesel verfügt. Die Reise nach Kemerovo sollte eine Expedition innerhalb der Expedition werden. Zudem mußte auf den Tag genau der Termin eingehalten werden, da es eine Preisabsprache über zwei Flüge mit der Aeroflot gab, die die LKW-Ladungen nach Igarka transportieren sollten. Medizinische Ausrüstung ist eine wertvolle Fracht, vor allem in einem Land, in dem es am Nötigsten fehlt. Deshalb mußten die Fahrzeuge rund um die Uhr bewacht werden, um ungebetene Besucher fernzuhalten.

Der Bericht, den Monika Puskeppeleit nach

Der Frühling hält Einzug. Das Schiff von innen und außen neu gemalt. Der Frost hat die alte Farbe zerstört.

ihrer Rückkehr von der medizinischen Situation in Igarka abgab, war erschütternd. Es fehlte an allem. Nicht einmal EKG-Geräte, die bei uns fast in jeder privaten Arztpraxis zu finden sind, gab es. Sie standen ebenso auf der Wunschliste wie OP-Bestecke, Rollstühle, Verbandstoffe, Fusionslösungen, Antibiotika, Vitaminpräparate, Schmerzmittel usw., die Liste wollte nicht enden. Beeindruckt zeigte sich Monika hingegen von dem Fachwissen der Ärzte sowie dem Improvisationsgeschick, mit dem sie versuchten, den Patienten zu helfen. Unbürokratisch, schnell und mit großer Effektivität stellte HELP nicht nur einen großen Teil der Ausrüstung, sondern sicherte darüber hinaus auch die Finanzierung der Fahrzeuge sowie der Luftfracht. Monika Puskeppeleit fand offene Ohren in dem Krankenhaus, in dem sie arbeitete. Gebrauchte, aber voll funktionsfähige EKG-Geräte, OP-Bestecke und vieles andere mehr wurde bereitgestellt. Von Bad Bramstedt aus organisierte ich mit Freunden und Helfern Sach- und Geldspenden, so daß innerhalb kürzester Zeit die LKWs bis zum Rand vollgeladen waren. Als die Fahrzeuge schließlich in Kemerovo eintrafen und die

Ausrüstung in die bereitstehenden Flugzeuge umgeladen wurde, trafen wir in Igarka Vorbereitungen, um das gesamte Material beim Eintreffen der Flugzeuge direkt ins Krankenhaus zu leiten. Es gab während des gesamten Transportes keine Minute, in der die Fracht unbeaufsichtigt gewesen wäre, und so konnten wir auch die Garantie übernehmen, daß alles am Bestimmungsort eintraf und nicht vorher in irgendwelchen dunklen Kanälen verlorenging. Tatsächlich waren am 14. Mai mit der Ankunft des zweiten Flugzeugs alle Versorgungsgüter vollständig in Igarka eingetroffen. Die Ärzte des Krankenhauses glaubten ihren Augen nicht zu trauen. Stadtverwaltung, Bevölkerung, Patienten und Ärzte konnten kaum fassen, daß Menschen und Institutionen aus Deutschland sich so schnell und engagiert für die Ausstattung eines Krankenhauses eingesetzt hatten, das sie selbst nie gesehen hatten. Dabei war ihnen während der Zeit des kalten Krieges doch immer wieder die Unmenschlichkeit der westlichen Welt eingebleut worden. Die LKW-Fahrer unter Johannes Ehmanns wurden entsprechend herzlich von den Stadtvätern empfangen. Sie waren hier in Igarka am Ziel ihrer Expedition und wurden durch die Freude im Ort über die Hilfsbereitschaft für die schwierige Anreise belohnt. Und das war gut so, denn schließlich mußten sie die leeren Fahrzeuge genau den gleichen Weg wieder zurück nach Deutschland fahren. Noch einmal die gleichen Schwierigkeiten, die gleiche Zeitdauer, nur ohne den Reiz des Unbekannten zu spüren.

Fast jeder von uns hatte Privatmittel in dieses Projekt gesteckt, weil sonst zu wenig Geld dagewesen wäre. Aber die Erleichterung der Menschen in Igarka über die unvermutete Hilfe war

Kinder sind unsere ständigen Besucher. Ohne Scheu schauen sie uns bei der Arbeit zu und freunden sich mit uns an.

allemal Ausgleich genug. Sicher gibt es größere Hilfstransporte karitativer Organisationen. Aber kaum eine führt ins ferne Sibirien. Berichte über Hilfsgüter, die auf dem schwarzen Markt auftauchen, haben zudem viele Spender verschreckt. Wir aber erlebten unmittelbar, wie Hilfsgüter und Spendenaktionen Not lindern und Brücken schlagen können. Uns, die wir diese Aktion geplant und durchgeführt haben, hat es unheimlich viel Spaß gebracht. Auch wenn wir wissen, daß die Medikamente irgendwann verbraucht sind und wir nur für kurze Zeit die Auswirkungen der Probleme und nicht ihre Ursachen beheben konnten – die Reaktion der betroffenen Menschen hat uns gezeigt, wie sinnvoll trotz allem diese Hilfe war.

Der Jenissei

Nachdenklich zeigt uns August die alten Siedlungsreste am Ufer des Jenissei. Obwohl wir die ersten Deutschen sind, die er in seinem Leben trifft, spricht er ein wenig Deutsch. Zur Schule ist er nie gegangen.

So wie das »Dritte Reich« in Deutschland für alle Zeit mit Auschwitz und millionenfachem Völkermord in Verbindung gebracht werden wird, so ist die Stalin-Ära mit Sibirien und den menschenverachtenden, mörderischen Gulag-Lagern verknüpft. Die großen Ströme Sibiriens, darunter als einer der größten, der Jenissei, spielten hierbei als »Autobahnen« durch die Wildnis eine entscheidende Rolle. Sie bildeten die Transportwege zu den Straflagern. Was sich tatsächlich in der frosterstarrten Tundra und den undurchdringlichen Wäldern der Taiga abgespielt hat, ist selbst Russen zum Teil noch ein Geheimnis. Wie viele Lager für politisch Verfolgte es gab und heute als Lager für Kriminelle noch gibt, ist weitgehend unbekannt. Seit dem Niedergang der kommunistischen Ära und der damit einhergehenden Liberalisierung werden immer neue Lager gefunden und damit auch der Öffentlichkeit bekanntgemacht. Es handelt sich dabei meist um Lager, die nach dem Tod Josef Stalins im Jahre 1953 fluchtartig verlassen worden sind und seitdem langsam verfallen. Ähnlich den Konzentrationslagern der NS-Schergen waren die Stalin-Lager Todeslager; nur daß das brutale Klima die Aufgabe der Gaskammern übernahm. Wer versuchte zu fliehen, starb unweigerlich in der eisigen Einöde der Tundra. Wer es nicht versuchte, starb an den Folgen der Fronarbeit, der schlechten Ernährung, den Mißhandlungen oder wiederum am Klima. Die Todesrate war erschreckend hoch. Spätestens seit Alexander Solschenizyns »Archipel Gulag« weiß man von den unerträglichen Verhältnissen in diesen Lagern.

Workuta, ein Ort, den wir auf unserer Anreise während eines Zwischenstops kurz aufsuchten, war ein solcher Gulag. Und es ist bis zum heutigen Tag ein Straflager geblieben. Es gibt eine eigene Zugverbindung mit Moskau. Auf diesem Wege werden Gefangenentransporte durchgeführt. Die Zahlen der Opfer des Stalin-Regimes, die unter anderem in diesen Lagern umkamen, werden vermutlich nie genau erfaßt werden können, 40 Millionen Menschen werden geschätzt. Eine Größenordnung, die so grausam abstrakt ist, daß man sie sich nicht mehr vorstellen kann.

Auch zur Weiterentwicklung Igarkas haben die Gulags entscheidend beigetragen. Es war Sitz der Verwaltung der Arbeitslager. Darüber hinaus wurde der Ort als Umschlagplatz für den Transport von sibirischen Hölzern ausgebaut. Zum Aufbau der Stadt wurden ebenfalls Gefangene eingesetzt, so daß Igarka letztlich auch ein Gulag war. Der Name Igarka leitet sich von einem Trapper namens »Jegor« ab, der dort im letzten Jahrhundert siedelte und auf Pelztierfang ging. Davon hörte eine Sekte, die, um der Verfolgung zu entgehen, sich ins Innerste Sibiriens geflüchtet hatte. Die »Skopzen«, wie sie sich nannten, ließen sich in Igarka nieder. Sie bestanden aus lauter Kastraten – meine Frage nach der Fortpflanzung dieser Sekte blieb leider unbeantwortet. Denn hartnäckigen Gerüchten zufolge soll es sie immer noch in den undurchdringlichen Regionen der Taiga geben, wo sie völlig autark und ohne jeden Kontakt zur Außenwelt leben. Wo, ist nicht bekannt. Den Jenissei verließen sie, als es ihnen dort zu unruhig wurde – geblieben ist der Name Igarka. Schon lange vor dem Stalinterror waren die Orte am Jenissei, Igarka und andere Siedlungen, zu Handelszentren geworden. Was heute kaum noch jemand weiß: Seit dem frühen 18. Jahrhundert waren deutsche Siedler an den unteren Jenissei gezogen, um dort zu siedeln und Handel zu treiben. Seit der Middendorf-Expedition im Jahre 1843 und 1844 wuchs die Zahl derer, die es in den Norden zog, ständig, und die Region entwickelte sich wirtschaftlich trotz des harten Klimas. Bergwerke entstanden in Yenisseisk, Kureika und Dudinka. Als der Norweger Jonas Lied nach mehreren Erkundungsfahrten die »Siberian Steamship Company« gründete, in der neben norwegischem auch deutsches und englisches Kapital vertreten war, begann der Norden wirtschaftlich aufzublühen. Ein großer Umschlagplatz in der Mündung des Jenissei wurde eingerichtet, wo die Ladung der großen, seegehenden Schiffe auf kleine Flußschiffe umgeladen wurde. Deutsche Industrielle, wie Otto Scherner, Friedrich Apfelbaum und Johannes Winkelmann, unterstützten Lied in seinem Vorhaben, Sibirien zu erschließen, und lieferten

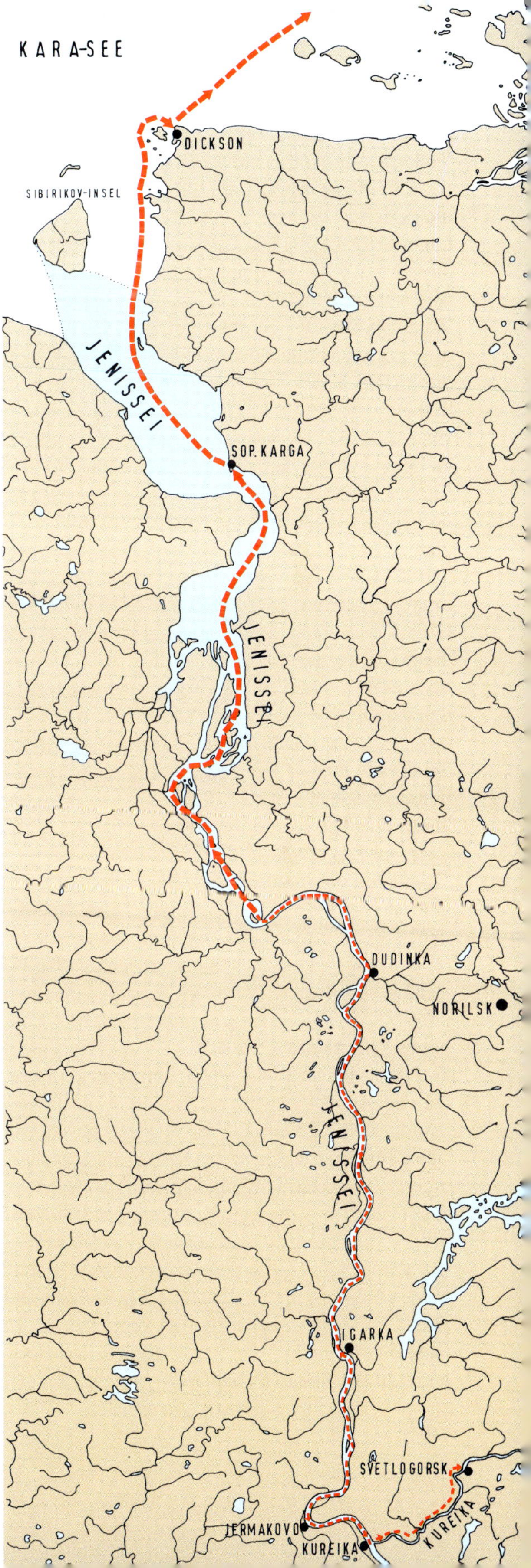

ICESAIL
JENISSEI-SIBIRIEN

EXPEDITIONSSTRECKE
JENISSEI

0 20 40 60 80 100 120 140 160 km
0 10 20 30 40 50 60 70 80 sm

Kapital und Know-how. Auf deutschen Werften wurden Flußschiffe für Sibirien gebaut – 9 davon in Hamburg und 3 weitere in Kiel. Jonas Lied übernahm selbst die Führung des Konvois von Deutschland zum Jenissei und traf dort nur einige Stunden vor Ausbruch des Ersten Weltkrieges ein. Da der Eisgang ein weiteres Vorankommen der Schiffe verhinderte, richtete er in der Mündung des Flusses, bei einer Landzunge namens Sopochnaya Karga, ein Winterlager ein. Glücklich darüber, heil den Jenissei erreicht zu haben, errichtete er auf dem höchsten Hügel von Sop. Karga ein 6 Meter hohes eisernes Kreuz. Während 2 der Schiffe bis zum heutigen Tag ihren Dienst auf dem Fluß versehen, wurde das Kreuz bei Sop. Karga von den Bolschewiken in den zwanziger Jahren gesprengt. Das Kreuz als Symbol der Kirche war den Bolschewiken allerorts ein Dorn im Auge. Bis heute stehen auf Sop. Karga jedoch Häuser, die seit Jahrzehnten als Polarstation genutzt werden. Die Machtübernahme der Bolschewiken brachte den abrupten Niedergang der Wirtschaftsverbindungen zwischen Sibirien und Europa. Noch heute spricht man in Igarka davon, daß die Sprengung des Kreuzes symbolischen Charakter hatte. Aus ausländischen Geschäftspartnern wurden »subversive Elemente«. Bauern, die während der 24 Stunden Tageslicht im Sommer erfolgreich in Glashäusern Obst und Gemüse gezüchtet hatten, wurden kurzerhand standrechtlich erschossen, die Gärten und Glashäuser zerstört. Als wir mit der »Dagmar Aaen« im Herbst 1991 den Fluß Richtung Igarka hinauffuhren, hatten wir, ohne es zu wissen, zahlreiche deutsche Friedhöfe passiert. Wolgadeutsche wurden in großen Scharen nach Sibirien deportiert und starben dort sehr oft schon nach wenigen Jahren. Die Bergwerke wurden von den Kommunisten übernommen und mit Zwangsarbeitern »bestückt«. Im Verlauf unserer Reise auf dem Jenissei sollten wir später auf ein deutsches Einsiedlerehepaar treffen, das, abgenabelt von der Zivilisation, völlig allein dort lebt. Die Geschichte, die uns Lisa und August Stuckert erzählten, steht exemplarisch für viele Tausende von Schicksalen. Die Wolgadeutschen wurden wie Vieh auf Flußschiffe verfrachtet und an den Jenissei gebracht. Unter ihnen waren auch die Eltern und Nachbarn von August und Lisa. Es war schon gegen Ende des kurzen sibirischen Herbstes, als das Schiff plötzlich stoppte und ein Teil seiner menschlichen Fracht ohne irgendwelchen Proviant oder Hilfsmittel an Land geschickt wurde, um dort »zu siedeln«. Einige schwer bewaffnete und auch gut verpflegte Bolschewiken übernahmen die Aufsicht. Der Winter stand unmittelbar bevor. Es gab weder Hütten noch ausreichend warme Kleider und Decken. Außer einigen Spaten und Äxten war kein Werkzeug vorhanden, Proviant gab es nur in Form von Wild, das erst einmal gefangen werden mußte. Da der einsetzende Frost den Bau von Häusern unmöglich machte, gruben sich die Menschen in ihrer Not Höhlen in die Uferböschungen, kleideten sie mit Zweigen und Reisig aus und konzentrierten sich darauf, den Winter zu überstehen. Die meisten von ihnen starben. Erst im Frühjahr des folgenden Jahres konnte mit dem Fällen von Baumstämmen und dem Bau von Häusern begonnen werden. Trotzdem starben auch in den folgenden Wintern und Jahren überaus viele Menschen, auch die Eltern von August und Lisa.

Erst nach dem Tod von Stalin zogen die Schergen ab, und man stellte es den Menschen frei, wieder in den Süden zu ziehen. Alle gingen fort. August und Lisa zogen nach Kirgisien, wo sie, überwältigt von der Fülle an Obst und Gemüse, glaubten, sich im Schlaraffenland zu befinden. Aber auf eigenartige Weise fühlten sie sich doch mit Sibirien verbunden. Nach einigen Jahren verließen sie Kirgisien und zogen wieder in ihr altes Dorf am Jenissei. Die Häuser des Dorfes sind mit Ausnahme ihres eigenen verfallen. Der Friedhof macht einen gepflegten Eindruck, und seit Perestroika und der damit langsam einsetzenden Auseinandersetzung mit der eigenen Geschichte darf auch ein großes, noch nach frischem Holz riechendes Kreuz am Ufer des Flusses auf den Friedhof hinweisen.Stalin schickte die Wolgadeutschen bis in die »Hohe Arktis«. In der Kozhewnikows-Bucht mußten sie Salzminen einrichten oder auf den entfernten arktischen Inseln Verteidigungsstellungen errichten, wie z.B. am Kap Molotow. Aber das wohl tragischste und verlustreichste Unterfangen war der Plan Stalins, eine Eisenbahntrasse quer durch Sibirien bauen zu lassen. Stalin wollte eine sogenannte Europa-Alaska-Transversale, die am Weißen Meer beginnen und an der Bering-Straße enden sollte. Ein gigantisches Vorhaben, das unzähligen Menschen einen furchtbaren Tod bringen sollte. Igarka sollte als Endpunkt des ersten Bauabschnitts gelten. Somit war der Stalinterror erneut mit diesem Ort verbunden. Über die Geschichte des Jenissei und der Menschen erzählte mir in langen abendlichen Unterhaltungen der Chefredakteur der »Igarka News«, Slava Gortschakov. Wie kein zweiter kennt er, dessen gesamte Familie während der deutschen Belagerung von Leningrad ums Leben gekommen ist, die Historie dieser Gegend. Er konnte als Kind als einziger der Familie dem Inferno in Leningrad entkommen. Sein Blick wurde trotz dieser furchtbaren Erlebnisse nicht getrübt. So streng er mit dem Nazi-Deutschland zu Gericht zieht, so aufgeschlossen steht er dem demokratischen Deutschland gegenüber – und wiederum voller Verbitterung und Zorn den Bolschewiken. Da er seine Einstellung auch früher nicht verleugnete, hatte das Auswirkungen. Als »persona non grata« kam auch er schließlich nach Igarka, lebt dort mit seiner Frau Valentina und Tochter Svetlana. Die Fülle an Informationen, die ich bei diesen abendlichen Gesprächen erhalte, fasziniert mich. Mit einem Mal sehe ich den Jenissei und die Region mit neuen Augen. Ich beschließe, mich intensiver mit der Materie zu beschäftigen und nach dem Eisaufbruch den Fluß weiter stromaufwärts zu fahren, damit wir uns dort umschauen können. Die Crew ist ebenfalls davon begeistert, insbesondere Chris, unser australischer Teilnehmer der Expedition, dem jeder weitere Tag in Igarka und Umgebung von Herzen willkommen ist. Gegenstand seines Interesses ist jedoch nicht die Historie, sondern etwas sehr Junges und Lebendiges: Svetlana, die Tochter von Slava und Valentina. So beschließen wir, nach dem Eisaufbruch weiter ins Landesinnere zu fahren. Die Genehmigung dazu erhalten wir erstaunlich schnell. Wir bereiten uns auf die Stunde X vor, an der das Eis des Jenissei nach 9 Monaten aufzubrechen beginnt.

Das Eis bricht auf

Routiniert, aber auch mit beispielloser Leichtfertigkeit wird das Eis auf dem Fluß aufgebrochen. Uns stehen die Haare zu Berge. Selten haben wir so um unser Schiff gefürchtet wie in diesen Stunden. Die meterdicken Eisschollen rammen unser Schiff und schieben sich unter den Rumpf.

Die »Dagmar Aaen« sieht aus, als käme sie frisch aus der Werft. Vom Masttop bis zur Wasserlinie neu gestrichen, scheint es, als hätte sie die dänische Werft nie verlassen. Egon Fogtmann, der Werksmeister des Motorenherstellers Callesen und ein guter Freund von uns, ist mit nach Igarka geflogen, um den Motor zu überholen und gemeinsam mit uns die Tage der Vorbereitung zu verbringen. Egon – das wird gleich vereinbart – wird uns im nächsten Jahr länger begleiten.

Der Eisaufbruch auf dem Jenissei geht jedes Jahr mit einer erstaunlichen Naturkatastrophe einher – so würden wir es jedenfalls sehen. Die Bewohner Igarkas hingegen finden die Vorgänge um den Eisaufbruch ganz normal und nehmen ihn eher zum Anlaß, ein Volksfest zu veranstalten. Während das Eis nämlich im südlicheren Teil des Flusses aufzubrechen beginnt, steigt der Wasserspiegel mit einer Rasanz an, wie ich es zuvor noch nicht erlebt habe: Innerhalb weniger Tage steigt er um bis zu 20 Meter! Man kann am Ufer stehen und zusehen, wie die Flut an den Uferböschungen emporkriecht und mit sich den Eispanzer hebt, der darauf liegt. Dieser wiederum nimmt die Schiffe und Pontons mit, die, fein säuberlich aufgereiht, den Winter im Eis verbracht haben. Solange das Eis mit aufschwimmt und nicht vom Fluß überspült wird, besteht keine Gefahr – so zumindest nach Aussage der Hafenverwaltung. Trotzdem prüfen wir mit skeptischen Augen, wie sich der Eispanzer stündlich höher die Uferböschung emporschiebt. Der gefährlichste Zeitpunkt ist, wie man mir immer wieder glaubhaft versichert, der Moment, wenn die Spannung des Eises und der Druck des sich den Fluß herabwälzenden Schmelzwassers zu groß wird und das Eis mit einem lauten Knall zu brechen beginnt. Dann, so erzählt man mir ungerührt, setzt das Inferno ein. Der Hafenkapitän, der mir das alles erzählt, pausiert, trinkt einen Schluck Tee, zündet sich eine Zigarette an, nimmt einen tiefen Zug und fährt gelassen fort: »Alles, was sich dem Eis in den Weg stellt, wird unmittelbar und unrettbar zerstört. Anleger, Schiffe, Pontons – kurz alles, was den heranwälzenden Eismassen im Weg steht.« Ich sehe vorsichtig aus dem Fenster seines Büros, erblicke die »Dagmar Aaen« fest und stolz im Eis eingefroren und stelle endlich die Frage aller Fragen: »Wann ist es soweit, wann bricht das Eis auf, und was machen wir mit dem Schiff?« »Kein Problem«, sagt mein Gegenüber, »der Frühling hat sich dieses Jahr mit erheblicher Verspätung eingestellt, somit wird der Eisaufbruch erst am 22. Mai passieren, wahrscheinlich so gegen Morgen.« Ich blicke ihn ungläubig an. Woher, um alles in der Welt, will er das so genau wissen? Erneutes Zucken mit den Schultern, das sei halt sein Job. Einen Tag vorher würde das Eis im Bereich der eingefrorenen Schiffe mittels Eisbrecher aufgebrochen, und die Schiffe würden in eine Talsenke gebracht, die dank des Hochwassers für ca. 2 Wochen überflutet ist. Dort seien die Fahrzeuge sicher, da das Tal außerhalb des Stromes liege und die Eismassen ungehindert den Strom hinabfließen könnten. Wenn das Eis fortgeschwemmt sei und der Fluß wieder zu fallen beginne, wäre es an der Zeit, schleunigst das Tal zu verlassen, wolle man nicht trockenfallen und bis zum nächsten Frühjahr dort liegenbleiben. Beruhigende Aussichten, die einen besorgten Skipper noch unruhiger schlafen lassen. Mißtrauisch beobachten wir den Fluß, das Eis und die sich darauf bildenden Schmelzwassertümpel. Allein der Umstand, daß außer unserer »Dagmar« noch zahlreiche Schlepper, Bargen, Frachtschiffe und Pontons mit uns im Eis sitzen, beruhigt uns etwas. Die werden schon darauf achten, daß sie rechtzeitig ihre Flotte in Sicherheit bringen!

Eines Morgens fährt ein umgebauter tonnenschwerer Panzer über das Eis. An seinem Heck hat er einen gewaltigen, langsam drehenden Bohrer, mit dem er um die eingefrorenen Schiffe herum einen Graben ins Eis fräst. Das Gerät müßte eigentlich das mürbe Eis durch sein Eigengewicht zum Brechen bringen. Ein wenig ungläubig beobachten wir, wie der Fahrer mit seinem gepanzerten Gefährt über das brüchige Eis fährt. Als er schließlich auch um die »Dagmar Aaen« seinen Graben gefräst hat, passiert es: Plötzlich zerbricht die Eisscholle, auf der das

Kettenfahrzeug steht. Schlagartig bricht das Hinterteil des Gefährts durchs Eis ins Wasser. Die Geistesgegenwart des Fahrers ist beispiellos. In Bruchteilen von Sekunden schafft er es, sich aus der Notausstiegsluke des Führerhauses zu zwängen und aufs Eis zu springen. Ein herbeieilendes weiteres Fahrzeug bringt eine Trosse zu dem Havaristen aus und zieht ihn aus der Gefahrenzone. Das ging noch mal gut! Danach geht man etwas behutsamer ans Werk. Wir sind allerdings froh, daß unser Schiff auf diese Art und Weise aus dem Eis herausgelöst worden ist. Bei dem rasant ansteigenden Wasserspiegel kann es nämlich passieren, daß das Wasser das Eis überspült und auf der Eisdecke weiter steigt. Ein Schiff, das fest im Eis eingelagert ist, hat dann keine Chance aufzuschwimmen und würde unweigerlich von den Fluten überlaufen. Am 21. Mai lassen 2 unweit von uns liegende Eisbrecher ihre Maschinen an. Durch langsames Vor und Zurück beginnen sie, das Eis zu brechen. Wir stehen gespannt an Deck und beobachten, wie sie mühsam eine Rinne ins Eis schneiden. Um uns herum beginnt die Eisdecke mit zischenden Geräuschen, Risse in der Oberfläche zu bilden. Ich lasse unseren Callesen-Diesel an, um sofort fahrbereit zu sein, wenn das Eis aufbricht. Man merkt den Schlepperkapitänen Routine im Umgang mit ihren Fahrzeugen und dem Medium Eis an. Trotzdem wächst meine Sorge. Allzu unbekümmert schieben sie gewaltige Eisschollen auf andere Schiffe zu. Beulen, die dadurch unweigerlich entstehen, stören sie wenig. Privatbesitz gibt es nicht, man hat kein ausgeprägtes Verhältnis zu irgendwelchen materiellen Werten. Am meisten beunruhigt uns der Umstand, daß der Eisaufbruch von einer Art Volksfest begleitet wird – mit entsprechenden Mengen an Wodka. Auch die Schlepperkapitäne scheinen der Versuchung nicht widerstehen zu können. Die Gesichter werden immer fröhlicher, die Gesten lebhafter und die Aktionen unkontrollierter. Nachdem ein Kanal bis in die überflutete Talsenke gebrochen worden ist, machen sie sich daran, die Eisfelder um die Schiffe herum aufzubrechen. Obwohl wir uns mittlerweile selbständig unter Maschinenkraft zwischen den Eisbrocken bewegen können, kommt einer der Schlepper herangerauscht und schiebt uns dabei eine riesige Eisscholle unter den Kiel. Da die Auftriebskraft der Scholle größer ist als das Gewicht des Schiffes, wird das gesamte Heck aus dem Wasser gehoben. Ruderblatt sowie die Schraube ragen nutz- und kraftlos aus dem Wasser, lediglich der vordere Teil des Schiffes schwimmt noch. Auf diese Weise unserer Antriebskraft beraubt, bleibt uns nichts weiter übrig, als eine Leine an einen anderen Schlepper zu übergeben, damit er uns wieder von der Scholle herunterzieht. Auch dort fröhliche Gesichter, allzu große Hilfsbereitschaft. Ich befürchte Schlimmes. Vorsichtshalber belegen wir die Schlepptrosse derart, daß sie bei heftigem Zug durchrutschen kann, damit nicht die gesamte Zugkraft des Schleppers auf den Poller übertragen wird. Wie recht wir doch mit dieser Vorsichtsmaßnahme haben! Obwohl die Trosse noch lose im Wasser treibt, nimmt der Schlepper volle Fahrt auf. Schlagartig reißt es die Trosse aus dem Fluß. Das Wasser entweicht als feiner Wasserdampf, die Trosse dehnt sich zum Zerreißen. Zum Glück rutscht die Schleppleine am Poller tatsächlich durch, aber der Ruck ist verheerend. Die »Dagmar Aaen« wird von der Eisscholle gerissen und poltert zwischen treibenden Eisschollen ins Wasser zurück. Die Schlepptrosse ist derweil emsig bemüht, den massiven Eichenpoller durchzusägen. Obwohl wir längst frei sind, zieht der Schlepper mit voller Kraft weiter, entsprechende Signale unsererseits, daß er doch stoppen möge, werden ignoriert. Ich renne nach vorn, auch wenn das nicht ungefährlich ist, greife das lose Ende der Trosse und werfe es einmal, zweimal über den Poller, so daß die Trosse endgültig durchrauschen kann – wir sind frei. Slava ist wütend auf seine Landsleute. Glücklicherweise verstehen wir nicht, was er ihnen zornig zuruft, als wir längsseits gehen, um unsere Leine einzuholen. Auf dem Schlepper versteht man unsere Aufregung nicht. Wenn etwas kaputtgeht, geht es halt kaputt – irgendwer wird es schon reparieren. Daß eine Reparatur Geld kostet, interessiert hier niemanden. So wundert es uns jetzt nicht mehr, daß eigentlich durchaus gut erhaltene Boote, LKWs oder Raupenschlepper verwahrlosen und still vor sich hinrotten. Da sie keinem gehören, fühlt sich auch keiner dafür verantwortlich. Ein LKW, der am Ufer des Jenissei geparkt ist, wird von den Fluten überspült, ohne daß jemand den Versuch unternimmt, ihn rechtzeitig wegzufahren. Der Staatsbesitz wird nicht als kollektiver Besitz betrachtet, sondern als herrenloses Gut. Echter Privatbesitz, wie er etwa in den Wohnungen der Menschen zu finden ist, wird gepflegt und geschätzt. Kein Mensch aber kann sich hier vorstellen, daß die »Dagmar Aaen« uns gehört, und so geht man genauso nachlässig damit um wie mit den eigenen Schiffen. Mit langsamer Fahrt laufen wir in die Talsenke hinein. Baumwipfel ragen aus dem mittlerweile um 12 Meter gestiegenen Fluß heraus. Es ist ein eigenartiges Gefühl, mit dem Schiff um Bäume herum zu manövrieren. Dort, wo wir jetzt fahren, konnte man vor wenigen Tagen noch durch einen Wald mit dichtem Unterholz laufen. Über Funk werden wir angewiesen, in die äußerste Ecke des Tales zu fahren, da zunächst alle anderen Schiffe und Bargen in das Tal verholt werden. An einem der Baumwipfel bringen wir eine Leine aus und lassen das Schiff schwojen. Erst jetzt können wir tief durchatmen. Der kritischste Moment dieses Frühjahrs scheint überstanden zu sein. Dank der Panzerung der »Dagmar Aaen« haben Kiel, Ruder und Schraube bei der Aktion keinen Schaden genommen. Der Kiel und die Ruderhacke sind mit drei Zentimeter (!) Stahl verstärkt. Der Wasserspiegel des Flusses und damit auch in unserem Tal steigt stündlich. Ständig muß die Festmacherleine kontrolliert werden, schließlich schmeißen wir sie los und fahren das Schiff einfach in eine Baumkrone hinein, so daß die Zweige das Schiff vor dem Treiben bewahren. Nur vereinzelt gelangen größere Eisschollen von dem Fluß in das Tal. Dieser Ort ist geradezu ideal, um den Eismassen zu entgehen. Was sich derzeit auf dem Fluß abspielt, muß man gesehen haben, um es zu glauben. Genau am 22.

Das Frühjahr geht jedes Jahr einher mit einer Naturkatastrophe. Der Jenissei steigt durch die Schneeschmelze um bis zu 20 Meter und überflutet dabei die Ortschaft.

Mai – wie vorhergesagt – bricht das Eis auf. Riesige Eisschollen pflügen wie Eisbrecher durch noch geschlossene Eisfelder und zertrümmern sie. In einer Flußenge kommt es zum Stau. Die Fluten des Jenissei drängen unter der Eisbarriere durch, während die Eisschollen sich zu gewaltigen Packeisbarrieren auftürmen. Ein großer Eisbrecher, der wegen dieser Barriere nach Igarka gekommen ist, nimmt den Kampf auf. Ungestüm wirft er sich gegen das Eis, es kracht und splittert – und dann steht das Schiff. Er setzt zurück, nimmt Anlauf und wirft sich dem Hindernis erneut entgegen. Stundenlang, tagelang, bis endlich der Sperriegel bricht und das Eis mit brutaler Wucht und Getöse in den breiter werdenden Teil des Flusses ablaufen kann. Es dauert nur wenige Stunden, dann hat sich die Lage entspannt. Die Eisfelder, die jetzt den Jenissei hinuntertreiben, können ungehindert ihren Weg fortsetzen bis zur nächsten Enge. Da der Fluß im wärmeren Süden zuerst aufbricht, treibt das Eis gen Norden, wo es noch kalt und der Fluß gefroren ist. Dort sammelt es sich zu gewaltigen Eisverbauungen, bis endlich die Sonne den Norden erwärmt und das Eis ins Meer abfließen kann.

Die Routine und das Know-how der Russen im Umgang mit dem Eis faszinieren mich. Gegen die Urgewalt des Eises wirken selbst Eisbrecher zerbrechlich. Aber mit einer großen Selbstverständlichkeit und beispiellosen Erfahrung begegnet man diesen Naturgewalten. Mittlerweile ist der Fluß auf sein höchstes Niveau gestiegen – 21 Meter über normal! Und obwohl einige Straßenzüge Igarkas überflutet sind, stört sich niemand daran. Im Gegenteil: Kinder fahren mit grob zusammengezimmerten Holzflößen in den Straßen, die Einwohner montieren ihre Außenborder an die Boote und lassen sie schon einmal zum Probelauf an. Und wenn es zu keiner großen Flutkatastrophe kommt, dann nur deshalb, weil sich der Jenissei im Laufe der Jahrtausende ein so tiefes Bett gegraben hat, daß die Fluten bei Hochwasser gerade eben nur über den Rand des Ufers schwappen. Bei normalem Wasserstand muß man die lehmige und sandige Uferböschung hinuntersteigen, um an den Fluß zu gelangen. Auch in unserem Tal, in dem wir eingezwängt zwischen Bargen, Kränen, Frachtschiffen und Baumwipfeln liegen, hat das Wasser seinen Höchststand erreicht. Obwohl es Ende Mai ist, wird es wieder kalt. Neueis bildet sich. Mehrfach fahren wir mit dem Schiff auf und ab, um das Eis zu brechen, bevor es zu mächtig wird. Es ist ein ungewöhnliches Jahr, die Einwohner Igarkas sind enttäuscht. Eigentlich müßte es jetzt schnell warm werden, und die Bäume sollten längst grün sein. Statt dessen schneit es und wird frostig kalt. »Das Frühjahr ist um mehr als 3 Wochen in Verzug«, sagt uns Slava Gorchakov. Mich stimmt diese Einschätzung der Lage nachdenklich. 3 Wochen Verspätung kann in der Arktis viel bedeuten. Der Sommer dauert ja nur 3 Monate, die Übergänge zum Winter sind nahezu fließend und ohne große Verzögerungen. Erwärmt sich das Land nicht rechtzeitig genug, dann bleibt das Küsteneis ebenfalls wie ein undurchdringlicher Panzer an der Küste liegen. Nur die warmen Südwinde, das warme Wasser der großen sibirischen Ströme vermögen das Wintereis an der Küste zu brechen. Bleiben sie aus, gibt es keinen Sommer im Norden. Aber genau dorthin wollen wir. Die Nord-Ost Passage mit dem schwierigsten Teil der Wilkizki-Straße liegt noch vor uns. Ein Abschnitt der Passage, der selbst in günstigen Eisjahren nur unter großen Schwierigkeiten befahrbar ist. Selbst im Sommer setzen die Russen ihre bis zu 75 000 PS starken Atomeisbrecher dort ein, um Schiffskonvois hindurchzuleiten. Mich macht diese Entwicklung besorgt, und mir bleibt nichts anderes übrig, als auf eine Wetterbesserung zu warten. Die Sonne steht hoch am Himmel, es wird nicht mehr dunkel. Die ganze Stadt scheint aufzuatmen. Endlich ist die lange Zeit des Winters vorbei. So schnell wie der Fluß gestiegen ist, fällt er wieder. Am 6. Juni verlassen wir unseren Schutzhafen und fahren in den jetzt eisfreien Jenissei hinein. In sicherem Abstand zum Ufer lassen wir den Anker fallen, das Schiff legt sich in den Strom, wir sind endgültig frei. Nach 9 Monaten ist der sibirische Winter überstanden. Der nächste Abschnitt der ICESAIL-Expedition kann beginnen.

Jermakovo

Eine alte Lokomotive steht rostend in der Taiga. Stalins ehrgeizige und menschenverachtende Pläne verursachten unsägliches Leid und Elend. Der Versuch, eine Eisenbahntrasse durch die Taiga zu bauen, scheiterte dennoch. Der »Tote Weg« steht symbolisch für das furchtbare Schicksal der sibirischen Zwangsarbeiter.

Am 9. Juni gehen wir ankerauf und verlassen Igarka. Es ist jedoch nur ein Abschiednehmen für kurze Zeit, da wir den Strom vorerst flußaufwärts fahren wollen und daher auf dem Rückweg nach Norden unweigerlich Igarka wieder berühren werden. Deshalb schieben wir das Abschiedsfest auf den späteren Zeitpunkt hinaus. Obwohl wir froh sind, daß es weitergeht, stimmt uns die Trennung von den vielen Freunden, die wir in diesem sibirischen Ort gewonnen haben, irgendwie traurig. Wir hören gar nicht auf, zu betonen, daß dieser Abschied ja nur vorübergehend sei. Einem von uns fällt auch dieser vorübergehende Abschied sichtbar schwer – Chris. Svetlana oder Sveta, wie sie von allen genannt wird, und er sind ein Herz und eine Seele. Stillschweigend hatten wir Chris' Ankerwachen mit übernommen, und er nahm das dankbar zur Kenntnis. Jede freie Minute verbrachten die beiden gemeinsam, und es wurde uns allen klar, daß es sich nicht um einen kurzen Flirt handelte, sondern um etwas Ernsthaftes. Die beiden waren bis über beide Ohren ineinander verliebt. Die liebenswerten Frotzeleien der Crew erduldete Chris mannhaft, während man mir den Vorschlag machte, daß ICESAIL nun neben Hilfstransporten auch noch ein Eheanbahnungsbüro einrichten solle. Allein der Umstand, daß wir in einigen Wochen wieder in Igarka sein würden, erleichterte Chris die Trennung von seiner Sveta. Dann sind wir um die nächste Flußbiegung herum, und Igarka ist verschwunden. Um uns nur Wälder, Flußniederungen und vereinzelte kleine Eisbrocken. Igarka ist wirklich eine Insel im Busch. Rund 700 Kilometer von der Küste entfernt, ist dieser Ort zugleich der südlichste Seehafen am Jenissei. Zwar verkehren Flußboote noch über 2000 Kilometer weiter südlich bis nach Krasnojarsk, aber diese Boote sind relativ klein und fahren nur selten. Über 4000 Kilometer ist er lang, der Jenissei. Davon sind etwa 3000 Kilometer schiffbar. Sibirien ist ein Land von für uns unfaßbarer Größe. Selbst Kanada mutet dagegen klein an. Aufgrund der Freundschaft, die uns mit der Stadtverwaltung und den Behörden Igarkas verbindet, haben wir aus Moskau die Genehmigung erhalten, den Fluß bis zu dem Ort Kureika und dann weiter den gleichnamigen Fluß hinauf bis Svedlogorsk zu befahren. Uns überrascht die Bereitwilligkeit, mit der man uns diese Genehmigung erteilt hat. Erst später erfahren wir, daß sich selbst die Militärbehörden in Igarka für unsere Reise eingesetzt haben. Wir dürfen mit unserem eigenen Schiff, das rechtlich gesehen ein Stückchen deutsches Hoheitsgebiet darstellt, in Regionen vordringen, die vor uns noch kein westliches Schiff befahren durfte. Damit werden wir zum Präzedenzfall.

Hatten wir im vergangenen Herbst noch insgesamt 3 (!) Lotsen für die Anreise nach Igarka an Bord nehmen müssen, so dürfen wir jetzt auf eigene Faust, mit den entsprechenden Flußkarten versehen, die Reise unternehmen. Dabei wissen die Behörden genau, daß wir die Gulag-Lager nicht nur passieren, sondern auch besuchen wollen. Die Liberalisierung scheint in Sibirien schneller einzusetzen als in Moskau oder anderenorts.

Wir freuen uns, daß wir endlich wieder segeln können. Ich lege das Schiff mit dem Bug in den Wind, während die anderen die Zeisinge, mit denen das Großsegel festgebändselt ist, lösen, um dann gemeinsam das schwere Großsegel zu setzen. Über 90 Quadratmeter ist es groß. Durch das schwere Tuch sowie die Gaffel erfordert es mindestens 4 Personen, um es hochzuziehen. Sobald das Großsegel oben ist, gehen wir wieder auf Kurs. Die Großschot muß gefiert, das Backstag ausgehängt, die Leedirk gefiert und schließlich noch die Gaffelgei durchgesetzt werden. Als letzte Maßnahme wird die Bullentalje von der Nock des Großbaums bis zum Vorschiffpoller durchgesetzt, um ein versehentliches Überkommen des Baumes zu verhindern. Damit steht das Großsegel. Eine moderne Yacht benötigt nur einen Teil der Handgriffe und ist dabei sehr viel leichter zu handhaben. Aber wir mögen das traditionelle Gaffelrigg, auch wenn es – oder gerade weil es aufwendiger zu handhaben ist. Als nächstes kommen die Vorsegel dran. Mit Sicherheitsgurt versehen, klettert Ragna ins Klüvernetz und löst die Zeisinge des Klüvers. Jörn hat derweil den Niederholer los-

Wachtürme und Stacheldraht umsäumen das alte Arbeitslager Jermakovo.

geworfen und sich zum Fall begeben, wo Peter schon auf ihn wartet. Während Ragna aus dem Netz zurück an Deck klettert, setzen Peter und Jörn gemeinsam das Klüversegel. Raimer führt inzwischen die Schot. Nachdem das Segel gesetzt ist, wird die Schot gemeinsam durchgesetzt. Danach kommt das nächste Segel, die Fock, dran. Jetzt, wo alle Segel stehen, legt sich die »Dagmar Aaen« leicht auf die Seite und läuft ohne Motor mit schäumender Bugwelle den Jenissei hinauf. Die Stille an Bord, das gurgelnde Geräusch des Wassers, das an der Bordwand entlangströmt, versetzen uns in Hochstimmung. 6 Knoten laufen wir und haben dabei den Strom gegenan. Es ist ein Tag, wie er schöner nicht sein könnte. Es ist nach langer Zeit wieder sonnig geworden, und die Temperatur mutet – nach dem Schnee und Eis der vergangenen Wochen – milde und frühlingshaft an. Das Schiff lebt wieder, und es sind diese Tage, diese Momente, durch die all die Arbeit und die Vorbereitungen abgegolten werden. Das Lager Jermakovo liegt an einer langen Flußbiegung, unmittelbar am Polarkreis. Vom Fluß aus lassen sich nur bei genauem Hinsehen einige verfallene Häuser an der hohen Uferböschung erkennen. Man muß schon wissen, wo man zu suchen hat, um das eigentliche Lager zu finden. Die Häuser, die wir von unserem Ankerplatz aus sehen, liegen etwa 5 Kilometer von diesem Lager entfernt. Sie dienten früher wohl dem gehobenen Aufsichtspersonal, das den Blick auf das Elend lieber mit der schönen Aussicht auf den Fluß und die darum liegenden Wälder vertauschte. Am Ufer entdecken wir 2 geborstene Dampflokomotiven und werden dadurch daran erinnert, wozu dieses Lager einst diente. Der Bau der

Europa-Alaska-Transversale war Stalins Lieblingsvorhaben. Mit ihm schlug er 2 Fliegen mit einer Klappe. Zum einen erschloß er, wie er hoffte, mit dieser Eisenbahnlinie den Norden Sibiriens, und zum anderen konnte er sich dadurch in riesigen Arbeitslagern Menschen entledigen, die ihm – aus welchem Grund auch immer – im Weg standen. Menschen waren für Stalin »Material«, über das er nach Gutdünken verfügen konnte. Das Projekt sollte in mehreren Bauabschnitten durchgeführt werden und bekam in Sibirien schnell den Namen »Der tote Weg«. Denn es verschlang Menschenleben wie ein gefräßiges Ungeheuer, außerdem wurde es niemals fertiggestellt. Der erste Bauabschnitt sollte von Salechard bis nach Igarka reichen. Von dort sollte die Trasse über Norilsk weiter nach Chukotka zum Kolyma-Fluß und schließlich bis Kamtschatka geführt werden – über undurchdringliche Taiga, über Gebirgsrücken hinweg durch Permafrostboden und Sümpfe. Der Baubeginn fand 1948 gleichzeitig in verschiedenen Lagern statt. Es war geplant, eine eintrassige Route zu legen, wobei die einzelnen Lager sich entgegen arbeiten sollten. Der Abstand der einzelnen Lager betrug 5 – 10 Kilometer. In jedem der Lager waren zwischen 1000 bis 1400 Gefangene untergebracht. Hinzu kamen pro Lager etwa 250 Mann Bewachungspersonal. Entlang der Eisenbahntrasse sollten zudem 28 Eisenbahnstationen aus dem Busch gestampft werden. Um die großen sibirischen Ströme überqueren zu können, wurden in Europa Eisenbahnfähren bestellt, zwei allein für den Jenissei. Die Strecke Salechard – Igarka ist 1263 Kilometer lang und das Klima in der Region das härteste, das die Nordhalbkugel zu verzeichnen hat: 9 Monate Winter mit schweren Stürmen und Temperaturen bis zu – 60 Grad Celsius. Während des kurzen Sommers wird es zum Teil stickig heiß. Dadurch taut die Oberfläche des Permafrostbodens auf und verwandelt alles in Morast und Sumpf – die ideale Brutstätte für Moskitos, die in Myriaden über die versklavten Arbeiter herfielen. Die Sterblichkeitsrate muß extrem hoch gewesen sein. Den Angaben Überlebender zufolge liegt unter jeder Eisenbahnschwelle ein Toter – »Menschenmaterial« wurde auch nach dem Erschöpfungstod »nutzbringend« als Bahndammbefestigung verwendet. Nur mit Schaufeln, Äxten und Sägen bewehrt, mußten die Gefangenen bei schlechter und völlig unzureichender Ernährung und Kleidung die Eisenbahnlinie aus dem Boden stampfen. Maschinen, die den Menschen die Arbeit erleichtert hätten, gab es nicht. Es wurde alles mit der Hand gebaut. So groß war der Bedarf an »frischen« Arbeitskräften, daß ständig neue Gefangenentransporte nach Norden unterwegs waren, um die Lücken, die unter den Arbeitern entstanden, zu schließen. Viele starben dabei schon auf dem Transport zu den Arbeitslagern. Trotz der brutalen klimatischen Gegebenheiten wuchs die Trasse zügig, und es steht zu befürchten, daß Stalin, hätte er lange genug gelebt, seinen Plan bis zum Ende durchgeführt hätte. Bereits im August 1952 wurde ein erster Eisenbahntransport mit Arbeitern von Salechard bis Nadina durchgeführt. Von Igarka aus hatte man in südliche Richtung 65 Kilometer Gleis bis zur Station Jenisseikaya verlegt und desgleichen von Jermakovo in östliche Richtung bis zum Fluß Turuchan. In 1 bis 2 Jahren – so die Schätzungen – wäre dieser Abschnitt beendet worden, wäre Stalin nicht vorher gestorben. Nach dem Tod des Diktators im Jahre 1953 wurden die Gefangenen begnadigt. Zahlreiche Lager wurden fluchtartig verlassen. In einigen Lagern, darunter Jermakovo, gab es auch Frauen, die in die Verbannung geschickt worden waren. Nicht nur, daß sie den gleichen Leidensweg durchliefen wie die Männer, sie wurden auch als Freiwild für die Aufseher betrachtet. Es blieb nicht aus, daß viele von ihnen unfreiwillig während der Gefangenschaft schwanger wurden. Auch hier hatte man »Vorsorge« getroffen. Unweit des Dorfes Kureika – ein Ort, den Stalin aus der Zeit seiner Verbannung gut kannte – wurde ein Lager eingerichtet, in dem die schwangeren Frauen ihre Kinder zur Welt brachten. Aus Berichten, die heute allerdings schwer zu verifizieren sind, kann man erfahren, daß angeblich keines der Neugeborenen älter als 2 Jahre geworden ist. Unmittelbar nach der Entbindung mußten die Mütter zurück ins Lager, während die Säuglinge in der Entbindungsstation blieben. Mutter und Kind sahen sich nie wieder. Das Leid, das den Menschen damals angetan wurde, ist so erdrückend groß, daß es sich während unserer Erkundungsfahrt wie ein Schatten auf die Region legt. Man muß das Land und das Klima kennengelernt und die Lager gesehen haben, um eine Ahnung von dem furchtbaren Leidensdruck der Gefangenen zu bekommen.

60 000 Tonnen Stahl sind auf der Trasse verbaut worden. Bis zu Stalins Tod wurden 911 Kilometer Schienen verlegt. Da es nach Stalins Tod weder Arbeitskräfte noch Geld gab, den Bau der Eisenbahnlinie fortzusetzen, konservierte man die Lokomotiven und ließ alles stehen und liegen. Erst in den 60er Jahren wurde die Frage erneut aufgeworfen, ob es sich lohne, das Bauvorhaben wieder aufzugreifen, da man in Sibirien reiche Bodenschätze gefunden hatte, ohne die Möglichkeit, sie abzutransportieren. Eine russische Organisation wurde schließlich damit beauftragt, die Trasse von Salechard bis Nadym zu erneuern und von Nadym bis Novoi Urengi fertigzustellen. Dieses Vorhaben gelang, und die Trasse ist bis zum heutigen Tag in Gebrauch. Der Plan zum weiteren Ausbau wurde aus Kostengründen fallengelassen. Wie eine Ironie des Schicksals wirkt es, daß man nun sogar damit begann, die unter unvorstellbaren Mühen gelegten Schienenstränge wieder aus dem Permafrostboden zu reißen, um den Stahl einzuschmelzen und neu zu verwenden. Aber die alte Trasse ist heute noch zu sehen und mit ihr die Arbeitslager. Zugewuchert, unter Baumkronen verborgen, liegen die Baracken mit ihren mittlerweile eingefallenen Dächern. Stacheldrahtverhaue umsäumen das Lagergelände, unterbrochen nur von hölzernen Wachtürmen, von denen aus jeder Fluchtversuch zunichte gemacht wurde. Fliehen wäre ohnehin Selbstmord gewesen. Selbst wenn es gelungen wäre, die Sperranlagen zu überwinden, die unfaßbare Weite Sibiriens mit ihrem brutalen Klima ließ jede Hoffnung auf eine Flucht schon im Ansatz ersticken. Deshalb war und ist bis zum heutigen Tag das Urteil »Verbannung nach Sibirien« ein Synonym für ein Todesurteil.

Unser Weg zum Lager Jermakovo führt auf eine alte Eisenbahntrasse, auf der noch, der Schienen beraubt, einige Lokomotiven vor sich hinrosten. Ein einsamer Güterwaggon, auf dem in verwitterten Lettern »Deutsche Reichsbahn« steht, steckt in einer Schneewehe. Gott weiß, wie der hierher gelangt ist. Das Lagertor, die alten Wohnbaracken, fensterlose und ungeheizte Kerker, drinnen verfaulte Kleiderreste. In einigen Speiseräumen stehen noch heute die benutzten Teller auf den Tischen. Man hatte sich nicht einmal die Zeit genommen, alte Reste abzuräumen. Man kann sich in dem Lager verirren, so groß und so zugewachsen ist es. Wir sind froh, als wir wieder am Ufer des Jenissei stehen und die »Dagmar Aaen« ruhig vor Anker liegen sehen. Jermakovo ist ein Ort des Schreckens gewesen, wie so viele ungezählte Arbeitslager in Sibirien. Uns ging dieser Aufenthalt, wissend, was dort vor sich gegangen ist, unglaublich unter die Haut. Vielleicht gerade deshalb, weil wir von den Greueln in den deutschen Vernichtungslagern während der NS-Zeit wissen. Vielleicht auch, weil sich in anderen Teilen der Welt zur gleichen Zeit ähnliches in der einen oder anderen Form wiederholt. Es ist die Konfrontation mit der Kenntnis, zu welchen Grausamkeiten Menschen gegenüber Mitmenschen fähig sind. Und es ist etwas ganz anderes, ob man Greueltaten, wie sie im ehemaligen Jugoslawien oder sonstwo passieren, aus der Presse erfährt oder ihnen vor Ort begegnet. Grausamkeiten, Verbrechen an der Menschheit geschehen zu allen Zeiten, immer wieder. Man neigt dazu, sie zu verdrängen. Gerade deshalb müssen sie immer neu bewußtgemacht werden, damit man aus der Geschichte lernt.

Der Kureika

Durch enge Schluchten fahren wir den Kureika aufwärts bis nach Svetlogorsk. Obwohl es bereits Juni ist, sind die Wasserfälle noch gefroren. Unser Eindruck, daß wir es mit einem ungewöhnlich kalten Sommer zu tun haben, verdichtet sich.

Frühmorgens tauchen die Häuser von Kureika aus dem Dunst auf. Wir sind schon wieder 2 Tage unterwegs, seit wir Jermakovo verlassen haben. Kureika ist ein kleines altes Dorf, in dem die Zeit stillzustehen scheint. Die Häuser sind im alten russischen Stil aus Holz gebaut, verziert mit den schönen geschnitzten Fensterläden. Einige Kühe, Schweine und Hühner laufen frei umher, die Menschen nicken uns freundlich lächelnd zu, und Slava spricht einige Sätze auf russisch mit ihnen, stellt uns vor. Obwohl wir vermutlich seit Jahrzehnten die ersten ausländischen Besucher sind, gibt es keinen Menschenauflauf, sondern einfach nur freundliche Gesichter, die uns willkommen heißen. Ein älterer Mann winkt uns zu sich und verschwindet kurz in seinem Haus, um Sekunden später mit einem großen Fisch zurückzukehren, den er uns schenkt. Der Ort wirkt friedlich und vielleicht ein wenig schläfrig, als hätten die politischen Umwälzungen, wie sie in Rußland stattfinden, hier keine Gültigkeit.

Das war einmal anders. Kaum noch jemand weiß, daß auch Kureika durch Stalin maßgeblich geprägt worden ist, auch wenn dieser Einfluß heute zum Glück nicht mehr zu spüren ist. In den Jahren 1909 bis 1913 wurde Stalin vom russischen Zaren in die Verbannung nach Sibirien geschickt, hier in das kleine Dorf Kureika. Nicht daß er dort etwas auszustehen gehabt hätte; er bewohnte ein eigenes Haus und wurde gut versorgt. Er war eben nur »aus dem Verkehr gezogen«. Mit ihm zusammen war ein anderer Revolutionär namens Svedlov in Kureika, so daß er sich nicht einmal einsam fühlen mußte. Svedlov hat sich in späteren Jahren allerdings nicht sehr freundlich über seinen Mitgefangenen geäußert. Er sei egoistisch und selbstherrlich gewesen. Obwohl es genug zu essen gab, pflegte Stalin immer wieder Svedlov in dessen Suppe zu spucken, die der dann angewidert stehenließ. Nachdem Stalin seinen Teller geleert hatte, machte er sich daran, auch Svedlovs Suppe zu verspeisen. Eine Anekdote – sicher – aber sie zeigt doch Stalins Wesensart.

In späteren Jahren, nachdem Stalin längst an der Macht war und seinerseits nun im großen Stil Menschen in die Verbannung und den Tod schickte, drückte er Kureika gewaltsam, wie alles, was er tat, seinen Stempel auf. Zwangsarbeiter mußten ihm zu Ehren am Ufer des Jenissei einen gewaltigen Tempel bauen. Ganz aus Stein, mit Kuppeln, Säulen und Verzierungen, mutete der Tempel, hier im sibirischen Busch, wie aus

Die Reste von Stalins Tempel im Dorf Kureika.

einer anderen Welt an. Es wurden Parkanlagen um das Gebäude herum angelegt, und im Innern des Tempels gab es Teiche mit Zierfischen. Vor dem Gebäude ließ Stalin sein Abbild in Form einer großen Statue aufstellen. Jedes Schiff, das den Jenissei befuhr, mußte für etwa 2 Stunden vor Anker gehen und die Crew samt Passagieren ausbooten, damit alle gemeinsam zu dem Denkmal pilgerten und dem Diktator huldigten. Wehe, wer sich dem entzog – für ihn war Sibirien Endstation. Stalin selbst ist nie wieder nach Kureika zurückgekehrt. So groß war die Furcht der Einwohner Kureikas vor dem Diktator, daß sie noch 7 Jahre nach seinem Tod die Tempelanlagen pflegten. Erst dann realisierten sie offenbar, daß der Tyrann tot war, und zerrten in einer heimlichen Aktion die Statue vom Sockel, um sie anschließend im Jenissei zu versenken. Dort soll sie heute noch liegen. Der Tempel und die Parkanlagen verfielen. Kein Mensch hatte

Interesse daran, die Erinnerung an Stalin zu erhalten.
Wir haben uns in Kureika mit einem deutschstämmigen Russen verabredet, den wir in Igarka getroffen haben. Erich lebt seit vielen Jahren am Oberlauf des Kureika-Flusses in einem Ort namens Svetlogorsk. Er ist Ingenieur und als solcher bei dem großen Wasserkraftwerk beschäftigt, dem der Ort seine Existenz verdankt. Für russische Verhältnisse ist Svetlogorsk ein wohlhabender Ort. So kommt uns Erich mit einem Tragflächenboot entgegen, um die »Dagmar Aaen« den kleinen und teilweise recht flachen Fluß nach Svetlogorsk zu lotsen. Erich spricht gebrochen Deutsch, mit einem starken Akzent, aber doch so, daß wir ihn gut verstehen können. Seine Begeisterung, uns als Gäste bei sich zu haben, kennt keine Grenzen. Am liebsten würde er uns für Wochen hier festhalten, aber das erlaubt natürlich unser Zeitplan nicht.
Es ist ein spannender Moment, als wir den breiten Jenissei verlassen und in den schmalen Kureika einbiegen. Noch niemals zuvor hat ein Schiff aus dem Westen diesen Fluß befahren, erzählt Erich. Allzu lange existiert das Kraftwerk auch noch nicht, und so ist diese Gemeinde am Staudamm recht jung. Der Fluß ist an einigen Stellen so eng und flach, daß wir uns genau hinter dem Tragflächenboot halten müssen. Dichtes Ufergestrüpp ragt weit in den Fluß hinein, dazwischen schmutziggraue Eisschollen, die an den Böschungen liegen und langsam schmelzen. Die Fahrt führt durch tiefe Schluchten, an deren Seiten die Felswände voll gefrorener Wasserfälle sind. Es ist Mitte Juni, und noch immer liegt Schnee und Eis. Ähnlich wie unsere Freunde in Igarka ist auch Erich besorgt darüber, daß der Frühling sich nicht einstellen will. Hier am Kureika sind wir schon wieder ein gutes Stück weiter südlich als in Igarka, und trotzdem ist es kalt und winterlich. Es ist schon spätabends, als wir nach einer weiteren Schlucht plötzlich die Ausläufer von Svetlogorsk erreichen. Die Strömung ist enorm. Dabei hat man heute extra unseretwegen den Überlauf aus dem Staubecken gedrosselt, damit wir überhaupt gegen den Strom ankommen. Kurz nachdem wir bei einem Anleger festgemacht haben, werden die Schleusentore wieder geöffnet, und der Fluß rauscht gurgelnd wie ein Wildwasser an uns vorbei.
Das Besucherprogramm, das Erich für uns aufgestellt hat, läßt uns kaum Zeit für andere Dinge. Offizielle Einladungen, wie etwa die Besichtigung des Wasserkraftwerkes, werden abgelöst von abendlichen privaten Einladungen, die bis spät in die Nacht dauern. Svetlogorsk macht einen aufgeräumten und gut organisierten Eindruck. Die Versorgungslage ist deutlich besser als in allen anderen von uns besuchten Orten Sibiriens. Was anderenorts noch nicht zu klappen scheint, hier funktioniert es vorbildlich: eine moderne Schweine- und Rinderzucht sowie Gewächshäuser, die mit dem überschüssigen Strom des Wasserkraftwerkes Sommer und Winter geheizt werden. Die Gewächshäuser faszinieren uns. Gurken, Tomaten, Salat, Petersilie und anderes Gemüse werden hier sehr ertragreich angebaut. Da Moskau seit Monaten keine Gehälter mehr ausbezahlt, sondern nur Gutschriften verteilt, ist man mangels Bargeld dazu übergegangen, eigenes Geld zu drucken. Was bei uns undenkbar wäre und gewiß auch in Rußland verboten ist – hier funktioniert es. Innerhalb der Ortschaft können die Menschen mit den vom Kraftwerk abgestempelten »Blüten« einkaufen. Und es scheint, daß sich diese Währung einer größeren Beliebtheit erfreut als der offizielle Rubel. Außerhalb des Ortes funktioniert diese Währung natürlich nicht, aber wer verläßt schon diesen Ort? Der Mut zur Selbsthilfe gefällt mir. Warum mag das nicht in anderen Gegenden funktionieren? Die Stallungen sind modern und sauber eingerichtet. Es gibt eine Meierei, die täglich frische Molkereiprodukte ausliefert. Der Fatalismus gegenüber der Politik, dem wir überall in Rußland begegnen, ist auch hier gegenwärtig. Was in Moskau passiert, interessiert die Menschen nicht. Sie haben sich daran gewöhnt, daß Politik ohnehin über ihre Köpfe und Interessen hinweg gemacht wird, daß ihnen lediglich mitgeteilt wird, was ihre Interessen zu sein haben. Die Menschen versuchen nur, ihr direktes Umfeld zu verbessern.

Mag sein, daß Svetlogorsk durch sein Wasserkraftwerk privilegiert ist, aber letztlich ist es der Initiative der Einwohner zu verdanken, daß die Versorgungslage verbessert wurde. Mut zur Selbsthilfe! Uns hat die allgegenwärtige Bereitschaft, sich stillschweigend zu fügen, immer wieder betroffen gemacht. Aber es ist die eigene Geschichte, die das russische Volk gelehrt hat, daß es besser ist zu schweigen. Im Angesicht der Gulag-Lager ist das für mich leicht nachzuvollziehen. Ich bin jedoch sicher, die Russen werden dieses Joch, das ihnen schon im zaristischen Rußland aufgezwungen wurde, abwerfen. Das geistige, kulturelle und wirtschaftliche Potential dieses riesigen Landes wird uns noch alle überraschen.

Fridtjof Nansen, ein Kenner der russischen Verhältnisse, hat schon 1923 geschrieben: »Man kann an Westeuropa zweifeln und an den Zukunftsmöglichkeiten der westeuropäischen Kultur. Aber daß das russische Volk eine große Zukunft vor sich hat und daß es im Leben Europas und im weiteren Rahmen der Welt eine große Mission zu erfüllen hat, daran kann kaum Zweifel bestehen. Erst wenn man sieht, wie Moskau mit den wunderbaren Mauern und Türmen des Kreml aus der Ebene emporsteigt, fühlt man, daß man sich einer anderen Kulturwelt nähert. Das ist nicht mehr Europa, es ist auch nicht der Orient: es ist Rußland. Die russische Kultur hat sich noch nicht entfaltet; sie gehört einstweilen der Zukunft an. – Ich halte es für wahrscheinlich, daß es Rußland ist, das eines Tages Europa nicht allein materielle Rettung bringen wird, sondern daß von dort auch die geistige Erneuerung kommen wird.«

Nach Norden

Ein Sommer, der keiner ist. Schneestürme treten unvermittelt auf, die Arbeit im Klüvernetz ist naß und kalt. Trotzdem bringt uns das harte Segeln auf dem Jenissei enorm viel Spaß.

Gemeinsam essen wir einen Festbraten in der gemütlichen Messe.

chen erklingt das Konzert der Typhone. Wir grüßen mit unserem zurück, werden aber von den viel größeren und lauteren Typhonen der großen Schiffe übertönt. Schlepper begleiten uns, das Typhon-Konzert will nicht enden. An der Flußbiegung haben sich einige Leute versammelt und winken, während die »Dagmar Aaen« lautlos stromabwärts segelt. Es ist eigenartig ruhig an Bord geworden. Die Stadt, die uns im September vergangenen Jahres noch so fremd und abweisend erschien, ist jetzt zu einem zweiten Zuhause geworden. Wir sind alle traurig und gerührt über diesen herzlichen Abschied. Während die letzten winkenden Menschen hinter der Biegung verschwinden, versuche ich, die Crew aufzumuntern, sie auf den neuen Reiseabschnitt einzustimmen. Chris ist verständlicherweise von allen am traurigsten. Bei uns anderen entwickelt sich so etwas wie Staunen: Staunen über die sprichwörtlich »große russische Seele«, über die menschliche Wärme, die uns überall zuteil wird.

Während wir den Fluß langsam nach Norden flußabwärts segeln, wird das Klima kühler und stürmischer; die Baumgrenze bleibt hinter uns und macht einer hügeligen Tundra Platz. Das Segeln auf dem Fluß, der so breit ist, daß man mitunter nicht einmal beide Ufer zur gleichen Zeit sieht, ist das Schönste, was wir seit langem erlebt haben. Durch den anhaltenden Starkwind ist das Segeln anspruchsvoll, sportlich und unvergeßlich. Bis zu 13 Knoten erreicht die »Dagmar Aaen« unter dreifach gerefften Groß und Fock und Klüver. Selbst wenn man die 2 Knoten Strom des Jenissei abzieht, geht es immer noch erstaunlich zügig voran. Ständiges Halsen bei Windstärke 8 bis 9 im engen Fahrwasser läßt uns zu einem Team und einer Einheit mit dem Schiff verwachsen. Jeder Handgriff sitzt. Wir segeln pro Tag ungefähr 8 bis 10 Stunden und legen uns dann vor Anker. Auch die Ankermanöver werden unter Segeln ausgeführt. Danach sitzen wir gemeinsam unter Deck um den Tisch herum und warten darauf, was uns der

Koch zum Abendbrot serviert. Wir essen und genießen in aller Ruhe. Gelegentlich gibt es zum Essen eine Flasche Wein, die wir aus Igarka mitgebracht haben. Nach dem Essen bleibt Zeit für Landausflüge mit dem Beiboot oder einfach zum Lesen beim Schein von Petroleumlampen. Unsere Welt ist in Ordnung! Man sieht es den Gesichtern an: »It's a happy ship.« Das intensive Segeln tagsüber, das Gefühl der totalen Wildnis und Einsamkeit um uns herum und das Fehlen jeglichen Zeitdrucks lassen uns entspannt und vergnügt reisen. Jeder weiß, die Härten dieser Expedition stehen noch bevor. Ein Grund mehr, diese Phase der Ruhe und des Angefülltseins mit Eindrücken und Segelerlebnissen auszukosten. Wir sind das einzige Schiff auf dem Fluß. Lediglich vor dem Hafen Dudinka liegen, ähnlich wie in Igarka, einige Schiffe im Fluß vor Anker. Wir selbst dürfen dort nicht anlanden, da Dudinka als »verbotene Stadt« gilt – aus welchen Gründen auch immer. In der Zwischenzeit ist diese Beschränkung jedoch aufgehoben worden.

Durch den Streik der Lotsen gibt es auch noch keine Betonnung, so daß wir sehr vorsichtig navigieren müssen. Sandbänke liegen tückisch dicht unter der Wasseroberfläche, und zur Zeit der »Siberian Steamship Company« sind immer wieder Schiffe darauf gescheitert. Wer hier aufläuft, muß selbst sehen, wie er wieder freikommt. Schlepper stehen jedenfalls nicht zur Verfügung. Die Seekarten für den Jenissei hatten wir erst kurz vor unserer Abreise in Igarka erhalten. Sie sind detailliert und berichtigt, so daß eigentlich nichts passieren kann. Am 3. Juli erreichen wir im Mündungsgebiet des Jenissei eine große Bucht, die mit zerborstenen Eisfeldern angefüllt ist. Am Ausgang der Bucht liegt auf einer schmalen Landzunge die Polarstation Sopochnaya Karga. Slava kennt die Station sehr gut. Fast 2 Jahre lang hat er hier zusammen mit seiner Frau gelebt und gearbeitet. Die Freude und auch die Anspannung, diesen Ort nach einigen Jahren wieder zu besuchen, steht ihm ins Gesicht geschrieben. Zugleich ist er erstaunt und erschrocken über das viele Eis. Da er während seiner Zeit auf der Station für das Sammeln meteorologischer Daten zuständig war, kennt er den Klimaverlauf dieser Region sehr gut. Er kann sich nicht erinnern, in den Unterlagen jemals Angaben über eine derart hohe Eiskonzentration für den Monat Juli gefunden zu haben. Unser Eindruck, den man schon in Igarka und Svetlogorsk bekräftigt hatte, stimmt also: Es ist ein ungewöhnlich später Sommer in diesem Jahr. Die Tundra ist braun, noch scheint das Leben in die Pflanzen nicht zurückgekehrt zu sein. Über Funk meldet Slava uns bei der Station an. Das Erstaunen über unser Eintreffen, insbesondere so früh im Jahr, ist groß. Man lädt uns ein, an Land zu kommen, die eigenen Boote sind mangels Ersatzteilen für den Außenborder lahmgelegt. Obwohl es landschaftlich ganz reizvoll ist, gefällt mir der Ankerplatz überhaupt nicht. Er ist nur von der Seeseite her gegen Wind und Seegang geschützt. Bei anderen Windrichtungen werden wir verholen müssen und jeweils etliche Meilen fahren, bevor es einen anderen Ankerplatz gibt, der dann auch wieder nur gegen die eine Windrichtung Abdeckung und Schutz verspricht. Ich ahne, daß uns hier eine unruhige Zeit bevorsteht. Hinzu kommen die Eisfelder, die mit dem Strom treiben und immer noch so groß sind, daß sie eine ernste Bedrohung für unser Ankergeschirr darstellen. Wie sehr, sollen wir noch erfahren! Um 17 Uhr fällt der Anker auf den Grund, und das Schiff legt sich in den Strom. Ungeachtet des schlechten Ankerplatzes werden wir hier eine Weile zubringen müssen. Hinter der Landzunge von Sopochnaya Karga fährt man in die Kara-See hinein, wo es erst recht keinen Schutz gibt. Der nächste Hafen, den wir eigentlich schnell anlaufen wollen, ist Dickson. Aber über Funk bewahrheiten sich unsere Befürchtungen. Dickson ist noch total von Eis eingeschlossen. Derzeit bemühen sich mehrere Eisbrecher, eine Schneise ins Eis zum Jenissei zu brechen. Vorerst gibt es für uns keine Chance. Wir können es drehen und wenden, wie wir wollen: Wir haben ein äußerst ungünstiges Eisjahr erwischt, wie es das in größeren Abständen immer wieder mal gibt. Wir müssen uns in Geduld üben, ein Ausspruch, der noch sehr oft in diesem Jahr an Bord zu hören sein wird.

Sopochnaya Karga

Der Jenissei ist in seinem Mündungsgebiet teilweise so breit, daß man das andere Ufer nicht sieht. An den Stränden türmen sich Baumstämme, die nach einer langen Reise vom Fluß ans Ufer geworfen werden.

Der Empfang auf der Polarstation ist herzlich, aber ich sehe es Slavas Gesichtsausdruck an, daß er irgendwie enttäuscht ist. Als wir einen Moment allein sind, spreche ich ihn darauf an. »Früher war hier alles anders. Da war alles ordentlich und aufgeräumt, wir hatten alles frisch angestrichen und fühlten uns wie die Könige. Heute sind nur noch drei Leute hier, die gar nicht in der Lage sind, alles zu bewältigen. Da bleibt natürlich die Ordnung auf der Strecke. Es macht mich traurig, zu sehen, wie alles dem Verfall preisgegeben wird.« Ich verstehe. Für Slava war der Aufenthalt in Sopochnaya Karga so etwas wie ein Highlight seiner Arbeit auf Forschungsstationen. Er hatte uns immer wieder von dem »schönen Sop. Karga« erzählt und sich darauf gefreut, endlich wieder dorthin zu kommen. Die Sonne bringt es an den Tag. Aus schmelzenden Schneefeldern ragen die winterlichen Sünden hervor: angefangen bei stinkenden Küchenabfällen über zerborstene Autobatterien, lecke Ölfässer, verbrannte Motorschlitten bis hin zu einem Diesel- und Schmieröltümpel vor dem Eingang zur Elektrizitätsstation, in dem alte Motoren und Schmierölfilter dümpeln. Auf dem gefrorenen Boden bleibt die Brühe stehen und schillert in allen Regenbogenfarben. Die Luft riecht intensiv nach Diesel. Ich weise Slava darauf hin, daß diese Dinge bestimmt nicht erst seit der letzten Saison hier liegen. Slava weiß inzwischen, wie sensibel wir auf Umweltverschmutzung reagieren, und räumt ein, daß man es in Rußland halt nie so genau damit genommen habe. Die Gedankenlosigkeit im Umgang mit der Natur hat uns immer wieder auf unserer Reise erschreckt. Im Zuge des hemmungslosen Wachstumsglaubens hat man sich im Sowjetstaat keine Gedanken über irgendwelche Umweltschäden gemacht. Total veraltete und giftige Industrieschlote – wie zum Beispiel im sibirischen Norilsk – lassen die durchschnittliche Lebenserwartung im weiten Umkreis auf knapp 40 Jahre sinken. Es kursiert dort ein zynisches Sprichwort: »Es gibt nur 2 Wege, Norilsk zu verlassen – entweder so schnell wie möglich oder in einem Sarg.«

Die nuklear verseuchten Testgebiete, die Verklappung von Atommüll in der Kara-See, die lokal begrenzten Verunreinigungen wie bei Sopochnaya Karga – den vollen Umfang der sibirischen Umweltvergiftungen kennt keiner. Der ungetrübte Glaube an stetiges wirtschaftliches Wachstum, an Hochrüstung und an die Überlegenheit des sozialistischen Systems haben alle Einwände oder Warnungen erdrückt. In etwa 20 Jahre alten Schriften, die auch in der ehemaligen DDR veröffentlicht worden sind, kann man nachlesen, was selbst Wissenschaftler mit Sibirien vorhatten: »Die wilden Flüsse sind lange genug wild gewesen, laßt sie uns zähmen und umleiten.« Gemeint sind die großen sibirischen Ströme, die man nach Süden umleiten wollte, um dadurch die Steppen im Süden zu bewässern und zum anderen eine Klimaveränderung in der Arktis herbeizuführen. Es gab Pläne, das Polareis »schwarz« zu färben, um den Schmelzvorgang zu beschleunigen und dadurch die Schiffahrt zu forcieren. Eine Regierung, die derart gewissenlos mit den natürlichen Ressourcen und der Erde insgesamt umgeht, kann nicht erwarten, daß die Bürger sorgsamer sind. Vielleicht waren es die Naturvölker in Sibirien. Aber sie waren stets Minderheiten, deren Proteste ungehört verhallten. Als auf Nowaja Semlja das Kernwaffentestgebiet eingerichtet wurde, wurden die dort lebenden Nenzen kurzerhand auf eine benachbarte Insel umgesiedelt – ob sie wollten oder nicht. Ihre Hunde sammelte man ein und tötete sie. Während die Nenzen früher durchaus eine hohe Lebenserwartung hatten, werden sie heute im Schnitt 40 Jahre alt. Solange man die Tests überirdisch durchführte, konnten sie sie von ihrer Insel aus verfolgen. Die Atompilze, das anhaltende »Morgenrot« und die Detonationen zerstörten nicht nur ihre alte Heimat, sondern verseuchten Luft und Wasser.

Dagegen muten die Dieseltümpel in Sopochnaya Karga geradezu wie ein Kavaliersdelikt an. Im Vergleich zu den immer wieder brechenden Ölpipelines sind sie es vielleicht auch. Aber gerade ein solcher lokal überschaubarer Schaden führt einem die Katastrophe plastisch vor Augen. Atomstrahlung kann man nicht sehen

Die Polarstation Sopochnaya Karga

oder riechen. Hinzufügen muß man allerdings, daß die Russen im Naturschutz auch Vorbildliches geleistet haben. So war es die ehemalige Sowjetunion, die als erste Nation die Eisbären unter Schutz gestellt hat. Großangelegte Programme untersuchten die Tiere der Arktis, und einige Gebiete wurden sogar zum Naturpark erklärt. Kaum eine andere Nation hat wohl so viele Aktivitäten in der Polarforschung entwickelt wie die Sowjetunion. Das wenige, was die 3 Russen in der Forschungsstation haben, teilen sie mit uns. Auch das ist etwas typisch Russisches, das uns immer wieder begegnet: die Bereitschaft zu teilen und die nie endende Gastfreundschaft. Wir besuchen sie fast täglich und laden sie umgekehrt zu uns an Bord ein.

Der Ankerplatz ist so ungeeignet, wie ich es mir bei unserem Eintreffen gedacht hatte. Immer wieder kommen riesige Eisfelder auf uns zu getrieben. Jedesmal geraten wir damit unfreiwillig in einen Wettlauf mit der Zeit, die Maschine zu starten und per Hand den Anker hochzukurbeln, so schnell es geht. Wir verholen ein Stück, lassen das Eisfeld passieren und gehen dann wieder vor Anker. So geht es Tag für Tag. Am 5. Juni kommt der Warnruf des Ausgucks zu spät. Wir schaffen es nicht mehr, rechtzeitig den Anker hochzubekommen. Eine große Eisscholle erfaßt die Kette und schiebt sie samt Schiff vor sich her. Ich versuche mit voller Maschinenkraft, die Scholle zu stoppen bzw. sie wegzudrücken. Vergebens. Noch während sich die Ankerkette in die Eisscholle hineinfrißt, gibt es einen Knall, und die Kette ist gebrochen. Mühelos kurbeln wir mit einer Hand die Kette hoch, an der sonst der 75 kg schwere Stockanker hing. Wir haben sofort die Position auf unserem GPS-Gerät festgehalten und versuchen später, den Anker wieder aufzufinden. Da der Boden des Flusses aber von gesunkenen Baumstämmen übersät ist, läßt sich nichts feststellen. Auch der Versuch zu tauchen wird nach wenigen Minuten erfolglos abgebrochen. Das Wasser ist derart trübe und voller Sedimente, daß man wirklich die Hand vor Augen nicht sehen kann.

Ob Eis oder auflandiger Starkwind – immer wieder sind wir gezwungen, den Anker zu hieven und zu verholen. Ansonsten führen wir ein ruhiges Leben. Die Faltboote sind inzwischen zusammengebaut und werden für Paddeltouren eingesetzt. Miroslav meldet sich für ein paar Tage ab und unternimmt eine Wanderung in die Tundra. Als er zurück an Bord ist, schlägt das Wetter wieder um. Wir müssen erneut verholen. Der Wind hat einen kurzen steilen Seegang aufgeworfen, und während wir ankerauf gehen, stampft das Schiff und reißt dabei jedesmal an der Kette. Während ich vorsichtig vorausgebe, kurbelt Miroslav so schnell er kann die Kette ein. Obwohl er das schon unzählige Male gemacht hat, vergißt er im Eifer des Gefechts die Sperrklinke einzulegen, die ein Zurückschlagen der Windenkurbel verhindern soll. Damit wird die gesamte Zugkraft des Ankers auf die Winde und die Kurbel übertragen. Es geht nur einige Momente gut. In einer besonders steilen See faßt der Anker nochmals in den Grund, während sich gleichzeitig der Steven des Schiffes mit der Welle hebt. In Bruchteilen von Sekunden werden unglaubliche Kräfte freigesetzt, die Miroslav die Kurbel aus den Händen reißen und sie ihm mit einer Rückwärtsdrehung auf den Handrücken der rechten Hand schmettert. Miroslav springt zurück, Chris wirft die Sperrklinke ein, andere kurbeln weiter, bis der Anker klar ist.

Erst nachdem wir ihn gesichert haben und unterwegs zu einem neuen Ankerplatz sind, können wir uns um Miroslav kümmern. Er ist weiß wie eine Wand, sagt aber keinen Ton. Seine Hand

Miroslav kühlt seine gebrochene Hand in einem Eimer mit Eiswasser.

sieht furchtbar aus. In der kurzen Zeit ist sie unförmig angeschwollen und mit Blut unterlaufen. Wir holen sofort eine Pütz mit kaltem Flußwasser, um seine Hand zu kühlen und die Schwellung einzudämmen. Die Schmerzen müssen unglaublich sein, aber Miroslav ist zäh. Kein Wort der Klage kommt über seine Lippen. So leid er mir tut, so ärgerlich bin ich auf der anderen Seite, lasse es ihn aber nicht spüren. Nie wäre ich darauf gekommen, daß jemand die Klinke nicht einlegt. Die Verletzungsgefahr liegt im wahrsten Sinne des Wortes auf der Hand. Auch Miroslav wußte das natürlich. Vermutlich ist gerade die Routine schuld an solchen Unfällen. Miroslav bekommt zunächst einen kräftigen Schluck Schnaps, einen Salbenverband und die Order, sich zu schonen. Da die Hand dermaßen angeschwollen ist, können wir sie weder schienen noch sonst irgendwie behandeln. Einen Arzt gibt es im Umkreis von 300 Seemeilen nicht, bis zum nächsten Krankenhaus ist es noch ein bißchen weiter. Solche Zwischenfälle holen einen immer wieder auf den Boden der Tatsachen zurück. Wir sind allein und in eigener Verantwortung unterwegs. Wir müssen uns deshalb auch selbst behelfen und um so vorsichtiger sein. Das ist der Preis, den man dafür bezahlt, daß man die schützende Hülle der Zivilisation abstreift. Erst 10 Tage später, am 16. Juli, können wir Miroslav mit einem Hubschrauber ausfliegen lassen. Wie sich beim Röntgen herausstellt, ist die Hand gleich dreimal gebrochen. Zum Glück ist später alles wieder gut zusammengewachsen, so daß er heute von dem Unfall nichts mehr spürt.

Mit dem Helikopter, der Miroslav abholt, kommt zusätzlich Besuch an Bord: 3 Journalisten, Reinhard Postelt, Peter Brunner, Thomas Kleine-Brockhoff, sowie einige Freunde und Bekannte. Grund für diesen Besuch ist der Umstand, daß einige der Crewmitglieder nach Hause müssen und hier abgelöst werden. Ragna muß zurück, weil sie bereits vier Wochen später auf der »Fridtjof Nansen«, einem Dreimasttopsegelschoner, einsteigen wird, um damit in die Karibik zu segeln. Miroslav muß aufgrund seiner Verletzung von Bord und Jörn, weil er wieder arbeiten muß. Allen dreien fällt der Abschied sehr schwer. Jörn und Ragna heuern gleich für die nächste Saison an, so daß schon feststeht, daß sie im kommenden Jahr wieder mit von der Partie sind. Zur Ablösung sind Martina Kurzer, Brigitte Ellerbrock, Henryk Wolski, Helmut Hammele und Peter Lechhart gekommen. Zusätzlich ist das Kamerateam Duri Mayer und Nabil Ali Moghib eingetroffen. Einige Freunde aus Ryazan von der Organisation CENTRE POLE, die für uns die Genehmigungen besorgt haben, sind ebenso zu Besuch wie Astrid Bockstette von der Firma Gore, der für den Umbau der »Dagmar Aaen« verantwortliche Bootsbauer Detlev Löll sowie unser Freund Rolf Becker und meine Mutter. Mitten in der sibirischen Tundra feiern wir ein ausgelassenes Wiedersehen. Die Gäste schlafen auf der Polarstation, die »Dagmar Aaen« könnte so viele Besucher kaum beherbergen. Trotz des schlechten Wetters segeln wir einen ganzen Tag in die Kara-See mit dem Resultat, daß ein großer Teil unserer Freunde seekrank unter Deck liegt. Als wir abends wieder bei Sopochnaya Karga vor Anker gehen, atmen die Betroffenen erleichtert auf. Trotz der bleichen Gesichter sind sie begeistert. Thomas Kleine-Brockhoff weiß später in der »Zeit« von einer »Arktischen Butterfahrt« zu berichten. Ein bemerkenswerter Ausspruch von jemandem, der die ganze Fahrt über seekrank in der Koje lag und erst kurz vor dem Ankermanöver an Deck auftauchte. Ansonsten sah jedermann dieses Zusammentreffen als das, was es war: ein Crewwechsel, verbunden mit der Gelegenheit, einmal Leute an Bord einzuladen, die sich immer wieder für uns einsetzen und das Projekt am Leben erhalten. Zudem gibt es einfach wichtige Dinge zu besprechen, was den weiteren Verlauf der Expedition betrifft. Ein Projekt dieser Größenordnung läßt sich eben nur mit viel Planung und Vorbereitung durchführen. Der Besuch ist kurz genug. Am 16. Juli fliegt die gesamte Truppe mit dem Hubschrauber zurück nach Dickson, von wo aus es mit einem Flugzeug weiter nach Moskau geht. Die Piloten bestätigen nochmals die schwierige Eislage. Sie sind sogar von der Ortschaft auf dem Festland aus zu Fuß über das Eis zur Insel Dickson gelaufen, auf der sich der Flugplatz befindet. Dickson ist noch total zu mit Eis, und den Eisbrechern gelingt es nur sehr langsam, das Eis in der Kara-See aufzulockern. Wir hängen weiterhin fest. Am 19. Juli hören wir über Funk, daß sich der Eispfropfen vor Dickson aufzulockern scheint. Am 20. Juli erreicht das erste Schiff Sopochnaya Karga. Es ist ein eisgehendes Versorgungsschiff, das von einem 50 000 PS starken Atomeisbrecher durch das Eis geleitet worden ist. Die Vorräte in der Polarstation sind nach dem langen Winter zu Ende. Das Schiff bringt mit einem Amphibienfahrzeug einen kleinen Container an Land und setzt ihn bei der Station ab. Gespannt warten wir auf weitere Container und Kisten. Wir werden bitter enttäuscht. Noch mehr enttäuscht als wir müssen die Bewohner der Station sein, denn der kleine Container ist alles, was sie für ein weiteres Jahr im Eis erhalten. Wer einmal erlebt hat, was auf westlichen Polarstationen alljährlich angefahren wird, der wird glauben, hier

sei gerade der »Postcontainer« abgeladen worden. Die Versorgungslage ist – gelinde gesagt – schlecht, trotzdem hören wir keine Klagen. Im Gegenteil, die drei freuen sich darüber, daß sie wenigstens etwas bekommen haben – besser als gar nichts. So kann man es natürlich auch betrachten. Der Kapitän des Versorgungsschiffes lädt mich ein, an Bord zu kommen. Während ich mit ihm einen Kaffee trinke, wird Nicolai, einem der Wissenschaftler der Polarstation, vom Bordarzt ein Zahn gezogen. Der Kaffee schmeckt etwas eigenartig; dabei bemerke ich immer wieder, mit welch unverhohlenem Stolz der Kapitän an der offenbar brandneuen Kaffeemaschine hantiert. Jetzt erst fällt mir auf, daß er oben in den Filter mangels Bohnenkaffee Instant-Kaffee einfüllt. Hauptsache, die Kaffeemaschine ist in Betrieb! Die Eislage, weiß er zu berichten, ist alles andere als gut. Selten zuvor habe er so extreme Verhältnisse vorgefunden. Uns gibt er keine Chance, weiter nach Osten zu kommen. Aber, meinen sorgenvollen Blick betrachtend, fügt er hinzu, man wisse nie, wie sich das Wetter in der Arktis entwickele. Vielleicht weht der Wind das Eis fort. Darauf hoffen wir auch. Nachdem der Zahnpatient verarztet ist, machen wir uns mit unserem Schlauchboot wieder auf den Weg zur »Dagmar Aaen«.

Die »Dagmar Aaen« vor Anker im Jenissei.

Nach weiteren Tagen des Abwartens und des Ausweichens vor Eisschollen gehen wir endlich am Abend des 23. Juli ankerauf. Zwar soll es noch sehr viel Eis geben, aber wir wollen uns jetzt unser eigenes Bild machen. Außerdem können wir mit der »Dagmar Aaen« in Gegenden fahren, wo andere Schiffe aufgrund ihres zu großen Tiefgangs nicht hinkommen. Und daß das Schiff auch mit schwerem Eis fertig wird, das hat es schon mehrfach bewiesen. Nach fast dreiwöchiger Wartezeit verlassen wir Sopochnaya Karga. Der Jenissei liegt hinter uns.

Dickson

Selten zuvor hat ein Ort so deprimierend auf uns gewirkt wie Dickson. Verfall und Morast überall. Wären nicht die freundlichen Menschen – wir hätten vermutlich fluchtartig das Weite gesucht.

prägungen von Rubeln, mehrere frische Fische sowie eine Flasche Wodka. Slava und Henryk unterhalten sich ausgiebig mit Dima, der schnell zu unserem besten Freund in Dickson werden soll.

Zum ersten Mal seit Svetlogorsk liegt die »Dagmar Aaen« wieder sicher festgemacht in einem Hafen. Das bedeutet für uns, daß wir keine Ankerwachen gehen müssen und nicht Gefahr laufen, von Eisfeldern bedroht zu werden. Die Verwaltung des »Nördlichen Seeweges« liegt gegenüber vom Hafen auf der Dickson-Insel. Mit einer Barkasse setzen wir über und machen unseren ersten »Besuch« bei der Behörde. Hätten wir zu diesem Zeitpunkt geahnt, wie viele Male wir diesen Weg noch würden gehen müssen, wir wären sicher nicht so beschwingt und gut gelaunt dort vorstellig geworden. Zwei ältere Herren mustern uns mit unverhohlener Strenge im Blick. Aus dem Gespräch, das von Slava übersetzt wird, wird deutlich, daß wir ein Stachel im Fleisch dieser Bürokraten sind. An ein weiteres Durchkommen sei mit unserem Schiff gar nicht zu denken. Daß wir von Sopochnaya Karga bis hierher gelangt seien, sei reines Glück gewesen – offenbar hat man es noch nicht ganz verdauen können, daß wir trotz der schlechten Prognosen ohne weitere Probleme bis Dickson gekommen sind. Nach Osten hin gebe es nur Eis, selbst die Eisbrecher kämen nur unter Schwierigkeiten voran. »Dann warten wir eben«, lasse ich von Slava übersetzen. Es ist noch früh im Jahr für die Nord-Ost Passage, deshalb macht mir dies zu diesem Zeitpunkt noch keine Sorgen. Die Eiskarten, die wir einsehen dürfen, bestätigen die düstere Prognose. Allerdings ist auch der Bereich, durch den wir gerade gesegelt sind, als undurchdringliches Eis ausgewiesen. Für uns aber war es ohne große Schwierigkeiten zu meistern. Fotos an der Wand des Büros zeigen eisverkrustete Eisbrecher beim Einsatz im Nordpolarmeer. Unheilvoll drohend weisen die beiden Verwaltungsleute auf die Bilder und deuten uns an, was wir vorfinden würden. Am besten sei, wir würden auf der Stelle kehrtmachen und zurücksegeln. Slava, dem der Verdruß über seine Landsleute deutlich im Tonfall anzumerken ist, antwortet, daß wir in jedem Fall abwarten werden. Seufzend werden einige Papiere und Formulare vor uns ausgebreitet, ergänzende Verträge und Genehmigungen müssen ausgefüllt und unterschrieben werden –

Der Verfall der Ortschaft scheint nicht mehr zu stoppen.

dabei dachten wir, wir hätten den Papierkram hinter uns.
Da uns die wichtigen Genehmigungen aus Moskau vorliegen, kann man uns hier zwar hinhalten, aber nicht abweisen. Dafür werden Probleme aufgeworfen, die eigentlich keine sind. Die Kommunikationsmöglichkeiten mit unserem Schiff sind Gegenstand endloser Debatten. Das Schiff verfügt über eine moderne Kurzwellen-Funkanlage, über eine Telexverbindung sowie natürlich über UKW. Zusätzlich gibt es ein Amateurfunkgerät an Bord. Das ist den Bürokraten nicht genug. Als hätten sie darauf gewartet, fragen sie uns fast vorwurfsvoll, ob wir denn kein Morsegerät hätten. Slava, der Funker ist, beantwortet diese Frage knapp und präzise: »Die in Rußland benutzten Morsefrequenzen von 300 kHz sind in der ganzen Welt

ungebräuchlich und wegen der erforderlichen Länge der Antenne auf unserem Schiff nicht zu nutzen.« Zwar könne er morsen, aber nur auf anderen Frequenzen. Ansonsten könne man aber über Kurzwelle oder Telex weltweit kommunizieren. Empört schauen die beiden auf. Wenn wir nicht in der Lage seien, mit ihnen auf 300 kHz zu morsen, dann sei das ausschließlich unser Problem, dann könnten wir eben nicht fahren. Bevor Slava ärgerlich wird, weise ich darauf hin, daß man uns in Moskau gesagt hat, Kurzwelle und Telex seien ausreichend. Darüber verfügten wir. Eine Verbindung sollte damit gewährleistet sein. Um das unter Beweis zu stellen, sende ich ihnen nachmittags vom Schiff aus ein Telex. Der Vorgang ist etwas aufwendig und teuer, aber offenbar notwendig. Von Bord aus sende ich über Kurzwelle ein Telex nach Schweden zu »Maritex«, einer dafür vorgesehenen Küstenfunkstation. Von dort wird das Telex über Kabel nach Moskau geleitet und von dort weiter nach Dickson. Ein Umweg von vielen tausend Kilometern, der aber funktioniert. Was tut man nicht alles, um die Bürokraten zu überzeugen. Nachmittags liegt das »Probetelex« der Verwaltung vor. Mehr mißmutig als erfreut nimmt man das zur Kenntnis. Der Vorwurf wegen der fehlenden Morseeinrichtung bleibt allerdings bestehen und wird uns täglich mindestens einmal vorgehalten. Mein Hinweis, daß weltweit über Kurzwelle auf 2182 kHz alle Schiffe und auch Küstenfunkstellen hörbereit seien, wird vom Tisch gefegt: Man sei hier schließlich nicht irgendwo auf der Welt, sondern in Rußland! Fast hätte unser Gegenüber Sowjetunion gesagt, der er sich immer noch deutlich verbundener fühlt als dem neuen politischen System. Tatsächlich gelingt es uns nicht ein einziges Mal, auf 2182 kHz Kontakt herzustellen. Eisbrecherkapitäne, mit denen wir später sprechen, erklärten uns, daß man zwar diese Regelung kenne, aber in russischen Gewässern würde der gesamte Verkehr übers Morsen abgewickelt. Erst in jüngster Zeit sei auch noch Satellitentelefonie hinzugekommen. Darüber verfügen jedoch nur die modernsten Schiffe. Oft genug hatten wir uns auf der Brücke von russischen Frachtschiffen umschauen können. Am europäischen Maßstab gemessen, entspricht die Ausrüstung den frühen sechziger Jahren. Uralte Radargeräte, die häufig defekt sind, Funkpeiler, Echolot und Kompaß – das ist meistens alles. In einem Fall hatten wir erlebt, daß ein russisches Frachtschiff immer genau hinter uns her fuhr und uns über UKW wiederholt nach unserem Kurs fragte. Auf eine entsprechende Frage Slavas, warum sie das interessiere, antwortete man ihm, daß der Kreiselkompaß defekt und der Magnetkompaß nicht kompensiert sei. Man wolle daher eine Peilung und einen genauen Kurs haben. Dagegen ist unsere »Dagmar Aaen« geradezu futuristisch ausgestattet. Wir haben allein vier voneinander unabhängig arbeitende Navigationssysteme, Tageslichtradar, Wetterfax, Navtex und vieles andere mehr, was die Seefahrt gerade in den abgelegenen Gebieten erleichtert und vor allen Dingen sicherer macht.

Die Tage in Dickson laufen eintönig dahin. Ein Spaziergang durch die moddrigen Straßen der Stadt läßt einen bisweilen in tiefe Depression stürzen. Zur Hälfte fertiggestellte Wohnblocks, die bereits wieder verfallen. Bewohnte Reihenhäuser, von denen der Putz großflächig abplatzt, als hätte er tagelang unter Schrapnellbeschuß gelegen. Eingestürzte Dächer, vernagelte Fensterläden und ein verödeter Kinderspielplatz, auf dem verwitterte Spielzeuge aus Beton stehen. Kinder sind weit und breit nicht zu sehen, zumindest nicht auf dem sogenannten Spielplatz. Vor beinahe jedem Haus steht ein kleiner Container, in dem Menschen damit beschäftigt sind, ihr Hab und Gut zu verstauen. Dickson stirbt aus. Allein in diesem Jahr sind etwa 1000 Menschen fortgezogen. Die Tendenz ist steigend. Die Arbeitsplätze wurden bislang von der Regierung gestellt. Man war damit beschäftigt, sich selbst zu verwalten. Industrie gibt es in Dickson nicht. Man fragt sich, warum es diese Stadt überhaupt gibt. Die militärischen Einrichtungen sind ohnehin autark. Und es liegt die Vermutung nahe, daß es den Hafen und den Flugplatz auch nur deshalb gibt, weil die Stadt da ist. Das eine zieht das andere nach sich. Orte wie Dickson galten in der SU als Präsenzstationen.

Der Staat wollte Macht demonstrieren und der Welt zeigen, daß selbst der sibirische Norden erschlossen und bewohnbar sei. Ein kostspieliges Unterfangen. Heute hat der Staat kein Geld mehr für derart ehrgeizige Pläne. Das Interesse an den weit im Norden liegenden Orten ist gering. Gehälter werden einfach nicht ausgezahlt, die Menschen sind gezwungen, sich neuen Arbeits- und Lebensraum im Süden Rußlands zu suchen.
Trotzdem – und das fasziniert uns immer wieder – gibt es keine verdrießlichen Gesichter. Die Menschen sind uns gegenüber freundlich und aufgeschlossen. Immer wieder bekommen wir Besuch an Bord. Kaum einer, der nicht eine Kleinigkeit mitbringt: eingelegte Pilze, frischen Fisch oder Anstecknadeln und Fähnchen. An Bord ist kaum noch Platz für derartige Dinge. Irgend jemand stellt uns unentgeltlich seine Sauna zur Verfügung, wir werden zu privaten Geburtstagsfeiern eingeladen oder von Piloten zu Rundflügen mitgenommen. Die Offenheit und Herzlichkeit dieser Menschen überwältigt uns. Zwangsläufig stellen wir Vergleiche mit zu Hause an. Klagen über eine angeblich einsetzende Rezession, düstere Prognosen und Kassandrarufe sind bei uns nicht zu überhoren. Aber wie gut geht es uns in der westlichen Welt – und wie unzufrieden sind gerade dort viele Menschen! Zwar leiden die Menschen in Dickson keinen Hunger, aber viele Dinge sind nur auf dem Schwarzmarkt zu horrenden Preisen zu bekommen. Die Lebensumstände sind bestenfalls mit denen im Nachkriegsdeutschland zu vergleichen. Das Klima in Dickson zählt außerdem mit zu den ungemütlichsten in Sibirien. Es ist nicht nur die Kälte, die einem zu schaffen macht, sondern der stürmische Wind, der hier fast ganzjährig weht, sowie die undurchdringlichen Nebelfelder, die während des kurzen Sommers alles wie in feuchte Watte packen. Dickson ist der ödeste Ort, den wir auf der ganzen Expedition bislang kennengelernt haben – wären da nicht die Menschen. Lachend erzählt man uns die Geschichte von dem einzigen Denkmal in der Stadt. Auf einem Sockel aus massivem Stein stehend ist dort der russische Polarforscher Begichow zu sehen. Die Geschichte dieses Denkmals ist wirklich kurios: Irgendwann in den fünfziger Jahren hatte man den Entschluß gefaßt, Herrn Begichow ein Denkmal zu setzen. Im über 1000 Kilometer entfernten Norilsk wurde das monumentale Werk in Beton gegossen und nach der Fertigstellung auf einen Transportschlitten verladen. Ein großes Raupenfahrzeug wurde davorgespannt, dann machte man sich auf den Weg. Und weil es Winter war und bitter kalt, hatten sich die Fahrer vorsorglich mit größeren Mengen Wodka eingedeckt. Während der Fahrt über die hart gefrorene Tundra hatte man offenbar nur Augen für die Wodkavorräte und weniger für Herrn Begichow, denn als sie schließlich in Dickson eintrafen, war zwar der Wodka alle, aber der ehrwürdige Polarforscher weilte auch nicht mehr auf seinem Schlitten. Einigermaßen erschrocken machte man sich kurzerhand auf den Rückweg, um ihn zu suchen. Und stellte dabei fest, daß es den Herrn Begichow während der holprigen Fahrt in 126 Einzelteile zerlegt hatte. Man suchte und fand alle Teile wieder, brachte sie schließlich nach Dickson, wo sie wieder zusammengefügt wurden. So steht er heute doch noch auf dem ihm zugedachten Platz.
Am Rande der Ortschaft liegt ein einsames Grab. Es stammt von dem Norweger Tessem, einem der Expeditionsteilnehmer Roald Amundsens. Als Amundsen 1918 mit seinem Segelschiff »Maud« am Kap Tscheljuskin überwintern mußte, hatte er zwei Expeditionsteilnehmer mit einer Nachricht auf dem Landweg zurückgeschickt. Von den beiden ist keiner lebend angekommen. Was genau geschah, weiß man nicht. Tessem war es jedenfalls, der es bis Dickson schaffte, aber beim Eintreffen an Kälte und Erschöpfung starb – quasi in den Straßen von Dickson.
Auf einer kleinen Anhöhe in der Nähe des Grabes steht ein verrostetes Geschütz aus dem »großen vaterländischen Krieg«, wie in Rußland der Zweite Weltkrieg genannt wird. Mit diesem Geschütz wurde im Jahre 1942 auf das Deutsche Schlachtschiff »Admiral Speer« gefeuert, das in einem Überraschungsangriff in

die Bucht von Dickson eingedrungen war, die Ortschaft unter Feuer nahm und dabei zahlreiche Gebäude zerstört hatte. Menschenleben waren offiziellen russischen Verlautbarungen zufolge nicht zu beklagen. Seit diesem kriegerischen Auftritt sind wir das erste deutsche Schiff, das im Hafen von Dickson liegt. Man ist jedoch viel zu sehr mit seinen eigenen aktuellen Problemen beschäftigt, als daß man Zeit hätte, über diesen Umstand nachzudenken. Wir sind willkommen, und das lassen uns die Menschen spüren. Aber trotz der Gastfreundschaft sitzen wir wie auf heißen Kohlen. Eine Woche nach der anderen verstreicht, und noch immer ist keine Besserung der Eisverhältnisse in Sicht. Zweimal bereits haben wir Einladungen erhalten, mit Hubschraubern oder Flugzeugen an Erkundungsflügen teilzunehmen. Der eine Flug geht bis zum Kap Tscheljuskin und weiter in den Norden nach Sewernaja Semlja sowie die kleine Uyedyninya-Insel. Die Eislage ist entmutigend. Was sich bereits in Igarka abzeichnete, wird jetzt immer deutlicher: Wir haben ein extrem schlechtes Eisjahr erwischt, wie es in gewissen Abständen immer wieder vorkommt. In weiten Bereichen ist das Eis noch nicht einmal aufgebrochen, sondern liegt als eine geschlossene Decke, soweit man blicken kann. Östlich des Kap Tscheljuskin hingegen gibt es offenes Wasser. Gelingt es uns, das Kap zu passieren, haben wir freie Fahrt bis nach Alaska. Aber zwischen dem Schiff und dem offenen Wasser liegen rund 450 Seemeilen Packeis. Die Luft ist in diesem Sommer so kalt, daß sich die großen Tundraflüsse nicht erwärmen. Die warmen Wassermassen dieser Flüsse schmelzen normalerweise das Packeis in der Küstenregion auf. Starke südliche Winde treiben das Eis zurück nach Norden, so daß ein offener Kanal entlang der Küste entsteht. Aber statt der Südwinde und wärmenden Sonnenstrahlen weht es fast ununterbrochen aus Nord. Entsprechend eisig ist die Luft, an eine Erwärmung der Flüsse ist gar nicht zu denken.

In der Zwischenzeit ist unser russischer »Eislotse« Boris an Bord gekommen. Wir kennen uns bereits vom letzten Jahr, als er uns von Narjan Mar bis Igarka begleitet hatte. Schon damals hatten wir uns gewundert, warum wir einen Eislotsen an Bord nehmen mußten. Eis gab es damals nämlich keines. Boris steht kurz vor der Pensionierung und ist wegen seiner angegriffenen Gesundheit über die spartanischen Lebensbedingungen auf der »Dagmar Aaen« nicht unbedingt glücklich. Er friert sehr leicht, und es fällt ihm nicht leicht, sich an die Bordabläufe zu gewöhnen. Dafür spricht er sehr gut Englisch und versteht, wie wir schnell herausfinden, auch Deutsch. Wir haben nicht um einen Lotsen gebeten. Er ist vielmehr Bestandteil des Vertragswerkes, das ich unterzeichnen mußte. Diese Verträge sehen für ein ausländisches Schiff Lotsenpflicht vor – egal, wie groß es ist. Neben den Lotsendiensten müssen wir auch noch seine An- und Abreise bezahlen. Wir machen das Beste aus der Situation, Boris bemüht sich ebenso. Er weiß, daß wir ihn nicht brauchen, da wir sicherlich über einen größeren Erfahrungsschatz im Eis verfügen als er. Da aber weder er noch wir die Wahl haben, bleibt er an Bord und richtet sich so gut es geht ein. Täglich fahren wir zur Dickson-Insel, um bei der Eiszentrale vorstellig zu werden. Unabhängig von der Eislage, die sich nur langsam verbessert, verdichtet sich bei uns der Eindruck, daß man uns am liebsten zurückhalten möchte. Irgendwelche angeblich wichtigen Papiere sind immer noch nicht aus Moskau eingetroffen, unsere fehlende Morseeinrichtung ist Gegenstand weiterer unendlicher Diskussionen, und die Entwicklung der Eislage wird uns in immer schwärzeren Farben gedeutet. Wir sind hartnäckig, nerven die Verwaltungsleute, die sich ganz offensichtlich in ihrer Ruhe gestört fühlen, wenn wir vorsprechen. Aber es hilft. Irgendwann liegen die letzten Papiere zur Unterschrift auf dem Tisch. Nachdem ich sie unterzeichnet habe, sind wir zumindest formal frei in unserer Entscheidung. Allerdings gibt es weiterhin strenge Richtlinien: Sollten wir bis zum 5. September keine Möglichkeit sehen, von Dickson loszufahren, müssen wir zurück ins Winterlager – wo auch immer das ist. Uns ist klar, daß wir so schnell wie möglich Dickson verlassen müssen, sonst würde man uns womöglich hier festhalten. Von Piloten erfahren wir endlich, daß sich das Eis an der Küste etwas gelockert hat – mehr nicht. Wir entschließen uns, noch einige Tage abzuwarten und dann aufzubrechen. Unsere Nerven sind zum Zerreißen gespannt. Seit Wochen warten wir auf bessere Verhältnisse, auf die Möglichkeit, endlich weiter nach Osten zu segeln. Trotz dieser Anspannung entlädt sich unser Frust nicht untereinander. Im Gegenteil. Wir sitzen auch im übertragenen Sinne in einem Boot. Ich bewundere die Ruhe und Gelassenheit jedes einzelnen an Bord. Jeder versucht, den anderen aufzumuntern, ihm Hoffnung zu machen, ihn weiterhin zum Abwarten zu motivieren. Das war im ersten Jahr anders. Damals gab es einige in der Crew, die die Enge an Bord und die Dauer der Reise als sehr belastend empfanden. Kontroverse Diskussionen über die Qualität des Essens, über die Routenwahl und die Aufgaben der Expedition hatten zeitweise für eine gedrückte Stimmung gesorgt. Vor allem die Leute, die auch wirtschaftliche Interessen mit der Expedition verbanden, wollten eigentlich nur so schnell wie möglich nach Hause. Bis auf das Kamerateam, das durch langfristige Verträge gebunden war, verabschiedeten sich die anderen von der Expedition. Der größere Teil der Crew blieb dabei und wuchs, gestärkt durch diese Erfahrung, noch enger zusammen. Auch die neu hinzugekommenen Teilnehmer brachten Ruhe und Entschlossenheit an Bord. Dabei ist die psychische Belastung in diesem Jahr viel größer. Ich weiß sehr wohl, daß einige meiner Freunde ihren letzten Spargroschen eingesetzt haben, um sich von zu Hause und der dort wartenden Arbeit »loszueisen«. Die Begeisterung, das scheinbar Unmögliche zu versuchen, die Freude an dieser Reise haben uns alle zusammengeschweißt. Ich persönlich betrachte diese Wartezeit in Dickson als die größte Belastungsprobe für die Expedition. Sobald das Schiff segelt und man sich in die richtige Richtung bewegt, läuft eigentlich alles seinen geregelten Gang. Aber die wertvolle Zeit in einem häßlichen und verlassenen Nest wie Dickson zu verbringen, das hat keiner gewollt, der auf diese Reise gegangen ist.

Zum erstenmal in diesem Jahr wird es sommerlich warm. Unsere Hoffnung steigt. Während einer langen Wanderung in der Tundra, gemeinsam mit unserem Freund Dima, werden wir fast von den Moskitoschwärmen, die plötzlich überall umherschwirren, aufgefressen. Das sommerliche Wetter hält sich 3 Tage, danach ist es wieder kalt und stürmisch. Als wir scherzend sagen, daß der Sommer in diesem Jahr genau 3 Tage gedauert hat, wissen wir noch nicht, wie recht wir mit dieser Aussage haben sollen. Denn nach diesen Sommertagen wird es mit jedem Tag ein bißchen kälter. »Der Winter steht vor der Tür«, sagt uns eines Abends Dima. Es ist der 23. August, und uns ist klar, daß wir nicht länger warten können. Wenn es in diesem Jahr überhaupt eine Chance gibt, dann jetzt. Wir informieren Boris, daß wir morgen aufbrechen werden, und bitten ihn, dies der Verwaltung mitzuteilen. 4 Wochen haben wir in Dickson gelegen. Jedem an Bord ist die Erleichterung über den Entschluß anzumerken. Endlich geht es weiter!

Die Mikhailov-Bucht

Wieder liegen wir auf Warteposition. Allerdings bietet die Landschaft viel Abwechslung, so daß wir uns die Zeit sinnvoll vertreiben können. Der windstille Abend mit dem Lagerfeuer stellt einen stimmungsvollen Höhepunkt dar.

Am 24. August machen wir »Klar Schiff« und bereiten uns auf die Abfahrt vor. Bevor es endgültig losgeht, müssen wir das Schiff zur Dickson-Insel verholen. Man hat uns gebeten, an einer Besprechung der Verwaltung teilzunehmen, um mit uns gemeinsam die aktuelle Eislage durchzusprechen. Offenbar hat man begriffen, daß es uns ernst ist mit unserem Aufbruch. Im Hafen hat sich eine Gruppe von Menschen versammelt, die uns »Gute Reise« wünschen will. Dima ist traurig, daß wir fortfahren. Für ihn wie auch für andere neu hinzugewonnene Freunde waren wir eine willkommene Abwechslung in dem tristen Dickson. Die »Dagmar Aaen« war zu einem gemütlichen Treff geworden, wohin man sich schnell zu einer Tasse Tee zurückziehen konnte. Der Winter mit seiner Dunkelheit, seinen Stürmen und der Eiseskälte wird bald über den Ort hereinbrechen. Das bedrückt die Menschen mehr, als sie zugeben mögen. Letzte Geschenke werden an Bord gebracht, Dima nagelt an einen Decksbalken einen kleinen silbernen Glücksbringer an. Andere bringen frischen Fisch, in Knoblauch und Öl eingelegten Fischroogen, Fotografien und sogar Pralinen. Wir haben nichts mehr zu verschenken. Unser Fundus hat sich in den Wochen unseres Aufenthalts erschöpft. Wir bedanken und umarmen uns, einigen unserer Freunde stehen sogar Tränen in den Augen. Schnell werfen wir die Leinen los, langsam bewegt sich das Schiff von der Pier fort und läßt die winkenden Menschen zurück.
Nach etwa 20 Minuten liegen wir an einem kleinen Anleger vor der Dickson-Insel und begeben uns zur Verwaltung. Von Herzlichkeit ist hier nichts zu spüren. Mit sorgenvoller Miene betrachten die alten Herren mit ihren abgewetzten Anzügen unser Eintreten. Unsere farbenfrohe Tracht aus Fleecehosen und Pullover scheint sie nur in ihrer skeptischen Meinung über uns zu bestätigen. Wer etwas auf sich hält, geht im Anzug, und mag er noch so fleckig und abgetragen sein. Mich überrascht es nicht, daß man uns erneut den Vorschlag unterbreitet, in Dickson abzuwarten. Höflich, aber bestimmt lasse ich von Slava übersetzen, daß wir heute ganz bestimmt auslaufen werden. Auf einer neuen Eiskarte zeige ich die Route, die wir nehmen wollen. Vorerst möchte ich in die rund 150 Seemeilen entfernte Mikhailov-Bucht fahren. Der Weg dorthin sieht recht gut aus, und die Bucht selbst bietet Schutz vor dem schweren Polareis. Dort, so verspreche ich, werden wir vorerst abwarten und bei günstigeren Eisverhältnissen dicht unter Land weiter in Richtung Kap Tscheljuskin segeln. Der Vorschlag trifft auf verhaltene Zustimmung. Ich bitte darum, mir täglich entweder über Funk oder per Telex einen aktuellen Eisbericht zu übermitteln. Dieser Service steht mir vertraglich zu, ich habe viel Geld dafür zahlen müssen. Im Gegenzug verspreche ich, regelmäßig einen Positionsreport durchzugeben. Mehr gibt es nicht zu besprechen. Boris packt seine Jagdflinte und sein Angelgeschirr zusammen und zieht endgültig an Bord ein. Mit seiner Ausrüstung sieht er aus, als würde er an einem Jagdausflug teilnehmen, ein etwas ungewöhnliches Outfit für einen Eislotsen.
Um 18 Uhr liegt Dickson endlich achteraus. Es herrscht eine kurze, steile Windsee, es ist kalt, und die Gischt weht uns ins Gesicht – aber wir sind glücklich. Es ist, als hätte jemand einen Alpdruck von uns genommen. Endlich, endlich sind wir wieder unterwegs. Der Seegang zeigt uns, daß es im weiteren Umkreis kein Eis gibt. Eisfelder haben nämlich die Eigenart, die See zu glätten. Sie brechen den Seegang, und im Windschatten eines großen Eisfeldes kann selbst bei Sturm absolut ruhige See herrschen. Erst am nächsten Mittag sichten wir aus der Masttonne die ersten Eisschollen; vereinzelt erst, dann immer dichter werdend. Während einer von uns in der Tonne hoch oben im Mast steht und die grobe Richtung weist, steht ein weiterer auf dem Vorschiff und gibt dem Rudergänger Zeichen, wie er zu steuern hat. Nach einigen Stunden Eisfahrt kommen wir wieder in offenes Wasser und können den kalten Ausguck in der Eistonne verlassen. Da der Wind immer mehr auffrischt und zudem genau von vorn kommt, laufen wir am 26. August die Oleni-Insel an und legen uns dort in Lee der Insel vor Anker. Nachts bläst es mit

70°
74°
78°
82°
86°
90°
94°
98°
102°
106°
110°
ARKTISCHES KAP
SCHMIDT-INSEL
USCHAKOW-INSEL
KOMSOMOLEZ-INSEL
FESTEISKANTE SEP. 92
PIONIER-INSEL
SEWERNAJA SEMLJA
OKTOBER-REVOLUTIONS-INSEL
WIESE-INSEL
BOLSCHEWIK-INSEL
KARA-SEE
WILKIZKI-STRASSE
KAP TSCHELJUS
FESTEISKANTE SEP 92
EINSAMKEITS-INSEL
I. RUSSKI
NORDENSKJÖLD-ARCHIPEL
TREIBEISKANTE SEP. 92
PRAWDA-I.
ISWESTIJA-I.
KOLOMEJZEW-BUCHT
TAIMYR-HALBINSEL
INSELN DES ARKTISCHEN INSTITUTS
STERLIGOV
MIKHAILOV-BUCHT
OLENI-I.
SVERDRUP-INSEL
CH TROMSØ
DICKSON
PIASINA
JENISSEI
SOP. KARGA
ICESAIL
NORD-OST PASSAG
EXPEDITIONSSTRECKE NORD-OST PASSAGE
0 20 40 60 80 100 120 140 160 km
0 10 20 30 40 50 60 70 80 sm

Immer wieder klettern wir in die Masttonne, um die Drift der Eisfelder zu beobachten.

40–45 Knoten. Da wir keinen guten Ankergrund haben, slippt der Stockanker mehrfach. Wir wechseln ihn gegen den neuartigen Bügelanker aus, der das Schiff sicher hält.

Wie versprochen, sende ich mindestens einmal pro Tag einen Positionsreport nach Dickson. Die versprochenen Eisvorhersagen von Dickson bleiben hingegen aus. Ich rufe Boris, unseren Lotsen und Repräsentanten der Verwaltung, und mache ihn darauf aufmerksam. Er versucht abzuwiegeln, so wichtig sei das zu diesem Zeitpunkt noch nicht usw. Ich bin verärgert. Um ihm zu zeigen, wie so etwas funktionieren kann, sende ich ein Telex an das BSH in Hamburg mit der Bitte um eine Törnberatung. Es dauert nur wenige Stunden, und ich kann dem entgeisterten Boris das Antworttelex aus Hamburg mit detaillierter Beschreibung der Eislage sowie einem aktuellen Wetterbericht vorlegen. Offenbar glaubt er an Zauberei. Er versucht weiter zu beschwichtigen, wird aber still, als er meine wachsende Verärgerung spürt. Slava wird seinerseits aktiv. Ununterbrochen sitzt er am Funkgerät und versucht, Kontakt mit russischen Polarstationen aufzunehmen. Es gelingt ihm mit den Stationen Sterligov und Kap Tscheljuskin. Sterligov meldet dichtes Eis, allerdings bildet sich in Küstennähe ein Streifen offenes Wasser. Tscheljuskin meldet uns, was wir bereits wissen: Die Wilkizki – Straße ist passierbar, östlich davon offenes Wasser bis Alaska. Allerdings soll westlich noch 10/10, d. h. 100 % Eis liegen. Die Eisdichte wird nach einem internationalen Schlüssel angegeben. Neben der Art des Eises, der Stärke und der Größe der Eisfelder wird die Bedeckung in Zehntel angegeben. Bei 1/10 Eisbedeckung handelt es sich um einzelne Eisschollen, die mühelos passiert werden können. Bei 10/10 Eisbedeckung hingegen ist eine Festeisdecke vorhanden, die noch nicht einmal Risse aufzuweisen braucht.

Bei Boris spüren wir immer wieder die »Obrigkeitshörigkeit«, die seiner Generation in der Sowjetunion eingeprägt wurde. Jahrzehnte hindurch war jede Eigeninitiative verpönt, und man tat nur das, was der Staat von einem verlangte. Boris kann es kaum glauben, daß wir auf eigene Faust Informationen einholen. Er kann auch nicht nachvollziehen, daß wir alles in unserer Macht Stehende versuchen müssen, um unser Etappenziel zu erreichen. Das Vertrauen und die Erwartung vieler Freunde lasten auf uns, wir wollen sie nicht enttäuschen. Und natürlich spielt auch ein wirtschaftlicher Aspekt eine Rolle. Die Firma Gore, die diese Expedition sponsert, erwartet mit Recht, daß das Unternehmen gelingt. Ich will und darf nichts unversucht lassen, um das Schiff um das Kap herumzubringen. Stoppen kann mich dabei lediglich das Eis oder ein zu großes Risiko für Schiff und Besatzung. Mich von den Eitelkeiten und Borniertheiten irgendwelcher Bürokraten abhängig zu machen, bin ich nicht länger bereit. Boris versteht die Welt nicht mehr. Wenn ihm als Kapitän eines Schiffes jemand gesagt hätte, er solle abwarten oder umkehren, dann hätte er das gemacht. So mag es in der ehemaligen Sowjetunion gegangen sein, antworte ich ihm. Auf dem freien Weltmarkt würde sich kaum eine Reederei einen solchen Kapitän leisten können.

Am 28. August wird das Wetter wieder besser. Wir verlassen den Schutz der Oleni-Insel und setzen alle Segel. Vorsichtig passieren wir einige Eisfelder und nehmen dann Kurs auf die Mikhailov-Bucht. Auf dem Weg dorthin sichten wir ein Schiff, das in einigen Meilen Abstand nach Osten fährt. Über UKW spricht Slava mit dem Kapitän. Der Frachter soll aus eigener Kraft so weit nach Osten fahren, wie es geht, und dann den 50 000 PS starken Atomeisbrecher »Vaigatsch« treffen, der ihn um das Kap herum bringen soll. Slava verabredet mit dem Funker einen weiteren Kontakt am nächsten Tag, damit wir aktuelle Informationen bekommen. Um 23 Uhr sprechen wir erneut mit dem Funker. Das Schiff befindet sich auf Höhe der Sterligov-Station. Das Eis wird dichter, ist aber immer noch passierbar. Das läßt in uns die Hoffnung wachsen. Um Mitternacht laufen wir in die landschaftlich sehr schön gelegene Mikhailov-Bucht ein und suchen uns einen Ankerplatz. Die Bucht ist von langen Sandstränden, Hügeln und kleinen Inseln eingesäumt, die Schutz vor Wind und Eisgang bieten. Robben liegen träge auf dem Eis oder am Strand und lassen sich von uns gar nicht stören. Das Wetter ist klar geworden, aber deutlich käl-

Faltboote sind ideal, um in die flachen Buchten zu fahren.

Die »Dagmar Aaen« als Mutterschiff liegt vor Anker, während wir immer wieder Ausflüge mit den Faltbooten unternehmen.

ter. Morgens bildet sich überall Rauhreif auf dem Tauwerk. Als die Sonne darauf scheint, glitzern die Eiskristalle wie Diamanten. Es ist eine Pracht, die einem fast den Atem stocken läßt. Slava hat um 5 Uhr morgens erneut Kontakt mit dem Frachter. Seine Position liegt auf 75 44 N und 90 00 E. Der Funker berichtet von 9/10 Eis, das kaum noch passierbar ist. Der Eisbrecher sei auf dem Weg zu ihnen, um Beistand zu leisten.

Da das Wetter gut ist, schlage ich Chris vor, die »Polaris«, unser Ultralight-Flugzeug, zu montieren, um zu einem Erkundungsflug zu starten. Chris ist mit Begeisterung bei der Sache, und nach einer Stunde dümpelt unser kleines Wasserflugzeug neben der »Dagmar Aaen«. Die »Polaris« ist in Italien gefertigt worden und besteht aus einem Ultralight-Flugzeug, das in Verbindung mit einem Schlauchboot fliegt. Da wir ohnehin ein Schlauchboot an Bord benötigten, hatte ich damals dieses Fluggerät gekauft. Damit hatten wir nicht nur ein gutes Beiboot, sondern auch ein Wasserflugzeug, das bereits auf der ersten Etappe in Spitzbergen und Franz-Josef-Land wertvolle Dienste geleistet hat. Ich beschließe, Chris und Slava mit der »Polaris« zur Polarstation Sterligov zu schicken, die etwa 50 Seemeilen von uns entfernt liegt. Dort würden sie tanken können, noch ein Stück weiter nach Osten fliegen, umkehren und vor dem Rückflug sich noch mal mit Brennstoff versorgen können. Slava nimmt eine kleine Videokamera mit, um die Eindrücke vor Ort im Bild festzuhalten. Auf diese Weise können wir die Eislage später selbst beurteilen. Versehen mit reichlich Benzin, einem Zelt, zwei Funkgeräten, Notproviant, Kompaß, GPS, Signalraketen und Erste Hilfe-Set machen sich die beiden auf den Weg. Zusätzlich – wie kann es in Rußland anders sein – haben sie eine kleine Flasche Wodka im Gepäck, die als Geschenk für die Polarstation gedacht ist. Wodka öffnet Tür und Tor in Rußland, diese Währung widersteht jeder Inflation. Es ist der längste Flug, den Chris bislang mit der »Polaris« unternommen hat. Wir haben die Route genau durchgesprochen und auch einen Plan ausgearbeitet, was wir im Notfall unternehmen werden. Die »Polaris« ist mit 2 Personen und dem ganzen Gepäck schwer beladen. Trotzdem hebt sie sich nach einem kurzen Anlauf aus dem Wasser und gewinnt langsam an Höhe. Wir anderen sehen gespannt zu, wie das kleine Fluggerät laut brummend in der Ferne verschwindet.

Um 13.30 Uhr erhalten wir über Funk die Nachricht, daß die beiden sicher in der Polarstation gelandet sind. Dort muß das Eintreffen der beiden für ungeheure Aufregung gesorgt haben. So ein Flugzeug hatte keiner in der Station bislang gesehen. Aber Slava konnte ihnen alles erklären, und so wurden die beiden überaus herzlich aufgenommen. Nachdem sie aufgetankt haben, fliegen sie, wie besprochen, noch ein ganzes Stück weiter an der Küste entlang nach Osten, bevor sie zur Station zurückkehren. Dort angekommen, ist ihnen trotz ihrer dicken Kleidung und der Survival-Anzüge bis auf die Knochen kalt. Bei heißem Tee und einer wärmenden Suppe berichten sie den Wissenschaftlern in der Polarstation über unser Projekt. Begeisterung mischt sich bei den Zuhörern mit ungläubigem Staunen. Aber da sie nun schon die »Polaris« gesehen haben, glauben sie auch den Rest. Um 22 Uhr hören wir das vertraute Brummen des Rotax-Motors, und wenige Minuten später landen Chris und Slava sicher neben dem Schiff. Sie sind durchgefroren mit roten Nasen und kalten Fingern, aber glücklich über dieses Erlebnis. Der Flug ist ohne Zwischenfälle wie geplant abgelaufen. Rund 120 Kilometer haben sie sich vom Schiff entfernt. Der Erkundungsflug bringt uns wertvolle Erkenntnisse: Bis zur Station können wir ohne größere Probleme passieren, danach wird das Eis sehr dicht. Außerdem gibt es keinen Platz, um das Schiff bei eventuell einsetzenden Nordwinden zu verstecken. Diese Rückzugsmöglichkeit brauchen wir aber, da wir sonst bei starkem Nordwind von den Eisfeldern einfach auf Land gesetzt werden würden. Positiv ist nur die Tatsache, daß das Eis in viele einzelne Schollen zerbrochen ist. Das Resultat dieses Erkundungsfluges: Die Situation bessert sich zwar, aber solange es keinen Südwind gibt, müssen wir hier in der Bucht an sicherer Stelle abwarten. Die Videoaufnahmen zeigen mir deutlich, wie die Eislage sich entwickelt hat. Es ist zumindest etwas in Bewegung gekommen. Aber obwohl wir weiter möchten und auch weiter könnten, entschließe ich mich aus Sicherheitsgründen, auf Südwind zu warten.

Auch am nächsten Tag unternimmt Chris zahlreiche Erkundungsflüge mit der »Polaris«. Boris, der mit großem Argwohn unserem Treiben zugeschaut hat, scheint langsam zu begreifen, daß wir den Aussagen der Verwaltung in Dickson keinen Glauben mehr schenken. Um ihn ein wenig aufzumuntern, schlage ich ihm vor, mit Chris einen Rundflug zu unternehmen. Nach einigem Zögern stimmt er zu. Eingezwängt in seinen leuchtend orangenen Survival-Anzug klettert er in den Sitz, der hinter dem Pilotensitz montiert ist. Chris schnallt ihn sorgfältig fest, überprüft kurz die »Polaris« und startet durch. Nach wenigen Metern hebt sich das Flugzeug aus dem Wasser. Chris schraubt sich langsam in Spiralen nach oben, als urplötzlich der Motor aussetzt. Uns stockt der Atem. Ausgerechnet jetzt, wo wir einen Repräsentanten des Nördlichen Seeweges im Flieger haben, streikt der Motor. Niemals zuvor hat uns das Flugzeug Probleme bereitet. Chris ist Hubschraubermechaniker und weiß daher mit großem Sachverstand das Fluggerät zu warten. Und jetzt das! Aber zum Glück sucht die Geistesgegenwart von Chris ihresgleichen. Obwohl er sich schon über Eisfeldern befindet, gelingt es ihm, im Gleitflug eine Stelle offenen Wassers im Eis auszumachen, und genau dorthin plaziert er die »Polaris«, gerade so, als würde er ständig auf diese Weise landen. Nichts ist passiert, trotzdem merke ich, daß mir die Hände feucht werden. Da setzt Chris mit seiner kühnen Gelassenheit noch eins drauf. Er löst seinen Gurt, den von Boris läßt er fest verschlossen, steckt den Benzinschlauch, der abgesprungen war, wieder an den Vergaser und startet sofort erneut den Motor. Bevor Boris auch nur die Chance hat zu protestieren oder sich der Gefahr, in der er eben schwebte, bewußt zu werden, hebt die »Polaris« schon wieder ab, und Chris läßt es sich nicht nehmen, Boris eine halbe Stunde lang über die

Bucht, die Täler und Höhenzüge zu fliegen. Als die beiden wieder landen, hat Boris den Schrecken vergessen und erzählt nur von den tollen Eindrücken, die er aus der Luft gewonnen hat. Chris hat die Situation gerettet!
Inzwischen haben wir den 31. August. Die zurückliegende Nacht war die bislang kälteste, die wir seit dem letzten Winter erlebt haben. Neueis hat sich rund um das Schiff gebildet, wir heizen den Ofen im Navigationsraum und messen ständig die Wassertemperaturen. Mehrfach müssen wir innerhalb der Bucht unseren Ankerplatz wechseln, da Eisfelder uns einzuschließen drohen. Über Funk erhält Slava die Information, daß sich das Eis etwas gelockert hat. Sogar aus Moskau erhalte ich ein Telex, in dem man sich nach Wind, Wetter und Eis erkundigt. Der Eindruck verstärkt sich bei uns, daß etwas in Gang kommt. Wir nutzen die Wartezeit zu ausgedehnten Kajaktouren in der Mikhailov-Bucht. In einer kleinen Steinpyramide – einem sogenannten Steinmann – hinterlassen wir am Kap Rossanov eine Flasche, die eine Nachricht über unser Eintreffen und unsere Expedition enthält. Außerdem unternehmen wir Tauchgänge in dem eisigen Wasser, um uns die Unterwasserwelt anzusehen und gleichzeitig bei der Gelegenheit das Unterwasserschiff auf Schäden zu untersuchen. Das Ergebnis ist beruhigend. Der Rumpf weist keinerlei Schäden auf. Dafür kann von Unterwasserwelt kaum die Rede sein. Lediglich einige kleine Krebse und Garnelen können wir im sandigen Boden entdecken. Nach anderen arktischen Überraschungen suchen wir vergebens. Die Kälte treibt uns schließlich wieder an Deck, wo wir uns aus unseren Trockentauchanzügen schälen. Die Seewassertemperatur beträgt –1 Grad Celsius. Wegen des Salzgehaltes ist das Wasser noch nicht gefroren, aber bei den zu erwartenden sinkenden Temperaturen kann das nur eine Frage der Zeit sein.
Am nächsten Abend ist es völlig windstill und klar. Wir sammeln auf einer Landzunge Treibholz, das von den großen sibirischen Strömen ins Polarmeer und letztlich auch in die Bucht gelangt. Wir entfachen ein großes Lagerfeuer, Raimer hat Würstchen aus Dosen spendiert, und so sitzen wir die halbe Nacht um das Feuer herum und braten langsam Würstchen und toasten Brot. Die Stimmung dieses Abends ist für mich unvergeßlich. Robben schwimmen in unmittelbarer Nähe vorbei oder liegen träge auf langsam driftenden Eisschollen. Vor uns haben sie keine Angst, auch nicht, als Peter und Henryk sich langsam mit dem Faltboot an sie heranpirschen, um sie zu beobachten. Ein Polarfuchs umschleicht unsere Lagerstätte und ist ebenfalls ohne Scheu. Boris möchte ihm mit seiner Flinte zu Leibe rücken, obwohl das Fell zu dieser Jahreszeit für ihn völlig wertlos ist. Ein wenig hinterhältig schicken wir Boris in die eine Richtung, während wir den Fuchs heimlich in die andere jagen. Der Friede dieses Abends bleibt ungetrübt. In dem glasklaren Wasser spiegelt sich die »Dagmar Aaen«. Die Spiegelung ist so perfekt, daß man alle Details des Schiffes ausmachen kann. Die tiefstehende Sonne zeichnet die Konturen der Tundra nach und läßt die ganze Landschaft in einem orangefarbenen Ton erscheinen. Wir vergessen den Druck, der auf uns lastet, und genießen einfach den herrlichen Abend.
Auch am nächsten Tag erhalten wir keinerlei Informationen aus Dickson. Offenbar versucht man, uns durch die Warterei weichzukochen. Aber wenn ich eine Eigenschaft bei meinen Reisen in der Arktis gelernt habe, dann ist es Geduld. Die Arktis ist ein gnadenloser Lehrmeister. Fehler werden unnachgiebig geahndet, und Ungeduld führt bestenfalls in eine Sackgasse. Die Crew hat das längst verstanden. Obwohl alle weiter möchten, gibt es keinen, der nörgelt oder mißgestimmt ist. Mit jedem Tag wird es zudem kälter. Viel Zeit bleibt uns nicht mehr. Besorgt betrachten wir das stetig wachsende Neueis in der Bucht. Als auch am 3. September keine Nachricht eintrifft, wende ich mich per Telex erneut an Moskau als die vorgesetzte Instanz von Dickson. Die Antwort kommt am nächsten Tag und vertröstet uns. Mir ist klar, daß man uns offenbar hinhalten will. Am 5. läuft die Frist aus, innerhalb der wir entschieden haben müssen, weiter nach Osten zu fahren oder nach Westen zurückzukehren. Der Vertrag besagt allerdings

Chris startet mit der »Polaris« zu einem der vielen Eiserkundungsflüge.

Aus der Vogelperspektive erkennt man am besten, wie sich die Eislage entwickelt.

auch, daß wir bis zum 5. September von Dickson fort sein müssen – das sind wir seit geraumer Zeit. In dieser Situation dreht der Wind endlich auf Süd. Er nimmt an Stärke schnell zu und weht mit 8–9 Beaufort. Darauf haben wir wochenlang gewartet. Endlich Südwind! Normalerweise gibt es im August immer eine Phase mit starken Südwinden, die das Eis von der Küste forttreiben. Bislang war dieser Wind in diesem Jahr ausgeblieben; daher keine Erwärmung des Landes und der Flüsse und deshalb auch keine Schneise im Eis. Mit gehöriger Verspätung setzt er ein, der Wind, und wir fragen uns, ob er noch zeitig genug kommt und lange genug anhält, um das Blatt in letzter Minute zu wenden. Während wir uns über den Wetterumschwung freuen, trifft ein Telex aus Dickson ein: »Dickson, 4.9.92, Eissituation zwischen Nordenskiöld-Archipel und Kap Tscheljuskin äußerst schwierig. Wettervorhersage schlecht. Am 7. September werden wir einen Eiserkundungsflug durchführen, und dann treffen wir die endgültige Entscheidung betreffend der Möglichkeiten für Ihre Weiterfahrt Richtung Osten in diesem Jahr.« Die Aussicht auf einen weiteren Erkundungsflug beruhigt uns, insbesondere wegen der Drehung der Windrichtung. Auch am 5. September hält der stürmische Südwind an. Die Luft wird mild und duftet nach Gras, das Neueis wird aufgerissen und durch die warmen Luftmassen geschmolzen. Das Schiff reißt an der Ankerkette, und die ganze Bucht wird innerhalb eines Tages vom Eis geräumt. Unsere Stimmung steigt. Am nächsten Morgen, das habe ich beschlossen, geht es weiter. Auf die Entscheidung von Dickson mag von uns keiner mehr warten. Wie erwartet, trifft um 22 Uhr am Abend des 5. September ein weiteres Telex aus Dickson ein: »Dickson, 5.9.92, Als Folgeeffekt westlicher Winde ist im Eingang zur Wilkizki-Straße eine schwierige Eissituation entstanden. Nach den Aussagen der Nukleareisbrecherkapitäne gibt es dort Eispressungen. Ein Schiffskonvoi ist eingefroren. In der folgenden Woche sind westliche Winde zu erwarten. Weitere Versuche, nach Osten zu gehen, sind sinnlos und gefährlich. In Anbetracht oben genannter Bedingungen sollen Sie nach Dickson zurückkehren und weiter zum Überwinterungshafen laufen.« Damit hatten wir mittlerweile gerechnet. Der Termin war verstrichen, jetzt fordert man uns auf, umzukehren, damit wir möglichst noch einen weiteren Winter in Sibirien verbringen. Überwintern in Sibirien bedeutet für die Verwaltung zuallererst Devisen. Genehmigungen müssen gegen gute Bezahlung ausgestellt und Liegeplatzgebühren entrichtet werden. Darüber hinaus lassen sich noch viele andere Verdienstmöglichkeiten schaffen. Darauf will ich mich nicht einlassen. Ich rufe die Mannschaft zusammen, und gemeinsam beraten wir uns. Mein Entschluß steht fest. Ich werde weder hier abwarten noch werden wir umkehren. Der Südwind hat eine veränderte Situation geschaffen, die man in Dickson offenbar nicht wahrhaben will. Die Funkgespräche, die Slava mit den Polarstationen führt, bestätigen unsere Annahme. Auch dort gibt es südliche Winde, und das Eis ist in Bewegung gekommen. Ob es so spät im Jahr ausreicht, eine Schneise zu schaffen, ist natürlich immer noch offen. Aber wenn man alle Faktoren berücksichtigt, besteht zumindest eine berechtigte Hoffnung auf Erfolg. Und wir sind ja nicht mit der Erwartung in die Arktis gefahren, stets einen gut geräumten Weg vorzufinden. Schließlich befinden wir uns auf einer Segelexpedition, Schwierigkeiten mit dem Eis sind da inbegriffen. Boris, unseren Lotsen und Repräsentanten der Verwaltung, bitte ich bewußt, an der auf englisch geführten Unterredung teilzunehmen. Ich drücke ihm meine Enttäuschung und meinen Verdruß über das Verhalten der Bürokraten aus. Schließlich haben wir für alle Dienste im voraus bezahlen müssen, sogar für Eisbrecherdienste. Gleichzeitig lasse ich ihn aber auch wissen, daß ich ihn persönlich für diese Entwicklung nicht verantwortlich mache. Mir ist bewußt, daß er sich in einer schwierigen Lage befindet, und es wäre unfair, den ganzen Ärger auf seine Schultern abzuwälzen. Boris ist das Erstaunen über unsere von allen an Bord getragenen Entscheidung, auf eigene Faust weiterzumachen, deutlich anzumerken. Nie wäre es ihm in den Sinn gekommen, gegen eine Anordnung Dicksons zu verstoßen. Aber er reagiert unerwartet: Statt sich jetzt gegen uns zu stellen, sichert er uns seine Unterstützung zu. Das sorgt wiederum für Staunen auf unserer Seite. Obwohl unsere Einstellungen so verschieden sind, kann sich Boris jetzt offenbar mit unseren Zielen und unserem Drängen identifizieren. In dieser angespannten Situation versucht er nicht, uns zum Umkehren zu bewegen, sondern nimmt zum erstenmal aktiv auch am Wachdienst teil. Warm angezogen steht er an Deck, geht Ruderwache und hält Ausschau nach Eis. Es ist, als ob ein neuer Wind an Bord weht. Die lähmende Untätigkeit ist endlich von uns genommen. Jetzt sind wir nur noch unseren eigenen Gesetzen und Entscheidungen unterworfen und natürlich denen der Natur. So mag ich es am liebsten. Ein Grund meiner Expeditionen ist ja gerade die faszinierende Möglichkeit, fernab jeder Behörde oder irgendwelcher einengenden Reglementierungen zu leben. Wir fühlen uns schlagartig auf eine ganz besondere Weise frei.

Um 10.30 Uhr am 6. September setzen wir die Segel und verlassen unseren Ankerplatz in der Mikhailov-Bucht. Wir haben alles auf eine Karte gesetzt. Wird es uns gelingen, durch das Eis des Kap Tscheljuskin zu kommen? Sollten wir wegen Eispressungen irgendwo im Eis überwintern müssen, wird man sagen: »Das haben wir ja gleich gewußt!« Würden wir aber, ohne wenigstens einen ernsthaften Versuch zu machen, einfach den Weisungen der Verwaltung folgen, die uns oft genug hat hängen lassen, dann würden wir unseren Respekt vor uns selbst verlieren. Schließlich sind wir angetreten, die schwierigsten Passagen der Welt zu durchfahren. Den Versuch müssen wir vor uns und vor allen, die hinter uns stehen, wagen. Ohne dabei fahrlässig zu sein, versteht sich. Es ist ein Kräftemessen mit der Natur, ohne dabei den Blick für Gefahren zu verlieren. Und die Chancen auf einen Erfolg bestehen allemal. Der Südwind hat uns ein »Fenster« aufgeschoben. Wie lange das Wetter es für uns offenhält, weiß kein Mensch – auch die Verwaltung in Dickson nicht. Nur wer in einem sinnvollen Maße etwas wagt, wird es in der Arktis letztlich auch zu etwas bringen. Für Unentschlossene und Zauderer ist hier kein Platz. »Let's go for it« lautet die Devise, und alle an Bord sind froh, daß es weitergeht.

Wettlauf mit dem Eis

Die »Dagmar Aaen« pflügt sich eine Rinne durch das Neueis. Die warmen Südwinde sind dieses Jahr ausgeblieben. Die See hat sich nie erwärmen können und friert schon frühzeitig wieder zu.

Die Tage werden spürbar kürzer. Solange die Eisfelder genügend Zwischenraum lassen, kann man sie auch bei Dunkelheit gut auf dem Radar unterscheiden und sich hindurchwinden. Wird die Konzentration zu groß, kann das Radar einzelne Growler von Eisfeldern nicht mehr unterscheiden. Da die Nacht wegen der dichten Wolkendecke und der Finsternis undurchdringlich ist, müssen wir dann stoppen und auf die einsetzende Dämmerung warten. Wir können nicht ankern, weil die See zu tief ist und im Eis der Anker ohnehin nicht halten würde. So liegen wir einfach gestoppt zwischen den Eisfeldern. Wenn das Eis driftet, bringen wir in Lee einer großen Scholle eine Vorleine aus, legen sie einmal um einen Eisvorsprung und lassen uns mit dem Eis treiben. Die an Deck stehenden Nachtwachen müssen nur darauf achten, daß man nicht mit anderen Eisfeldern kollidiert, aber meistens ist man durch die großen Eisschollen bestens geschützt.

Nachdem wir auf diese Weise eine Nacht verbracht haben, erreichen wir schließlich am 7. September die Höhe der Sterligov-Station. Im Abstand von nur 2 Seemeilen tasten wir uns vorsichtig zwischen Küste und Eisfeldern entlang. Tatsächlich hat der Südwind das Eis von der Küste fortgedrängt. Obwohl der Wind inzwischen eingeschlafen ist, bleibt das Eis weiterhin in Bewegung. Solange kein Nordwind einsetzt, dürften wir keine Probleme bekommen. Nur die Tatsache, daß der Südwind bereits nach 3 Tagen wieder vorbei ist, beunruhigt uns. Die sonst üblichen 2 Wochen hat er dieses Jahr nicht durchgehalten. Das erschwert die Lage. Aber immerhin haben die 3 Tage Wind schon einiges bewirkt. Ob das reicht, wird sich zeigen.

In den frühen Morgenstunden bekommt Slava überraschend Funkkontakt mit dem Eisbrecher »Vaigatsch«. Er ist ein guter, alter Bekannter von uns. Bereits auf der ersten Etappe unserer Expedition, im Jahre 1991, hatten wir die »Vaigatsch« hoch oben im Norden des Franz-Josef-Landes getroffen. Damals waren die Seeleute des Eisbrechers völlig überrascht, als sie unsere kleine »Dagmar Aaen« in die Bucht einbiegen sahen, in der die »Vaigatsch« gerade lag. Sie wollten ihren Augen nicht trauen, als sie unser kleines Schiff zwischen den Packeisfeldern segeln sahen. Wir waren auf ihre Einladung hin bei dem Schiff längsseits gegangen und hatten die Gelegenheit genutzt, uns die Brücke dieses modernen Nukleareisbrechers anzusehen. Als sie jetzt von Slava hören, daß wir versuchen, um das Kap Tscheljuskin zu fahren, versprechen sie uns, Kontakt zu halten. Sie würden Schiffe dorthin geleiten und könnten uns daher mit neuesten Informationen versorgen. Aktuelle Informationen über die Eislage sind für uns von größter Wichtigkeit. Das Kap Tscheljuskin ist der nördlichste Zipfel Asiens. Allein durch die geographische Lage sammelt sich ganzjährig Eis an den Küsten. Die dem Kap nördlich vorgelagerten Sewernaja Semlja-Inseln verhindern zudem, daß das Eis von der Küste nach Norden ausweichen kann. Nur anhaltende Südwinde vermögen die Eisfelder auseinander zu treiben und damit eine Schneise für die Schiffahrt zu schaffen. Wind, Wetter und Eisinformationen sind daher für uns von entscheidender Bedeutung. Dankend nehmen wir das Angebot an. Es ist gut zu wissen, daß ein so potentes Schiff in unserer Nähe ist und daß die Schiffsleitung unserem Vorhaben positiv gegenübersteht. Allerdings sind die Eisbrecher natürlich auch der Verwaltung von Dickson unterstellt und können nichts auf eigene Faust unternehmen.

Das Vorankommen wird jetzt immer schwieriger. Wir passieren schließlich die Insel Severnomorer – aber in welchem Tempo! Wir kriechen förmlich dahin. Der Ausblick aus der Masttonne ist deprimierend. Fast nirgends sieht man offenes Wasser. Das Eis hat sich im Bereich der Insel zusammengeschoben und zu hohen Eiswällen aufgetürmt. Immer wieder kracht der stahlverstärkte Bug der »Dagmar Aaen« gegen das Eis, schiebt es langsam beiseite. Die ganze Crew befindet sich jetzt an Deck, jeder versucht verzweifelt, eine Lücke im Eis zu entdecken. Die Größe der Eisfelder ist furchterregend. Unser Schiff wirkt dagegen wie eine Nußschale. Doch plötzlich entdeckt der Ausguck eine Rinne im Eis, ruft uns lauthals die Richtung hinunter an Deck. Es wird bereits wieder dämmrig, und

Der Winter hat endgültig Einzug gehalten.

obwohl die Sonne heute scheint, ist es schneidend kalt. Das Thermometer ist beständig unter dem Gefrierpunkt, und selbst auf den offenen Wasserflächen bildet sich ein elastischer öliger Eisfilm. Keine Frage, der Winter hält Einzug. Wir quetschen uns mit Müh und Not an den Eisfeldern vorbei und laufen dann hinter der Insel in offeneres Wasser ein. Wieder ist eine wichtige Schlüsselstelle geschafft. Wenn es so weitergeht, kommen wir vielleicht doch um das Kap herum. Wir sind ohnehin schon viel weiter gekommen, als es uns Dickson jemals zugestanden hatte. Wir sind stolz auf unser Schiff! Aber es besteht kein Grund zu frohlocken. Vor uns liegt noch der Nordenskiöld-Archipel. Eine kleine Inselgruppe, in der sich das Eis staut. Erst wenn diese Inseln passiert sind, können wir hoffen.

Wenn wir nicht genau wüßten, daß danach offenes Wasser vorherrscht, würde ich jetzt umkehren. Aber selbst wenn uns hinter dem Kap der Winter endgültig einfangen und wir den Weg bis Alaska in diesem Jahr nicht schaffen sollten, wäre mir das recht. Einen weiteren Winter östlich des Kaps könnte ich mir vorstellen, da uns dann in jedem Fall der Weg nach Alaska im nächsten Sommer offenstehen würde. So versuche ich, den Zeitpunkt der Umkehr so weit wie irgend möglich hinauszuschieben.

Wieder bricht die Nacht herein, der Wind ist eisig, und die Luft ist mit kleinen Eiskristallen angefüllt. Hinter einer Insel finden wir Schutz, so daß wir sogar ankern können. Es ist jetzt ernstlich kalt geworden. Die feuchte Luft kondensiert an dem stehenden und laufenden Gut und bildet feine Eiskristalle. Das Deck ist ebenfalls vereist. Seewasser, das durch Spritzer an Deck gelangt, gefriert sofort zu einem rutschigen, schleimigen Brei. Obwohl wir ein rauhes,

Alles ist vereist und rutschig. Jeder Handgriff ist mühsam.

Segelsetzen unter extremen Witterungsbedingungen.

ungelacktes Holzdeck haben und an den Füßen grobe Seestiefel tragen, müssen wir uns gut festhalten, um nicht auszurutschen. Die Wassertemperatur beträgt –1,6 Grad Celsius, die See friert langsam, aber sicher zu. Seltsam matt glänzend, mit feinen Linien durchzogen, wirkt das Wasser wie die alten Bleiglasfenster eines Kirchenschiffes. Das Neueis scheint von einer öligen Konsistenz, das den Bewegungen der See nachgibt und sich mit der Dünung hebt und senkt. Wäre es nicht so beängstigend, es wäre wahnsinnig schön. Aber wer unter diesen Gegebenheiten über Bord geht, muß innerhalb weniger Minuten wieder geborgen werden, sonst stirbt er an Unterkühlung. Eine Bö, die durch die Takelage zieht, löst den Rauhreif, der langsam torkelnd an Deck sinkt. Schönheit und Schrecken liegen in der Arktis unmittelbar nebeneinander. Wäre nicht die Kälte, man könnte stundenlang diesem Treiben zuschauen. Die »Dagmar Aaen« gleicht an diesem Abend einem Eispalast. Ein wenig schaudernd gehen wir unter Deck – ob vor Kälte oder Ehrfurcht, wer vermag das zu beantworten. Unten im Schiff ist es mollig warm. Die Öfen speien die Wärme aus, der Geruch von frisch aufgebrühtem Kaffee weckt auch den Schläfrigsten auf, und so sitzen wir wieder einmal alle versammelt um den Tisch und erzählen uns gegenseitig unsere Eindrücke und Empfindungen.

Slava, der diese Gegend gut von der Zeit her kennt, in der er auf den Polarstationen gearbeitet hat, ist überrascht und besorgt über den so früh einsetzenden Winter. Obwohl er mehrere Jahre hier gelebt hat und auch die Statistiken gut kennt, hat er einen derart frühen Wintereinbruch noch nicht erlebt. Uns bleiben nur noch einige Tage, dann muß die Entscheidung gefallen sein: Entweder wir sind durch oder wir müssen umkehren. Früh am Morgen des 8. September sind wir wieder unterwegs. Wir folgen dabei der Küstenlinie, machen weite Umwege, um die Buchten auszufahren, und treffen dennoch immer wieder auf schwere Packeisfelder. Das Innere der Buchten ist von Festeis bedeckt. Dieses Eis ist fest mit dem Land verbunden, so daß es den ganzen Sommer über weder aufgebrochen ist noch sich in irgendeiner Form vom Festland gelöst hat. Die Auswirkungen des ausgebliebenen Sommers sind deutlich zu sehen. Üblicherweise bricht das Eis in den Buchten zuerst auf, da in sie die wärmeren Flüsse münden. Aber auch die Mündungsgebiete der Flüsse sind gefroren, und so blieb das Eis liegen. Wir halten jetzt auf den Nordenskiöld-Archipel zu. Die Entscheidung, das ist uns klar, wird hier fallen. Als ob wir nicht genug Probleme hätten, wird das Wetter schlecht. Wind aus nordöstlicher Richtung mit 25 Knoten und Schneetreiben beeinträchtigen die Sicht. Das Schneetreiben ist zeitweise so dicht, daß man die Eisschollen erst wenige Meter vor dem Schiff auftauchen sieht. Ohne unsere Skibrillen könnte man gar nichts sehen. Trotzdem kommen wir voran. Meile für Meile nähern wir uns der Wilkizki-Straße und damit dem offenen Wasser. Allerdings ist der Nordostwind, der jetzt aufkommt, das Ungünstigste, was uns widerfahren kann. Er trägt eisige Luft heran, und das Eis wird mit ihm an die Küste treiben. Immer wieder blicke ich auf unsere Eiskarten, die wir selbst ergänzt haben und mit denen wir versuchen, unter Berücksichtigung von Wind und Strömung die Eisdrift zu prognostizieren. Es dreht sich ja nicht nur darum, möglichst weit und schnell nach Osten zu gelangen. Genauso wichtig ist für uns die ständige Suche nach Fluchtpunkten. Auf den Seekarten sind die Buchten und Inseln markiert, zu denen wir uns flüchten können, sollte uns der Rückweg verbaut sein und das Eis im Osten sich als undurchdringlich erweisen. Es ist ein sorgsames Taktieren und keineswegs ein ungestümes Voranpreschen. Immer wieder wägen wir gemeinsam ab, ob wir weiter können, wo es den nächsten Winterplatz gibt und wie sich hinter uns die Eisverhältnisse entwickeln. Erschwerend kommt hinzu, daß wegen der schlechten atmosphärischen Bedingungen fast kein Funkkontakt möglich ist. Wir sind von der Außenwelt abgeschnitten. Auf Hilfe der Verwaltung können und wollen wir nicht bauen. Da wir ihre Aufforderung umzukehren ignoriert haben, sind wir zwar immer noch legal, aber doch in eigener Verantwortung unterwegs. Jede Meile würde man sich fürstlich bezahlen lassen. Mit Genugtuung registrieren wir jede Meile, die wir weiter nach Osten vordringen. Langsam nähern wir uns dem Nordenskiöld-Archipel. Wir fahren auf den Fram-Fjord zu, nur um auch hier festzustellen, daß er mit einer Festeisdecke verschlossen ist. Diese Entdeckung macht eine weitere Hoffnung zunichte. Dort, dicht unter Land, zwischen den Inseln und dem Festland, hatten wir gehofft, auf einen offenen Wasserstreifen zu treffen. Es ist flach hier, so daß die Eisbrecher nicht einmal in die Nähe des Fjordes kommen. Der Südwind hat nicht lange genug angehalten, um das Eis zu brechen. 2 Meter stark ist es. Man könnte mit Flugzeugen darauf landen, ohne einzubrechen. Wir geben nicht auf. Vorsichtig tasten wir uns an der Eiskante entlang, passieren die Nansen-Insel, immer auf der Suche nach einem Durchschlupf. Als hätte sich alles gegen uns verschworen, wird das Wetter immer schlechter. Weitere Inseln tauchen aus dem Schneetreiben auf, um sogleich wieder zu verschwinden. Die Landschaft sieht aus, als würden wir sie durch eine Milchglasscheibe betrachten. Um 20.30 Uhr erreichen wir die Prawda-Insel. Die Dunkelheit bricht herein, die Sicht beträgt nur eine halbe Kabellänge, entsprechend 90 Metern. Wir sind in eine Bucht aus Festeis hineingefahren, deren Scheitelpunkt von der Prawda-Insel gebildet wird. Wie es scheint, sind wir nun endgültig am Endpunkt angelangt. Das Licht, die Landschaft, alles wirkt gespenstisch. Das anfängliche Schneetreiben hat sich inzwischen zum Schneesturm entwickelt. Die sanften Hügel der kargen Prawda-Insel sind mit Schnee bedeckt, und nur gelegentlich ragen Felsen oder Geröllhalden aus der Schneedecke heraus. In der einsetzenden Dunkelheit wirkt die Landschaft noch fahler und abweisender, als sie ohnehin ist. Eine einzelne verfallene Hütte steht auf der Insel. Wie wir später erfahren, hatte Stalin selbst auf diesen gottverlassenen Flecken Erde Menschen in die Verbannung geschickt. Aus dieser Zeit stammt die Hütte. Vorsichtig manövrieren wir den Steven an die der Insel vorgelagerte Eiskante. Peter springt, mit einer Leine gesichert, aufs Eis und nimmt die schwere Festmachertrosse an. Mit dem Eispickel hackt er eine Kerbe in einen Eisvorsprung und legt die Trosse darüber. Das freie Ende führt er zurück an Bord, wo wir es belegen. Auf diese Weise können wir loswerfen, ohne daß jemand von uns nochmals aufs Eis muß. Man löst in diesem Fall das eine Ende der Trosse und holt das andere langsam ein. Der Wind hält das Schiff etwas von der Eiskante ab. Die Festmacherleine ist straff gespannt, und wir können bis auf eine Deckswache unter Deck gehen, um uns aufzuwärmen.

Unsere Position beträgt 76 16 N und 94 41 Ost. Nur 90 Seemeilen trennen uns jetzt noch vom offenen Wasser. 90 Seemeilen – so weit kann man bei gutem Wetter in der Arktis sehen. 90 Seemeilen, im Verhältnis zu den vielen tausend Meilen, die wir bereits im Verlauf der Expedition gesegelt sind, muten sie nur wie ein Katzensprung an. Aber selbst wenn es nur 20 oder 10 Meilen wären – auch die könnten wir nicht durchbrechen. Nur eine kleine Hoffnung bleibt uns noch: Die Eisbrecher geleiten ganz in der Nähe Konvois durchs Eis. Dabei bedienen sie sich immer wieder der gleichen Rinne, die sie einmal ins Eis gebrochen haben. Zwar wissen wir, daß sich das Eis hinter den Schiffen sofort wieder schließt, aber vielleicht gibt es ja doch eine Chance. Es gelingt Slava, mit der »Vaigatsch« Kontakt aufzunehmen. Als man dort an Bord unsere Position vernimmt, ist die Überraschung groß. Keiner hatte erwartet, daß wir bei diesen extremen Eisverhältnissen so weit an das Kap Tscheljuskin herankommen würden. Allerdings bestätigt uns der Eisbrecher, was wir bereits vermutet haben: Das Eis im Archipel besteht aus einer geschlossenen Decke. Der Hubschrauber der »Rossia«, einem 75 000 PS starken Eisbrecher, hat die ganze Region abgeflogen, um einen Durchschlupf zu finden – mit negativem Resultat. Das Eis ist in diesem Jahr nirgendwo aufgebrochen. Die Nachricht trifft uns hart. Jetzt ist es jedoch der Kapitän der »Vaigatsch«, der uns Mut macht. Er empfiehlt uns, in die Kolomejzew-Bucht zu fahren und dort abzuwarten. Sobald er das Schiff, das er durchs Eis geleitet, ins offene Wasser gebracht hat, wird er umkehren, um ein weiteres Schiff abzuholen.

Bei der Gelegenheit will er einen Abstecher in unsere Bucht machen, um mich sowie Boris und eine weitere Person abzuholen. Wir könnten mit ihm die Passage auf dem Eisbrecher machen, um einen Eindruck von den Eisverhältnissen zu gewinnen. Auf dem Rückweg würde er uns wieder in der Bucht absetzen.

So viel Entgegenkommen des Kapitäns, der das offenbar auf seine eigene Kappe nimmt, hat keiner von uns erwartet. Früh am 9. September werfen wir die Vorleine los und holen sie langsam ein. Es herrscht Schneesturm. Das Segelsetzen bei diesem Wetter ist Knochenarbeit. Das Tauwerk ist vereist und widerborstig. Man muß aufpassen, daß es einem nicht durch die Hände rutscht. Knoten müssen gelöst werden, teilweise ist das nur ohne Handschuhe möglich. Die Folge sind eiskalte und steife Finger. Aber schließlich ist es geschafft. Zügig segeln wir vor dem Wind durch Eisfelder hindurch in die Bucht, in der uns die »Vaigatsch« am Nachmittag treffen will. Kaum daß wir sie erreicht haben, sehen wir den riesigen Eisbrecher kommen. Schnell bringen wir das Beiboot zu Wasser. Boris, Duri, der Kameramann, und ich werden mit dem Schlauchboot zu dem gestoppten Eisbrecher gefahren und klettern die haushohe Bordwand mittels einer Jakobsleiter empor. Kaum stehen wir an Deck, nimmt das Schiff auch schon wieder Fahrt auf. Der Kapitän begrüßt uns persönlich und geleitet uns zunächst in die Kabinen, wo wir, wie er meint, vielleicht zunächst ein Bad nehmen möchten. Und wie wir möchten! Danach fühlen wir uns wie neu geboren.

Die Dimensionen dieses Schiffes sind gewaltig. 152 Meter lang, 29 Meter breit und 50 000 PS stark mit einer 128 Mann starken Mannschaft. Obwohl das Schiff den Eindruck macht, technisch in einem optimalen Zustand zu sein, bleibt mein Mißtrauen gegenüber dem Nuklearantrieb. Überall werden wir herumgeführt, dürfen einen Blick in den Kontrollraum und sogar – durch ein dickes Sicherheitsglas – ins Allerheiligste, auf den Reaktor, werfen. Selbst wenn die Technik beherrschbar wäre, was passiert mit dem Müll? Wohin mit dem Schiff, wenn es einmal zu alt ist und außer Dienst gestellt werden muß? In der alten Sowjetunion war man nie zimperlich, wenn es um die »Entsorgung« ging. Der erste Atomeisbrecher, den man gebaut und auf den Namen »Lenin« getauft hat, liegt heute mitten im Hafen von Murmansk. Man sagt, er habe allein 3 Reaktoren während seiner aktiven Zeit verbraucht. Alle 3 sind irgendwann einmal in der Kara-See bei Nowaja Semlja versenkt worden. Neben all dem anderen Nuklearmüll, versteht sich, der in der Zivil- wie Militärschiffahrt angefallen ist. Das ausgeschlachtete Schiff dient heute als Zwischenlager – mitten in einer dicht besiedelten Region! Wir können daher die

Die Festeiskante vor der Prawda-Insel. Nur 90 Seemeilen trennen uns vom offenen Wasser. Aber selbst wenn es nur eine Meile wäre, würden wir hier nicht durchkommen.

Euphorie der Techniker und Ingenieure, die uns alles erklären, nicht teilen. Die Kernenergie als Hoffnungsträger – hier ist der Traum noch lebendig. Auch wenn man sich der Faszination, die von einem solchen Eisbrecher ausgeht, nur schwer entziehen kann – diese Urgewalt, mit der das Schiff bis zu 5 Meter dickes Eis knackt – die Furcht vor der atomaren Technologie bleibt bestehen. Neben der »Vaigatsch« gibt es noch einen weiteren baugleichen Eisbrecher, die »Taymir«. Und außerdem die noch leistungsstärkere Klasse des »Arktika«-Typs mit 75 000 nuklear gespeisten Pferdestärken. Davon sind derzeit 5 Einheiten in Betrieb. Der älteste Eisbrecher, darunter die »Arktika«, fährt seit 1977, Tag für Tag, Sommer wie Winter im materialzehrenden Einsatz des Nordpolarmeeres. Ein doppelt so starker Eisbrecher mit 150 000 PS war geplant, ist aber nach dem Zusammenbruch der Sowjetunion nicht gebaut worden. Daneben gibt es noch ein nuklearbetriebenes Frachtschiff, ebenfalls mit einer hohen Eisklasse. Was aus diesen Schiffen und ihrem strahlenden Abfall einmal wird – die Frage konnte uns keiner zufriedenstellend beantworten. Nach kurzer Fahrzeit ist die Eiskante erreicht, vor der wir noch vor wenigen Stunden zurückweichen mußten. Die »Vaigatsch« liegt mit dem Steven gestoppt an der 2 Meter dicken Eiskante. Einer der Offiziere legt den Maschinentelegrafen auf langsam voraus, und als ob es vor dem Bug kein Eis gäbe, nimmt das Schiff Fahrt auf. Ungläubig schauen wir von der 20 Meter hohen Brücke nach unten. Der Bug schiebt sich einfach durch das Eis. Starke Vibrationen werden auf der Brücke spürbar, als das Schiff scheinbar mühelos durch das Eis bricht. Obwohl es bitter kalt ist, gehe ich nach draußen an Deck, schaue mir am Heck das von 3 riesigen Schrauben aufgewühlte Kielwasser an, sehe die tonnenschweren Eisbrocken, die von den Strudeln des Kielwassers mit unglaublicher Gewalt emporgeschleudert werden und stelle mir vor, was passieren würde, wenn die »Dagmar Aaen« von einem solchen Brocken getroffen würde. 100 Meter bleibt das Kielwasser hinter dem Eisbrecher offen, dann schließt es sich sogleich wieder. Eine Ansammlung von geborstenen meterdicken Eisschollen türmt und verkeilt sich ineinander und bildet einen fast so undurchdringlichen Sperriegel wie das Festeis. Soweit das Auge reicht – nichts als Eis. Polarfüchse rennen in wilder Hatz neben dem fahrenden Schiff her. Die Tiere rennen, können kaum mit dem Eisbrecher Schritt halten und machen trotzdem aus lauter Übermut Luftsprünge. Kilometerweit folgen sie uns, wohl in der Hoffnung, daß irgend etwas zu fressen abfällt. Vorn am Bug, dort, wo der Steven ins Eis schneidet, herrscht das totale Inferno. Donnernd schiebt sich der Bug der »Vaigatsch« auf das Eis und bricht es durch das Gewicht des Schiffes. Pfeifend und zischend laufen Risse durch das Eis, öffnen sich zu Rinnen, bilden kleinere Eisschollen, die dann doch von dem stahlgepanzerten Bug des Schiffes eingeholt und gebrochen werden. Es ist auf eine schreckliche Weise faszinierend. Kaum kann ich mich von dem Anblick lösen. Meine Gedanken gehen zurück zur »Dagmar Aaen«. Mit welcher Vorsicht nähern wir uns jedem Stückchen Eis und mit welchem Stolz registrieren wir jede einzelne Meile, die wir uns vorgearbeitet haben. Wir müssen uns mit der Natur, mit dem Eis arrangieren, eine andere Chance haben wir gar nicht. Die »Vaigatsch« sucht derweil unverdrossen ihren Weg. Bricht Meter um Meter, fährt mit einer Geschwindigkeit, als handele es sich bei dem Eis um Badeschaum. Ich gehe wieder auf die Brücke, mir ist ganz kalt geworden.

Nach einigen Stunden Eisfahrt erreichen wir ein Schiff, das im Eis festsitzt. Die »Rossia«, einer der 75 000 PS-Eisbrecher, ist schon vor uns da und hat sich vor das Schiff gesetzt. Trotzdem gelingt es dem Frachter nicht, der »Rossia« zu folgen. Die Maschine läuft auf vollen Touren, aber der Frachter bewegt sich keinen Meter. Die »Rossia« fährt daraufhin langsam rückwärts, bis der Steven des Frachters das Heck des Eisbrechers berührt. Starke Stahltrossen werden übergeben, und dann setzt die »Rossia« mit dem Frachter im Schlepp die Fahrt fort. Auch die »Vaigatsch« muß ein Schiff aus dem Eis befreien. Nachdem auch dieses Schiff in Schlepp genommen ist, geht es im Konvoi wei-

Von der Brücke der »Vaigatsch« aus beobachten wir, wie die »Rossia« einen Frachter durchs Eis schleppt.

ter, bis die andere Seite der Eisbarriere erreicht ist. Hier werden die Frachter entlassen, um mit eigener Kraft zu fahren. Die Eisbrecher kehren sofort um, andere Schiffe warten bereits, um von ihnen durchs Eis geschleppt zu werden.

Mir ist bei dieser Nachtfahrt klargeworden, daß wir kaum eine Chance haben, hinter einem Eisbrecher herzufahren. Die tonnenschweren Eisbrocken im Kielwasser des Eisbrechers würden die »Dagmar Aaen« vermutlich versenken. Einen größeren Abstand zum Eisbrecher können wir auch nicht halten, da sich die Rinne im Eis sofort hinter dem Eisbrecher wieder schließt. Der Kapitän des Eisbrechers sieht jedoch eine Möglicheit. Er meint, daß durch häufiges Befahren der Rinne mit Eisbrechern das Eis lockerer werden müßte. Wenn man dann noch einen Zeitpunkt wählen würde, zu dem die »Rossia« und die »Vaigatsch« gemeinsam fahren, könnten wir es wahrscheinlich schaffen, den Schiffen zu folgen. Es sind ja nur 90 Meilen. Uns erstaunt die Hilfsbereitschaft des Kapitäns. Auch der Kapitän der »Rossia« hat signalisiert, daß er uns helfen würde. Ich glaube nicht, daß es klappt, habe auch meine Probleme damit, 2 Nukleareisbrechern zu folgen, willige aber ein, zumindest einen Versuch zu machen. Doch dazu kommt es nicht mehr. Durch den anhaltenden Nordostwind hat sich jetzt auch am Kap Tscheljuskin die Eislage verschlechtert. Die »Vaigatsch« wird abkommandiert, um einigen Schiffen zu helfen, die dort festsitzen. Bis zum 13. September warten wir in der Bucht. Das Wetter ist schön, aber winterlich kalt und klar. Über die »Sibir«, einen weiteren Eisbrecher, erfahren wir, daß die »Vaigatsch« wieder ganz in unserer Nähe sein muß. Doch obwohl wir sie wiederholt rufen, erhalten wir keine Antwort. Von der »Sibir« hören wir, daß Dickson von der Hilfsbereitschaft der Eisbrecherkapitäne Wind bekommen und ihnen offenbar untersagt hat, sich weiter mit uns zu verständigen. Jetzt wissen wir wenigstens Bescheid. Ich hoffe nur, daß unseren Gastgebern keine Schwierigkeiten entstanden sind. Um 10 Uhr morgens schreibe ich ins Logbuch: »Wir müssen umkehren. Es gibt keine andere Wahl. Weiteres Warten wäre sträflicher Leichtsinn und unseemännisch. Das Schiff ist in Gefahr. Um 10 Uhr erteile ich Anweisung, umzukehren und den Kurs auf Dickson abzusetzen. Wir haben den Wettlauf mit dem Eis verloren. Die Natur war stärker.«

Der Rückzug

Wir haben alles versucht, was möglich war, aber die »Dagmar Aaen« ist kein Eisbrecher. Die Natur war stärker, wir geben uns geschlagen und kehren um.

Die Entscheidung ist gefallen, und, was wichtig ist, sie wird von allen an Bord mitgetragen. Es gibt keine langen Gesichter, weil jeder weiß, daß wir bis zum äußersten gegangen sind. Mehr darf man mit gesundem Menschenverstand nicht wagen. Natürlich wäre jeder nur allzu gern um das Kap gefahren, um damit den verdienten Lohn für die Mühen und auch die Warterei zu bekommen. Jeder von uns wäre gern mit einem Erfolgserlebnis nach Hause gekommen, um auch denen, die uns aus der Ferne betreut haben, etwas zurückgeben zu können. Wir wissen auch, daß es einige geben wird, die sich schadenfroh und besserwisserisch zu Wort melden werden, um zu sagen: »Das haben wir ja gleich gewußt«. Der Bedarf der Medien nach immer neuen Sensationen bringt es mit sich, daß nur die Highlights, nur die Erfolge zählen. Gerade die Kritiker werden nicht hinterfragen, wie es zugegangen ist, daß wir das Kap nicht umfahren konnten, obwohl es gerade sie interessieren sollte. Aber da gibt es andere, die eine solche Reise etwas differenzierter betrachten. Uns kümmert in dieser Situation wenig, was Außenstehende von uns halten mögen. Nur derjenige, der dabei war, kann ermessen, in welch schwieriger Situation wir uns befunden haben.

Und die Probleme sind ja keineswegs vorbei, noch befinden wir uns im Nordenskiöld-Archipel und müssen sehen, wie wir hier wieder herauskommen. Ich bin der Mannschaft dankbar, daß so besonnen und überlegt und mit so viel Solidarität gedacht und gehandelt wird. Auch wenn wir nicht durchgekommen sind, feiern wir trotzdem so etwas wie einen Erfolg. Wir sind bis auf 90 Meilen ans offene Wasser herangekommen! Viel weiter also, als man uns jemals zugestanden hat. Wir, die Mannschaft, sind mit unserem Schiff zu einer Einheit verschmolzen. Wir haben vielleicht nicht den erhofften Erfolg vorzuweisen, aber die Erlebnisse im Eis sind unvergleichlich und für alle Beteiligten unvergeßlich. ICESAIL ist eine Erlebnisreise – und über mangelnde Erlebnisse können wir uns wahrhaftig nicht beschweren. So machen wir uns gut gelaunt auf den Rückweg, wohl wissend, daß es

Das Neueis ist so stark geworden, daß wir selbst bei voller Maschinenleistung immer wieder steckenbleiben.

Wir machen an einer Eisscholle für die Nacht fest.

schwierig sein wird, rechtzeitig aus dem Eis herauszukommen. Der Anker, an dem die »Dagmar Aaen« liegt, hat nur noch eine Statistenrolle zu spielen. Längst hat sich eine 5 Zentimeter starke Neueisdecke über die ganze Bucht gezogen. Das Schiff liegt »geparkt« bewegungslos in diesem Eis. Die Ankerkette schneidet wie eine überdimensionierte Säge in das weiche Neueis. Mühselig hieven wir den Anker und müssen unter Motor einige Male vor- und zurücksetzen, bevor die »Dagmar Aaen« genügend Anlauf nehmen kann, um das Eis kontinuierlich zu brechen. Ohne Maschine würden wir jetzt keinen Meter weit kommen. Der bullige Diesel schiebt den Rumpf krachend durchs Neueis, und hinter uns bleibt ein der Schiffsbreite entsprechender Kanal im Eis zurück. Schnell erkennen wir, daß nicht nur die Bucht zugefroren ist. Auch das gesamte Meer ist von einer mehrere Zentimeter starken Neueisdecke überzogen . Es ist unglaublich, wie schnell das Eis wächst. Haben das Seewasser und die Luft erst einmal eine gewisse Temperatur erreicht, baut sich das Eis rasend schnell auf. Dazwischen liegen die Alteisfelder wie Inseln. Bei stärkerem Wind geraten sie langsam ins Treiben und fräsen ähnlich einem Eisbrecher eine Rinne ins Neueis. Nirgendwo ist noch offenes Wasser zu sehen. Das ganze Meer ist gefroren, und wir stecken mittendrin. Erneut starten wir zu einem Wettlauf mit dem Eis.

Es ist mittlerweile so kalt geworden, daß unser Kielwasser sofort wieder gefriert. Wir haben den Zeitpunkt der Umkehr wirklich bis zum letzten Moment hinausgezögert. Obwohl der Motor mit voller Kraft läuft, fahren wir nur mit 2 bis 3 Knoten Geschwindigkeit. Immer wieder sinkt die Fahrt auf einen Knoten ab, und hin und wieder bleiben wir vollends im Eis stecken. Langsam setzen wir dann in der Fahrrinne zurück, nehmen einen Anlauf und werfen uns mit den 70 Tonnen Gewicht des Schiffs gegen das Eis. Wir wiederholen diesen Vorgang solange, bis das Eis nachgibt und wir wieder mit langsamer Fahrt vorwärts kommen. Uns allen ist klar, daß wir keine Stunde länger hätten abwarten dürfen. Unser Callesen Diesel ist mit seinen 180 PS zum Trawlen von Netzen ausgelegt und verfügt daher über enorme Kraftreserven. Selten zuvor haben wir ihn so belasten müssen wie jetzt. Die 5 Zentimeter Eis, die im Mittel vorherrschen, können wir damit recht gut brechen und gleichzeitig noch verhältnismäßig schnell vorankommen. Immer wieder treffen wir aber auf ausgedehnte Eisfelder, bei denen sich die Schollen übereinandergeschoben haben und zusammengefroren sind. Schlagartig verdoppelt sich auf diese Weise das Eis. Gelegentlich passiert es auch, daß sich 2, 3 oder auch 4 solcher Eisschichten bilden, und dann haben wir bestenfalls noch eine Chance, mit Rammstößen durchzubrechen.

Elendig langsam geht es voran. Meile um Meile, die wir uns auf dem Hinweg mühselig erarbeitet haben, fahren wir jetzt zurück. Unter Deck fin-

det ein wahres Höllenkonzert statt. Ein Poltern, Scheuern und Rumpeln läßt jeden Gedanken an Schlaf abwegig erscheinen. Die Freiwachen wälzen sich unruhig in ihren Kojen, stopfen sich Watte in die Ohren, um dann doch irgendwann wieder angezogen an Deck zu stehen und das Spektakel zu verfolgen. Im Vorschiff ist es am schlimmsten. Die harten Schläge des Eises auf die Stahlpanzerung übertragen sich in Vibrationen auf den ganzen Rumpf. Man spürt das Schiff in seinen Verbänden arbeiten, leidet mit ihm, wenn es besonders arg wird, und steigt verzweifelt an Deck, wenn es trotz aller Umsicht nichts genützt hat und das Schiff erneut im Eis festsitzt. Die Stahlplatten außenbords und die Aluminiumhaut sind vom Eis blank gescheuert, sie sehen aus, als sei der Rumpf gerade gesandstrahlt worden. Die Vibrationen sind so stark, daß sich im Überwasserbereich einige der Nägel herausgearbeitet haben, die die Stahlplatten am Rumpf halten. Dem Motor scheint diese enorme Belastung nichts auszumachen, im Gegenteil. In der Fischerei werden diese Motoren beim Trawlen sehr stark belastet. Wir hingegen versuchen zu segeln, wo immer es geht, und wenn der Motor mitläuft, dann nur auf niedriger

Das Neueis schiebt sich übereinander und friert zusammen. Dadurch verdoppelt sich die Stärke.

Drehzahl. Jetzt kann er sich richtig freibrennen und entwickelt seinen vollen Schub. Bei Einbruch der Dunkelheit müssen wir stoppen, halten das Schiff aber in Bewegung, um nicht einzufrieren. Das Eis hat mittlerweile eine Mächtigkeit erreicht, die es uns aus eigener Kraft nicht mehr erlaubt, uns freizubrechen. Solange das Schiff in Bewegung bleibt, können wir manövrieren, Anläufe nehmen und das Eis rammen. Sobald wir aber bewegungslos eingefroren sind, nützt uns auch der starke Motor nichts mehr. Wir wären für den ganzen Winter an äußerst exponierter Stelle gefangen. Hundert Meilen liegen hinter uns, und noch immer fahren wir durch Neueis. Die Bilder, die wir in diesen Tagen sehen, werden mir nie wieder aus dem Kopf gehen. Die Landschaft ist im Vergleich zur Hinfahrt eine andere geworden – auch wenn es dieselbe ist. Die Tundra ist mit einer dichten Schneedecke überzogen, die Luft wirkt grau und bleiern, als hätte die Landschaft aufgehört zu atmen. Die Winterstarre ist über das Land gekommen.

Nach über zweihundert Seemeilen lockert sich das Eis etwas. Zwar werden die Alteisfelder eher dichter, dafür ist das Neueis durch die driftenden Schollen aufgebrochen, so daß wir im wilden Zickzackkurs schneller vorankommen. Stürmische Winde aus Nord schieben das Polareis auf die Küste zu. Nur weg hier! Je offener die See wird, desto rauher auch der Seegang. Große Eisbrocken torkeln an der Bordwand entlang, während die fußballfeldgroßen Eisschollen ruhig wie Inseln in der Brandung liegen. Wir sind müde und erschöpft von der Anspannung der letzten Tage, als wir mitten in der Nacht des 16. Septembers in den Hafen von Dickson laufen. Dima ist der erste, der unser Eintreffen bemerkt. Wenig später steht er an Deck und begrüßt uns mit einer Herzlichkeit, die alle Anstrengung vergessen macht. Bei der obligatorischen Tasse Tee erzählen wir von unserem Versuch, das Kap zu runden, vom Scheitern und von unserem weiteren Plan, nach Norwegen zum Überwintern zu segeln. »Ihr könnt das Schiff hier lassen«, schlägt er uns vor. »Ich kümmere mich schon darum.« Ich glaube ihm das und würde Dima auch in jeder Hinsicht vertrauen. Aber hier geht es um mehr. Eine Überwinterung bedarf weiterer Genehmigungen und eines vergleichsweise großen logistischen Aufwandes. Hinzu kommt, daß ich die »Dagmar Aaen« im Frühjahr dringend docken möchte, um das Unterwasserschiff einer sorgfältigen Inspektion zu unterziehen. Seit wir Hamburg im April 1991 verlassen haben, ist das Schiff nicht mehr aus dem Wasser gewesen. Seither hat es 9 Monate im Eis des Jenissei gelegen, hat viele tausend Seemeilen zurückgelegt und schließlich die brutale Eisfahrt der letzten Wochen hinter sich gebracht. Ein Wartungsintervall ist dringend erforderlich, und ein Dock gibt es in Dickson nicht. Außerdem läßt mich eine andere Überlegung nach Norwegen ausweichen. Ich möchte der Verwaltung nicht das Gefühl geben, daß wir ja ohnehin durch die Passage müssen und man uns deshalb nach Belieben hinhalten kann. In Norwegen sind wir frei. Tromsö, obwohl weit im Norden gelegen, ist durch den Einfluß des Golfstroms eisfrei. Hier können wir im nächsten Frühjahr beruhigt abwarten, wie sich die Eisverhältnisse entwickeln. In Dickson läge das Schiff bis Mitte August bewegungslos im Eis fest, und uns bliebe nur die Nord-Ost Passage als erneuter Versuch. Von Tromsö aus haben wir die Alternative Nord-West Passage, so daß wir in jedem Fall die eisfreiere Passage wählen können. Mit anderen Worten: Würden wir in Dickson auf das Aufbrechen des Eises warten, hätten wir nicht Zeit genug, noch im gleichen Sommer die Nord-West Passage zu erreichen, falls sich herausstellen sollte, daß sie günstigere Eisverhältnisse aufweist als die Nord-Ost Passage. Tromsö liegt strategisch günstig. Da der Hafen eisfrei ist, können wir uns nach beiden Seiten orientieren – je nachdem, wie sich das Eis entwickelt. Damit steigen unsere Chancen, Alaska zu erreichen.

Dima veranlaßt, daß wir Diesel und Petroleum für die Lampen bunkern können. Zusätzlich füllen wir unseren Wassertank auf und entspannen uns alle gemeinsam abends in einer sehr rustikalen Sauna. Auch wenn es dort von Kakerlaken nur so wimmelt wir fühlen uns wohl und genießen, wie die Wärme durch unsere Glieder strömt. Obwohl es offiziell nicht möglich ist, gelingt es uns, bei der Grenzwache zollrechtlich auszuklarieren. Ich habe mich geweigert, nochmals Murmansk anzulaufen, da das wiederum einige Tage Verzögerung mit sich bringen würde. Ohne großen Aufwand und mit den besten Wünschen versehen, entläßt uns die Grenzwache – sehr zum Staunen von Boris. Er war davon ausgegangen, daß wir in jedem Fall nach Murmansk fahren und ihn dort absetzen würden. Daraus wird jetzt nichts. Da wir ausklariert haben, dürfen wir gar nicht mehr Murmansk anlaufen. Ich frage ihn, ob er nicht hier aussteigen möchte, da der nächste Hafen erst Vardö in Norwegen sein wird, und dafür hat er kein Visum. Lotsenpflicht, so klärt er mich auf, besteht bis zur Kara-Straße. Gut, antworte ich ihm, dann wird wohl auch ein Lotsenversetzboot dort längsseits kommen, um ihn abzuholen. »Die gibt es dort nicht«, sagt er, ich müsse wohl doch nach Murmansk fahren. Da ich nicht allzugut auf die Verwaltung zu sprechen bin und ohnehin nicht mehr nach Murmansk darf, lasse ich es darauf ankommen. »Wir werden nirgendwo stoppen«, antworte ich ihm. Er soll es arrangieren, daß man ihn von Bord abholt. Da es völlig unsinnig ist, auf dieser Route einen Lotsen mitzuführen, lege ich ihm nahe, die Rückreise nach Murmansk mit dem Flugzeug anzutreten, bezahlen muß ich das ohnehin. Am Morgen des 17. September fahre ich auf Bitten der Verwaltung zur Dickson-Insel und treffe mich mit den hohen Herren. Unmißverständlich lasse ich von Slava übersetzen, daß sie ihren Vertrag nicht korrekt erfüllt haben und ich deshalb ärgerlich und enttäuscht bin. Sobald es um Geld oder Genehmigungsverfahren ginge, würden wir wie die Berufsschiffahrt behandelt; wenn es aber um uns zustehende Leistungen ginge, würden wir schlichtweg ignoriert. Sie versuchen zu besänftigen, man habe schließlich alles versucht, aber es wäre nun einmal nicht gegangen. Um nicht im Streit auseinanderzugehen, belasse ich es dabei, weise aber nochmals daraufhin, daß dieses Verhalten sicherlich nicht dazu geeignet sei, die Reputation der Verwaltung des Nördlichen Seeweges zu verbessern. Danach verabschieden wir uns, es ist den Männern das Erstaunen anzumerken, daß wir uns ganz aus der russischen Arktis zurückziehen werden. Irgendwie hatte man wohl geglaubt, daß wir durchaus willens wären, einen weiteren Winter hier zu verbringen.

Boris bleibt an Bord! Um 14 Uhr werfen wir alle Leinen los und verlassen Dickson. Unter Segeln geht es Richtung Nowaja Semlja. Im Mündungsgebiet des Jenissei treiben große Alteisfelder, die wir sorgfältig umfahren. Neueis ist hier keines, da das Wasser des großen Flusses noch relativ warm ist. Lediglich während der Nacht bleiben wir gestoppt liegen und fahren erst bei einsetzender Dämmerung weiter. Die Eisfelder lassen sich problemlos umfahren. Dennoch ist es ungewöhnlich, bereits im September hier Eis vorzufinden. Im vergangenen Jahr war zur gleichen Zeit nirgendwo auch nur die Spur einer Eisscholle zu sehen. Boris war in Dickson mit der Neuigkeit an Bord gekommen, daß er in der Kara-Straße von einem Frachter übernommen wird. Derzeit sei das Schiff zwar noch weit hinter uns, würde uns aber sicher zeitig genug einholen. Mir kommen die ersten Zweifel, ob das klappen wird, ich sage aber vorerst nichts. Als wir schließlich den verabredeten Abholpunkt erreichen, ist von dem Schiff weit und breit nichts zu sehen. Über Funk erfahren wir, daß der Frachter noch 395 Seemeilen hinter uns liegt. Da er zudem sehr langsam fährt, ist es ungewiß, wann er unsere Position erreicht. Man schlägt uns daher vor, zu ankern und abzuwarten. Ankern und abwarten! Bei einsetzendem Starkwind auf offener See! Ich lehne ab und

Alteisfelder blockieren unseren Weg.
Sie bieten aber auch Schutz, um anzulegen.

lasse der Verwaltung ausrichten, daß wir Kurs und Geschwindigkeit beibehalten werden. Ich bitte darum, daß Boris von einem anderen Schiff übernommen wird. In der folgenden Nacht passiert uns ein weiterer Frachter. Es herrschen 7–8 Windstärken mit einer entsprechend groben See. Zudem ist es stockfinster. Der Kapitän des Frachters fordert uns auf, unser Boot auszusetzen und längsseits zu kommen, um Boris zu übergeben. Ein Vorschlag, der bei diesen Wind- und Seegangsverhältnissen und zudem mitten in der Nacht an ein Himmelsfahrtkommando erinnert. Ich kann das nicht verantworten, schlage aber vor, daß der Frachter eines seiner Boote aussetzen soll, um den Lotsen abzuholen. Das sei ihm zu gefährlich, übersetzt Slava die Antwort des Kapitäns, und ohne weiteren Kommentar setzt das Schiff die Fahrt fort. Boris wird zunehmend nervöser, denn mittlerweile haben wir uns den norwegischen Hoheitsgewässern bedenklich genähert. Endlich, am nächsten Morgen, taucht das Motorschiff »Mikhail Strekalovskiy« auf. Wenigstens haben wir jetzt gute Sicht. Der Wind hat etwas nachgelassen, weht aber immer noch mit 5 Windstärken, und es läuft nach wie vor eine grobe See. Ein Boot auszusetzen, wagen weder der Kapitän des Frachters noch ich. Ich schlage daher vor, daß sich der Frachter quer zu den Seen legt und dadurch Abdeckung gibt. Danach würden wir versuchen, längsseits zu gehen, um den Lotsen zu übergeben. Alles in mir sträubt sich gegen dieses Manöver, insbesondere, weil es völlig überflüssig ist. Es bestand keinerlei Veranlassung, Boris die Strecke mit uns fahren zu lassen. Jetzt haben wir das Problem. Bei diesem Seegang an einem anderen Schiff längsseits zu gehen, ist gefährlich. Wenn es nicht gelingt, den richtigen Zeitpunkt abzupassen, prallen beide Schiffe zusammen. Dem Frachter macht das sicherlich nichts aus, uns kann es den Mast kosten oder andere verheerende Schäden anrichten. Zudem ist die Übergabe eines Menschen unter den Gegebenheiten gefährlich. Boris ist weder der Jüngste noch der körperlich Fitteste. Wenn er die Lotsenleiter nicht richtig erwischt, kann er zwischen die Schiffsrümpfe fallen und zerquetscht werden. Selbst wenn er den Rümpfen entgeht, bei der Wassertemperatur hat er nur eine kurze Überlebenschance. Nachdem der Frachter gestoppt hat und sich quer zum Wind und den Seen gelegt hat, fahre ich langsam an die Bordwand heran. Jeder an Bord ist bis zum äußersten gespannt. Fender werden parat gehalten, zwei Mann stehen bereit, um Boris beim Übersteigen zu halten, ich fahre das Schiff. Ich habe mir vorgenommen, nicht wirklich längsseits zu gehen, sondern nur im »Touch and Go-Verfahren« an die Strickleiter heranzufahren. Es klappt zum Glück beim ersten Anlauf. Bereits während des Anlaufs fliegt eine Leine vom Frachter zu uns an Deck, an der wir Boris' Seesack festbinden. Als die Strickleiter zum Greifen nahe ist, schreie ich: »Go«. Boris, unterstützt von vier kräftigen Händen, löst sich von der »Dagmar Aaen« und tut den entscheidenden Schritt. In der nächsten Sekunde liegt die »Dagmar Aaen« bereits wieder im sicheren Abstand zum Frachter. Boris steht an der Reling, und während das Schiff wieder Fahrt aufnimmt, winken wir uns gegenseitig zu. Es ist gutgegangen, dennoch sind es gerade diese unnötigen und vermeidbaren Gefahrenmomente, die ich hasse. Das Risiko einer solchen Reise, wie wir sie unternehmen, ist ohnehin hoch genug. Da können wir sehr gut auf derartige Einlagen verzichten!

Am frühen Morgen des 25. September tauchen am Horizont die Lichter von Vardö in Norwegen auf. Um 3 Uhr morgens fliegen die Festmacherleinen an Land. Nach 15 Monaten Aufenthalt im sibirischen Rußland ist die »Dagmar Aaen« nach Europa zurückgekehrt. Nachdem einklariert ist, feiern wir unser Eintreffen in einem Restaurant bei gutem Essen und Wein. Die Stimmung ist gelöst und heiter. Bereits am nächsten Tag fahren wir weiter. Am 28. September morgens um 6 Uhr haben wir das Nordkap querab. Das Wetter ist schön und klar. Wir segeln im geringen Abstand an dem Kap vorbei und können deutlich das Restaurant sehen, das Zielpunkt so vieler Nordlandfahrer ist. Über Hammerfest geht es weiter nach Tromsö, wo wir am 30. September um 17 Uhr eintreffen. Die zweite Etappe der ICESAIL-Expedition ist beendet.

Der zweite Winter

Unser Winterhafen in Tromsö. Die »Dagmar Aaen« liegt neben der »Gunborg«. Zwischen den beiden Schiffen liegt noch ein kleinerer Kutter. Das ist ideal zum Überwintern.

Das Polarmuseum, das uns bereits im Frühjahr 1991 so herzlich willkommen geheißen hatte, lädt uns spontan ein, an der Museumspier längsseits zu gehen. Hier, mitten in der Stadt, umgeben von der norwegischen Polargeschichte, können wir damit beginnen, die »Dagmar Aaen« winterfest zu machen. Anders als in Igarka ist der Winter in Tromsö trotz der geographischen Lage vergleichsweise mild. Proviantlisten werden angefertigt, benötigte Ersatzteile notiert und sämtliche Kisten, Schränke und Schapps leergeräumt und gereinigt. Die Vorsegel schlagen wir ab und stauen sie unter Deck. Die Arbeit schreitet zügig voran. Bei der Frage nach dem endgültigen Liegeplatz für den Winter sind uns wiederum Torbjorn und Solrun vom Museum behilflich. Die beiden hatten wir bereits bei unserer Anreise nach Norden im Mai 1991 kennengelernt. Schon damals waren sie uns bei der Suche nach einem Liegeplatz behilflich gewesen und hatten uns darüber hinaus alle Einzelheiten des Polarmuseums gezeigt, das sie mit großem Engagement leiten. Sie arrangieren ein Treffen mit Gerd Schwalenstöcker, einem Deutschen, der seit 13 Jahren mit seiner Lebensgefährtin Marie-Christine und 3 kleinen Kindern auf einem großen Segelschiff bei der Insel Haaköy lebt. Wir kennen die Insel gut. 1991 hatten wir dort in einer Bucht geankert und nach dem Wrack des deutschen Schlachtschiffes »Tirpitz« getaucht. Damals hatten wir auch das Schiff von Gerd und Marie-Christine gesehen, die beiden allerdings nicht angetroffen. Das holen wir jetzt nach. Wir treffen Gerd im Polarmuseum, wo er uns ganz spontan einlädt, für den Winter bei seinem Schiff längsseits zu gehen. Er würde sich den Winter über schon darum kümmern. Diese Spontaneität und Offenheit, mit der Gerd uns begegnet, ist bezeichnend für ihn. Als wir einige Tage später verholen und in die Bucht fahren, in der die »Gunborg« liegt, steht Gerd schon bereit, um die Leinen anzunehmen. Einen besseren Liegeplatz gibt es vermutlich in der ganzen Region nicht. Geschützt durch eine kleine vorgelagerte Insel, finden Wind und Seegang nur wenig Angriffsfläche. Zudem ist ständig jemand vor Ort, um notfalls zusätzliche Leinen auszubringen. Gerd ist Tischler, Bootsbauer, Organisator von Konferenzen und zudem von einer Hilfsbereitschaft, wie man sie selten antrifft. Er und Marie-Christine haben die »Gunborg« vor vielen Jahren in Finnland gekauft und in Eigenarbeit komplett neu aufgebaut und als Ketsch getakelt. Das Schiff hat schöne Linien und ist sehr solide und geräumig gebaut. Jahrelang waren die beiden damit unterwegs, bevor sie schließlich nach Tromsö kamen und dort »vor Anker« gingen. 3 Kinder stellten sich ein, und so wurde die Familie seßhaft, lebt aber nach wie vor auf dem Schiff.

In der großen Tischlerwerkstatt können wir unsere »Polaris«, den Außenborder, das Schlauchboot und andere empfindliche Ausrüstungsteile unterstellen. Die »Dagmar Aaen« bekommt eine Stromverbindung von Land, worüber in jeder Abteilung des Schiffes elektrische Heizkörper betrieben werden. Die Maschine, der Dieselgenerator und auch die Dieselheizungen bleiben betriebsklar. Ich weise Gerd in die Technik des Schiffes ein, so daß er zu jeder Zeit in der Lage ist, die Aggregate zu starten. Wir bringen zusätzlich einen Heck- und einen Buganker aus, denn trotz der guten Lage setzen im Winter gewaltige Stürme ein. Wie recht Gerd mit dieser Vorsichtsmaßnahme hat, zeigt sich einige Wochen später. Über 100 Knoten Wind registriert er. Durch die zusätzlichen Verankerungen halten beide Schiffe dem Sturm stand.

Peter Lechhart, der bereits von Vardö aus nach Hause fliegen mußte, hat uns seinen VW-Bus nach Tromsö geschickt, damit ein Teil der Crew samt Ausrüstung nach Hause fahren kann. Die letzte Nacht verbringen Brigitte und ich allein an Bord der »Dagmar Aaen«. Alles ist sauber, aufgeräumt und ordentlich – aber das Schiff wirkt leer und verlassen. Die Ruhe, die man sich immer wieder mal gewünscht hat, erdrückt uns jetzt fast. Wir flüchten uns zu Marie-Christine und Gerd und verbringen den letzten Abend gemeinsam mit ihnen und ihren Kindern Serge, Gabriel und Joel.

Am nächsten Morgen fliegen wir zurück nach Deutschland. Die Freude des Wiedersehens mit

Freunden und der Familie ist groß. Danach stehen Pressekonferenzen, Interviews und Vortragstermine an. Fragen, warum wir es nicht geschafft haben, werden gestellt, ob wir denn enttäuscht seien und wie und ob es weitergehe. Es ist nicht einfach, den Journalisten glaubhaft zu vermitteln, daß wir trotz des Mißerfolges nicht frustriert sind. Enttäuscht vielleicht, aber frustriert – nein! Der Weg bis zum Umkehrpunkt ist für uns gegenwärtig und logisch nachvollziehbar. Außenstehende können in den kurzen Gesprächen schwerlich nachvollziehen, was wir empfunden haben. Ob wir am Eis oder an der Verwaltung gescheitert sind, möchte jemand wissen. »Am Eis«, sage ich wahrheitsgemäß. Die Verwaltung hat es uns nicht einfacher gemacht, aber die Schuld am Scheitern trägt nicht sie. Inzwischen liegen uns Eisberichte aus der gesamten Arktis von dem zurückliegenden Sommer vor. Die Verhältnisse waren überall extrem schlecht. In der kanadischen Arktis waren Seen und Flüsse den ganzen Sommer über gefroren, und die Nord-West Passage wies die schwierigsten Eisverhältnisse seit vielen Jahren auf. Wie viele Expeditionen sind vor uns an diesen Polarrouten gescheitert! Die »Dagmar Aaen« ist den gleichen Bedingungen unterworfen, wie die alten Polarfahrer sie vorfanden. Amundsen hatte mit seiner »Maud« bei der Durchfahrung der Nord-Ost Passage gleich zweimal überwintern müssen, wohingegen Nordenskiöld mit der »Vega« und Nansen mit der »Fram« am Kap Tscheljuskin kaum Eis zu Gesicht bekommen haben. Die Verhältnisse ändern sich ständig, und es gehört neben aller Erfahrung und Vorbereitung auch die bewußte Portion Glück dazu. Die blieb uns in diesem Jahr versagt. Ich berichte von dem Angebot der Russen, die »Dagmar Aaen« auf einen Schwergutfrachter zu verladen und uns unter Eisbrechergeleit um das Kap herum zu fahren. Wir hatten das Angebot abgelehnt, weil wir uns sagten, entweder schaffen wir es auf eigenem Kiel oder gar nicht. Mit Gewalt wollen wir nicht um den Pol fahren. Daß so etwas möglich ist, braucht heute nicht mehr bewiesen zu werden. Die Russen machen es uns mit ihren großen Eisbrechern täglich vor. Nicht das »Ob« ist entscheidend, sondern das »Wie«. Wir sind lieber umgekehrt, als uns im Huckepackverfahren um die Schlüsselstelle herumtragen zu lassen. Das ist für uns die ehrlichere Lösung gewesen. Auch in Gesprächen mit der Firma Gore-Tex, die uns sponsert, gelingt es, diesen Standpunkt deutlich zu machen. Zwar gibt es auch hier einige enttäuschte Gesichter, aber es war von Anfang an klar gewesen, daß ein derart ehrgeiziges und schwieriges Vorhaben durch Eis gestoppt oder verzögert werden kann. Die Option auf ein 4. Expeditionsjahr war immer eingeplant gewesen. So werden wir uns schnell einig.

Während ich auf Vortragsreise bin und das nächste Jahr plane, nähert sich ein ganz besonderes Ereignis: Chris und Sveta wollen heiraten. Bei unserem letzten Aufenthalt in Dickson hatten sich die beiden nochmals getroffen und sich verlobt. Die Hochzeit sollte im Herbst nach unserer Rückkehr in Deutschland stattfinden. Am 12. November ist es soweit. Vor einigen Tagen sind Sveta und ihre Eltern aus Igarka in Hamburg eingetroffen. Da die deutsche Bürokratie es nicht so ohne weiteres gestattet, daß ein Australier eine Russin in Deutschland heiratet, hatten wir unsere dänischen Freunde Egon und Else um Rat gefragt. In Dänemark, so ihre Auskunft, sei das kein Problem. So findet am 12. November im ehrwürdigen Standesamt von Abenrade die Trauung statt. Brigitte und ich sind Trauzeugen. Egon und Else haben in ihrem Haus eine Feier organisiert, die bis spät in die Nacht dauert. Am nächsten Abend gibt es dann gemeinsam mit allen verfügbaren Crewmitgliedern und Freunden eine große Hochzeitsparty im Kaisersaal von Bad Bramstedt. Wir feiern die ganze Nacht durch. Wenn es auch mit dem Kap nicht geklappt hat – Chris haben wir jedenfalls unter die Haube gebracht. Und das ist vielleicht das bemerkenswerteste Ergebnis dieser Reise! Kurz vor Weihnachten fliege ich für einige Tage nach Tromsö hoch, um Marie-Christine und Gerd zu besuchen. Die »Dagmar Aaen« liegt unter einer dichten Schneedecke und hält den verdienten Winterschlaf. Unter Deck ist sie warm und trocken, so daß ich die Tage, die ich in Tromsö bin, auf ihr wohnen kann. Das Schiff ist für mich zur zweiten Heimat geworden. Mittlerweile verbringe ich mehr Zeit an Bord als zu Hause. Und ich fühle mich wohl dabei! Gerd fährt mit mir in die Umgebung von Tromsö, und wie jedesmal, wenn ich dort verweile, bin ich fasziniert von der Landschaft und dem Ort und seinen Menschen.

Der Jahreswechsel kommt, ich stürze mich in weitere Vortragsreisen, plane und arbeite auf die nächste Etappe hin. Jörn Bohlmann fährt bereits Anfang März nach Tromsö, um unter Deck alles neu zu malen, solange die Mannschaft noch nicht vor Ort ist. Er hat harte Arbeit zu leisten und wird dabei von Gerd tatkräftig unterstützt. Gerds Tischlerwerkstatt erweist sich als ein Geschenk des Himmels. Bodenplatten, Backskisten und Tischplatten werden abgehobelt, geschliffen und neu lackiert. Es gibt kaum etwas, das Gerd handwerklich nicht in den Griff bekommt. Verbesserungen werden angebracht. So sieht die »Dagmar Aaen« wie neu aus, als wir am 28. März in Tromsö eintreffen. Egon Fogtmann ist extra nach Tromsö gereist, um den Motor zu überholen. Stefan Dörksen und Torsten Heller sind mit einem Lieferwagen samt Anhänger von Deutschland hochgefahren, um Ausrüstungsteile und Proviant anzuliefern. Folker und Meddy Schultheiss sind ebenfalls mit Freunden per Auto nach Tromsö gekommen, um uns mit neuer gefriergetrockneter Trekkingmahlzeit auszustatten. Das Schiff wimmelt von Leuten, die arbeiten, Kisten schleppen oder Proviant verstauen. Die »Dagmar Aaen« ist zu neuem Leben erwacht. Die nächste Etappe kann beginnen!

Die Eismeerkathedrale – das Wahrzeichen von Tromsö

WEWELSFLETH

Die dritte Etappe

Unter Vollzeug verlassen wir im April 1993 Tromsö. Diese Etappe wird über das weitere Schicksal der Expedition entscheiden. Entweder es gelingt uns, nach Alaska zu kommen, oder wir müssen die Expedition abbrechen. Die Spannung ist groß.

Der Erhalt eines Schiffes wie die »Dagmar Aaen« ist ein Faß ohne Boden. Ständig gibt es irgend etwas auszubessern, zu malen, zu spleißen oder zu erneuern. Bei unserem Fahrtgebiet leiden die Materialien in einem viel größeren Maße, als das bei gemäßigteren Klimazonen der Fall ist. Da Verschleiß gleichzeitig Verlust an Schiffssicherheit bedeutet, sind wir ständig damit beschäftigt, den Zustand des Schiffes zu erhalten bzw. zu verbessern. Nach 2 Jahren Expeditionsdauer ist die »Dagmar Aaen« heute in einem besseren Zustand denn je. Seit sie die Werft nach der Umbauphase verlassen hat, sind zahlreiche Verbesserungen angebracht worden. Letztlich zeigt erst der Betrieb eines Schiffes, wo es hapert.

Seit dem April 1991 war die »Dagmar Aaen« nicht mehr gedockt worden. Alle sind wir gespannt, wie das Unterwasserschiff nach 2 Jahren harten Einsatzes in der Arktis aussieht. Als die »Dagmar Aaen« in dem kleinen Trockendock langsam trocken gefallen ist, stehen wir gespannt auf dem rostig-feuchten und mit zahllosen undefinierbaren Farbklecksen versehenen Boden des Docks, um den Rumpf zu begutachten. Egon läuft zuerst nach achtern, um Antriebswelle, Propeller und Ruderanlage zu inspizieren, während ich einfach nur um das Schiff herumgehe, um Schadstellen zu suchen. Ich finde keine. Auch Egons Inspektion ist rasch beendet. Ich sehe es seinem zufriedenen Gesicht an, als er auf mich zukommt, um mir die frohe Botschaft zu bringen. Trotz der 9 Monate Winter in Igarka, trotz der brutalen Eisfahrt des vergangenen Jahres gibt es kaum mehr für uns zu tun, als den Rumpf zu reinigen und neu zu malen. Knapp 11 000 Seemeilen liegen hinter uns. Die »Dagmar Aaen« hat all die Kritiker Lügen gestraft, die vor Antritt der Reise ein solches Schiff für ein derartiges Vorhaben für untauglich erklärt hatten. Wir bringen neue Zinkanoden am Unterwasserschiff an, um der Elektrolyse vorzubeugen. Die Stahlplatten am Bug werden nachgenagelt und dann der ganze Rumpf neu gemalt. Am 5. April verlassen wir das Dock und fahren mit dem frisch gestrichenen Schiff zurück zur »Gunborg«. In den letzten Tagen vor Beginn der neuen Etappe montieren wir noch einen neuen Niedergang für das Mittschiff, da der alte sich bei schlechtem Wetter als unzureichend erwiesen hatte. Letzte Aufräumarbeiten werden durchgeführt, so daß wir am 9. April fertig sind für eine erste Probefahrt.

Bei Schneetreiben und schlechter Sicht beginnen wir unsere Segelsaison 1993. Nachmittags um 3 Uhr laufen wir in den Hafen von Tromsö ein, wo auf der Pier im Schneegestöber einige Leute stehen, die uns zuwinken. Neben einigen Freunden und Journalisten steht ein kleiner Junge neben einem Poller und schaut mit glänzenden Augen zu, wie die Festmacherleinen an Land fliegen und das Schiff langsam zum Stillstand kommt. Als alle Leinen fest sind, kommt er in Begleitung seines Vaters an Bord. Es ist der elfjährige Matthias Trunz. Vor Monaten war ich als Gast in der ZDF-Kindersendung »1, 2 oder 3« und hatte als 1. Preis für ein Quiz den Gewinner der Sendung an Bord der »Dagmar Aaen« nach Tromsö eingeladen. Ich hatte nach der Sendung kurz mit Matthias gesprochen. Seine Begeisterung über diesen Preis war mindestens ebenso groß wie meine über seine Freude. Und jetzt ist er hier! Mit einem großen Schokoladenosterhasen »bewaffnet« läuft er über Deck, außer sich vor Freude, das Schiff und die Crew endlich begrüßen zu können. Am nächsten Tag scheint die Sonne, und der Wind ist günstig – wir können mit Matthias segeln. Wir segeln, kreuzen, halsen den ganzen Tag, gewinnnen dadurch selbst wieder Routine und können dabei Matthias und seinem Vater das Schiff in allen Einzelheiten erklären. Abends erhält Matthias eine Koje zugewiesen und verbringt die Nacht gemeinsam mit der Crew an Bord. Einige Tage bleibt Matthias bei uns, dann heißt es Abschied nehmen. Während unsere Besucher wieder die Heimreise antreten, fahren wir zurück zur »Gunborg«, um abschließende Arbeiten vorzunehmen. Der Motor der Radarantenne ist aus unerklärlichen Gründen durchgebrannt. Ein neuer kostet 1000 DM und ist ohne weiteres nicht zu bekommen. Ein ärgerlicher Zwischenfall. Aber nach einigen Tagen ist der Motor schließlich da und wird von uns montiert. Vorsichtshalber bestellen wir einen Kompaßkompensierer, damit wir uns auf unseren Kompaß verlassen können. Am 16. April füllen wir die Dieseltanks auf und holen uns in Tromsö bei der Eiszentrale die neuesten Eiskarten. Am nächsten Morgen versammeln wir uns alle an Deck zu einer Sicherheitseinweisung. Schwimmwesten werden aufgeblasen, Mann-über-Bord-Bojen aktiviert, Rettungssignale erläutert, Verhaltensweisen beim Seenotfall oder bei Feuer an Bord erklärt. Jeder einzelne an Bord hat bei Notfällen eine bestimmte Funktion zu erfüllen. Eine sogenannte »Sicherheitsrolle«, die in der Messe und im Navigationsraum aushängt, listet die Namen der Betreffenden sowie die auszuführenden Arbeiten für den Notfall auf. Für jeden Bereich des Schiffes ist jemand für die Wartung der Feuerlöscher zuständig, und insgesamt werden die Rettungsmittel in regelmäßigem Abstand gecheckt. Mittags schreibe ich ins Logbuch: »Nach rund sieben Monaten Winterpause ist die ›Dagmar Aaen‹ wieder seeklar und in einem hervorragenden Zustand. Eine lange und schwierige Reise liegt vor uns. Dieses wird ein entscheidendes Jahr für ICESAIL!«

Wir haben den neuen Abschnitt der Expedition mit »Aufbruch nach Alaska« überschrieben und damit eine große Erwartung geweckt in der Öffentlichkeit. An unserem Erfolg würden wir gemessen werden. Einzig das Erreichen von Alaska wäre ein Erfolg, alles andere würde als Scheitern gewertet werden. Aber wir haben das Ziel bewußt so hoch gesteckt. Allen Beteiligten ist klar, daß dieses unser letzter Versuch einer Nordpolumsegelung sein wird. Sollte es dieses Jahr nicht gelingen, müßten wir das Projekt aufgeben. Letztes Jahr waren wir trotz aller Mühen nicht nach Alaska gelangt. Dieses Jahr muß es klappen, ganz gleich, durch welche der beiden Passagen. Das ist auch ein entscheidender Grund für uns gewesen, Tromsö als Winterhafen anzusteuern. Tromsö ist ganzjährig eisfrei. Von dort aus stehen uns beide Passagen offen, und wir können uns ganz den Eisverhältnissen entsprechend verhalten. Wären wir in Rußland geblieben, hätten wir bis in den Sommer hinein im Eis gelegen und damit wäre uns wiederum nur die Nord-Ost Passage als mögliche Route geblieben, da wir zeitlich den weiten Weg zur Nord-West Passage nicht mehr geschafft hätten. Von Tromsö aus steigt unsere Chance um 100 %. Da es noch früh im Jahr ist, werden wir zunächst nach Westen segeln und in den folgenden Wochen und Monaten die Entwicklung der Eisverhältnisse in beiden Passagen genau beobachten. Mitte Juni etwa werden wir uns entscheiden müssen, ob wir weiter nach Westen und damit durch die Nord-West Passage oder umkehren und durch die Nord-Ost Passage segeln wollen. Genehmigungen liegen uns für beide Passagen vor. Über die Eiszentralen in Kanada, Hamburg, Grönland und Moskau erhalten wir über Fax ständig neue Meldungen über die Entwicklung der Eissituation. Vorerst ist es aber noch zu früh, um eine Prognose zu wagen.

Wir wollen die Zeit bis zur Entscheidung gut nutzen. ICESAIL geht es schließlich nicht darum, möglichst schnell um den Pol zu segeln. Wir möchten vielmehr all die Naturlandschaften, die Inseln, Länder und Menschen aufsuchen, die um den Pol herum anzutreffen sind. Niemals zuvor sind die arktischen Regionen von einer einzigen Expedition so umfassend besucht worden wie von ICESAIL. Die Reise der »Dagmar Aaen« ist eine Weltumsegelung auf der wohl ungewöhnlichsten und sicherlich schwierigsten Route, ich habe sie die »Wahre Nordroute« genannt. Es ist der nördlichste mögliche Seeweg um den Nordpol herum. Die Befahrung der beiden Passagen ist nicht Selbstzweck, sondern Mittel zum Zweck, denn die »Wahre Nordroute« besteht unter anderem ja auch aus dem stürmischen Nordatlantik, der Grönland-See, der Baffin-Bay, der Beaufort- und Bering-See, und natürlich aus den darin liegenden Inseln und Landschaften. Diese Inseln, die jenseits des europäischen Horizontes liegen, sind unsere eigentlichen Ziele. Die Nordroute ist der logische Weg dorthin.

Um 13.30 Uhr lassen wir die Maschine an. Gerd, der uns eigentlich bis Island begleiten wollte, kann jetzt aus beruflichen Gründen leider doch nicht mit. Er will uns allerdings für einen Tag mit seinem ältesten Sohn Serge bis nach Flagstad auf Senya begleiten. Um 13.35 Uhr werfen wir die Leinen los und setzen kurze Zeit später die Segel. Die Umrisse von Tromsö werden langsam kleiner, bis sie schließlich vollständig im Dunst verschwinden. An Bord befindet sich neben Gerd und Serge, die uns am nächsten Tag wieder verlassen werden, folgende Mannschaft: Hartmut Schäfer, ein Ozeanograph aus Kiel, der seit vielen Jahren überwiegend auf Großseglern gesegelt ist. Als der Erfahrenste aus der Mannschaft ist er ebenso Wachführer wie meine Vertretung. Hartmut wird neben den Wachaufgaben auch ein Forschungsprogramm durchführen. Er ist mit speziellen Meßsonden ausgerüstet, die er in kurzen Abständen mehrfach täglich im Meer versenken wird, um ein Temperaturprofil von Norwegen über Jan Mayen, Island bis nach Grönland zu erstellen. Die Meßsonden, die wie kleine Torpedos aussehen, sind durch einen hauchdünnen Kupferdraht mit einem Rechner an Bord verbunden. Während sie zum Meeresboden fallen, übermitteln sie ununterbrochen Temperaturdaten bis zu 800 Meter Tiefe. Danach reißt die Kupferlitze, die Daten sind im Rechner gespeichert und können anschließend graphisch ausgedruckt und ausgewertet werden. Alle paar Stunden wird Hartmut bei Wind und Wetter diese Messungen durchführen, wofür er jedesmal etwa eine halbe Stunde Zeit benötigt. Jörn Bohlmann aus Hamburg war schon im letzten Jahr auf der »Dagmar Aaen«, kennt das Schiff und die Ziele der Expedition. Er ist schon ein alter Hase an Bord und wird den Posten des Bootsmanns übernehmen. Falk Mahnke ist ebenso neu an Bord wie Harm Warnemünde. Nachdem die beiden die »Dagmar Aaen« in Sibirien besucht hatten, ließ sie der Wunsch nicht mehr los, einen Teil der Expedition mitzusegeln. Beide sind seit meiner Kindheit Freunde von mir. Harm ist wohl derjenige meiner Freunde, den ich am längsten kenne. Obgleich er geschäftlich sehr eingebunden ist, hat er sich für die Strecke Tromsö – Jan Mayen – Island freimachen können. Er wird an Bord als Maschinist fahren. Falks Domäne ist die Kombüse. Er hat sich Zeit bis Grönland genommen. Falk hat unter anderem auch den gesamten Proviant berechnet, eingekauft, abgepackt und eingeschweißt. Slava Melin ist aus Rußland eingetroffen, um auch im dritten Jahr der Expedition von Anfang an dabeizusein. Neben seiner Aufgabe als Funker ist er für die gesamte Elektronik zuständig und wird später von Falk die Aufgabe des Smutje übernehmen. Helmut Hammele wird in diesem Jahr ebenfalls die gesamte Strecke mitfahren. Er ist auf allen Etappen dabeigewesen und neben seiner Eigenschaft als Ernährungsspezialist zuständig für Arbeiten, die an Deck anfallen.

Mit mir werden wir also nur 6 Mann an Bord sein. Mit so wenig Crew haben wir das Schiff bislang noch nicht gefahren. Auf Island werden aber weitere Crewmitglieder dazukommen. Leider ist es Chris Nelson und Raimer Fuhlendorf in diesem Jahr nicht möglich mitzufahren. Chris, frisch verheiratet, befindet sich zur Zeit auf Wohnungssuche, und zusätzlich ist Sveta schwanger. Raimer hat zusammen mit seiner Frau ein kleines Restaurant in Kanada gepachtet und sich selbständig gemacht. Für dieses Jahr muß er zu Hause bleiben. Beide werden aber hoffentlich wieder im nächsten Jahr dabeisein. Auch Peter Lechhart konnte aus beruflichen Gründen nicht mitfahren. Die Zeit, die unsere Reise verschlingt, wird in zunehmendem Maße für die Teilnehmer zum Problem, je länger sie dabei sind. Ich hatte gehofft, daß das Kamerateam zumindest streckenweise die Reiseroute verfolgen würde, um einen umfassenden Überblick zu bekommen. Ihr Interesse konzentriert sich jedoch nur auf die Passagen im Eis, die lediglich einen kleinen Teil der gesamten Expedition darstellen. Die Überwinterungen oder die Anreise zu den Passagen werden deshalb leider nicht im Film dokumentiert werden. Das ist auch der Grund, weshalb wir die bisherige Ausbeute des Films eher als mager empfanden und auch jetzt sind wir enttäuscht, daß man sich so wenig für das gesamte Projekt interessierte. Von der anfänglichen Begeisterung der Kameraleute war auf der letzten Etappe nichts mehr zu spüren, und ich hatte den Eindruck gewonnen, daß mit möglichst wenig Aufwand die Expedition vermarktet werden soll. Wir hatten etwas mehr erwartet. Auch die Schwerpunkte, die die Filmemacher setzten, deckten sich in vielen Fällen keineswegs mit unseren Vorstellungen, und so fielen bei den Filmen, die bisher entstanden, wichtige Inhalte und Erlebnisse einfach unter den »Schneidetisch«.

Nachdem wir uns in Flagstad von Gerd und Serge verabschiedet haben, setzen wir am Morgen des 20. April endgültig die Segel. Um 9 Uhr umrunden wir die Hafenmole und nehmen Kurs auf die offene See. Der Wetterbericht verspricht nördliche Winde mit 5 bis 6 Windstärken. Das sind nahezu optimale Bedingungen. Nachdem wir Andenes passiert haben, setzen wir rechtweisend 290 Grad ab. Das ist der Kurs nach Jan Mayen. Rund 500 Seemeilen sind es bis zu der abgelegenen Insel. Schnell ist die Bordroutine eingezogen. Die Wachen sind an Deck, die Freiwachen schlafen oder halten sich unter Deck auf. Wir sind wieder auf See.

Jan Mayen

Die »Orkaninsel« wird Jan Mayen auch genannt. Nicht zu Unrecht, wie wir erfahren müssen. Die Insel ist rauh und unzugänglich, aber von einer Faszination, der man sich schwer entziehen kann.

Die Erforschung der Arktis ist erst in zweiter Linie den großen staatlichen Expeditionsreisen zuzuschreiben. Wo immer die Forschungsschiffe der Admiralitäten hinsegelten, die Walfänger waren fast immer vor ihnen da. Die Kühnheit der Walfänger, ihr seemännisches Know-how und ihre Erfahrungen mit dem Eis schlugen die meist militärisch geführten Expeditionen um Längen. Dem harten kommerziellen Wettbewerb unterworfen, wagten sich die Walfänger mit ihren schwerfälligen, klobigen Schiffen in Regionen vor, in die vor ihnen noch niemals Menschen gelangt waren. Offizielle Seekarten gab es nur in sehr beschränktem Umfang. Jeder Walfangkapitän trachtete danach, seine geographischen Erkenntnisse für sich zu behalten, da die Aufdeckung neuer Fanggründe unweigerlich die Konkurrenz anzog. Der Walfang war ruinös und wurde ohne Rücksicht auf den Bestand der Wale durchgeführt. Man tötete die Tiere, wo immer sie angetroffen wurden. Da der Markt nur an dem Öl, das aus dem Fett der Wale und Robben gewonnen wurde, interessiert war, wurde nur ein kleiner Teil der gewaltigen Tiere verwendet. Nachdem man die Wale abgespeckt hatte, überließ man die Kadaver samt dem Fleisch der See. Alte Berichte erzählen von Walfangschiffen, die tagelang durch ein Meer von stinkenden, fauligen Walkadavern gesegelt sind. Der Raubbau an der Natur führte jedoch dazu, daß die Walfänger in immer entlegenere Gebiete segelten in der Hoffnung, neue reiche Fanggründe zu finden. Ob Spitzbergen, Grönland, Alaska oder die kanadische und russische Arktis – stets waren es die Walfänger, die als erste diese hohen Breiten bereisten. Forschungsreisende nutzten, wenn sie schlau waren, die Erkenntnisse der Walfänger. Roald Amundsen etwa wußte sehr genau, daß die Walfänger Meister im Eis waren. Während die zumeist britischen Expeditionen hochnäsig auf die schmutzigen und stinkenden Walfangschiffe schauten, suchte Amundsen bei ihnen Rat. Die Walfänger waren überall. Als John Franklin 1845 mit den beiden Schiffen »Erebus« und »Terror« zur Suche nach der Nord-West Passage startete und damit die größte Katastrophe in der Polargeschichte einleitete, waren es Walfänger, die die beiden Schiffe zuletzt sahen. Und es waren auch Walfangkapitäne, die auf der Suche nach Franklin zunächst die nördlichsten Punkte erreichten. Wäre die britische Admiralität damals nicht so borniert gegenüber den Walfängern gewesen, das Unheil hätte sich vielleicht abwenden lassen.

Als Amundsen 1903 zur Nord-West Passage aufbrach, hielt er sich strikt an die Empfehlungen der norwegischen und schottischen Walfangkapitäne. Das Eis der gefürchteten Melville-Bucht im Nordwesten Grönlands durchsegelte er mit seiner »Gjöa« nach ihren Anweisungen. Und es waren auch die Walfänger, die das sogenannte »Northwater« nördlich der Melville-Bucht entdeckt hatten. Schon Monate, bevor Amundsen dieses offene Nordwasser erreicht hatte, waren Walfänger dort, um für ihn ein umfangreiches Depot anzulegen, ohne das die weitere Durchfahrung der Nord-West Passage ein Ding der Unmöglichkeit gewesen wäre. Und als Amundsen schließlich im Jahre 1906 Alaska erreichte, war es wieder ein amerikanischer Walfänger, der ihm als erstes Schiff begegnete. Einer der berühmtesten und wohl auch fähigsten Walfangkapitäne war William Scoresby. Neben seiner Tätigkeit als Walfänger, die er sehr erfolgreich ausübte, erforschte er große Teile der Arktis. Der Welt längster Fjord an der Ostküste Grönlands ist nach ihm benannt worden. Trotzdem oder gerade wegen seiner großen Kompetenz wurde er von der britischen Admiralität abgelehnt. Der selbstbewußte und wirtschaftlich unabhängige Scoresby hatte es nicht nötig, sich unterwürfig gegenüber der Admiralität zu zeigen. Und so nutzte man nicht seine reiche Erfahrung. Die Franklin-Katastrophe und das Scheitern vieler anderer Expeditionen sind deshalb letztlich auf die Inkompetenz der Bürokratie zurückzuführen. Während staatliche Expeditionen mit großem Bahnhof verabschiedet wurden, siedelten zur gleichen Zeit bereits holländische, dänische, deutsche und englische Walfänger auf Spitzbergen und unterhielten dort Trankochereien – ohne daß die Öffentlichkeit davon Notiz nahm.

Der Beerenberg – nur selten bekommt man den Vulkan so deutlich zu sehen.

Jahr für Jahr fuhren die Walfänger von Altona, Glückstadt oder anderen europäischen Häfen im Frühjahr zum Walfang aus. Für sie war der Umgang mit dem Eis und der Kälte etwas ganz Normales, worüber sie kaum ein Wort verloren. Da jeder an Bord prozentual am Fang beteiligt war, war jeder gern bereit, Risiken auf sich zu nehmen und in bislang unbekannte Gegenden vorzustoßen. Ganz beiläufig erwähnten sie neu entdeckte Inseln wie zum Beispiel Jan Mayen. Bereits im Jahre 1614 war der holländische Walfangkapitän Jan Jacobsz May mit seinem Schiff »De Gouden Cath« vor der später nach ihm benannten Insel. Ein Kartograph zeichnete damals eine erste Karte von der Insel. Selbst wenn die Wikinger vor ihnen dagewesen sein sollten, so gebührt den Holländern die Ehre der Wiederentdeckung. Es waren auch holländische Walfänger, die im Winter 1633/34 die erste Überwinterung auf der Insel versuchten. 7 Walfänger ließ man zurück, damit sie den Winter über das Vorkommen von Walen, Bären und Robben beobachten konnten. Keiner der Walfänger überlebte den Winter. Als im nächsten Frühjahr die Schiffe zurückkehrten, waren sie an Skorbut gestorben. Noch heute kann man die Reste der Hütten sehen, und auch die Gräber der Überwinterer sind noch vorhanden. Auch William Scoresby hatte Jan Mayen besucht. 1817 lieferte er eine detaillierte Karte von der Insel und berichtete ein Jahr später von vulkanischen Aktivitäten auf der Insel. Der 2277 Meter hohe Beerenberg wurde zum Wahrzeichen der Insel und diente den Walfängern als Navigationshilfe. Als ich im letzten Jahr in Glückstadt einen Vortrag über die ICESAIL-Expeditionen gehalten habe, trat ein älterer Herr auf mich zu und überreichte mir eine kleine Broschüre. Auf dem Umschlag ist eine alte Zeichnung von Jan Mayen und dem überdimensionierten Beerenberg zu sehen. Davor liegt ein Walfangschiff, auf

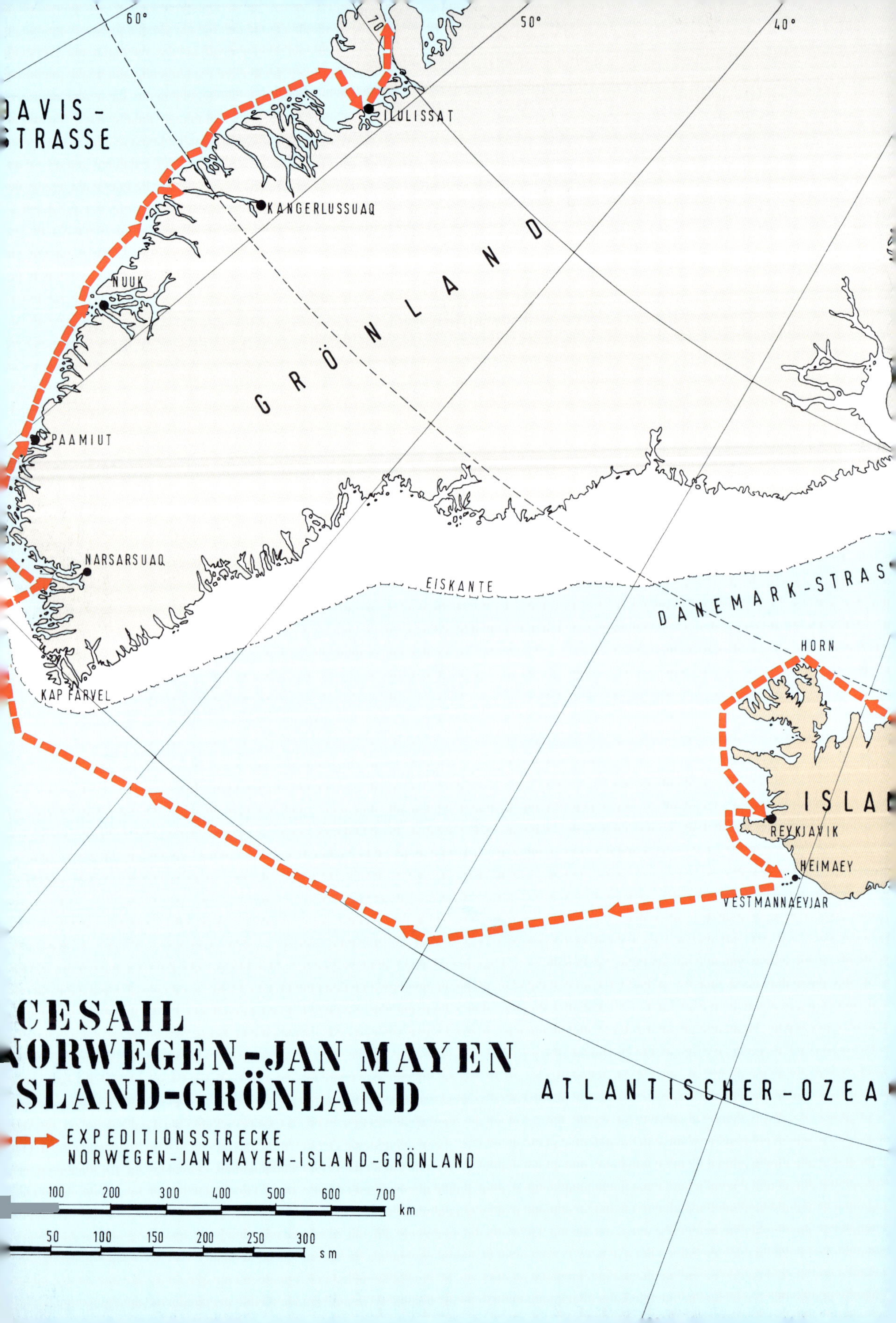

60°
50°
40°
70°
DAVIS-
STRASSE
ILULISSAT
KANGERLUSSUAQ
NUUK
GRÖNLAND
PAAMIUT
NARSARSUAQ
EISKANTE
KAP FARVEL
DÄNEMARK-STRAS
HORN
ISLA
REYKJAVIK
HEIMAEY
VESTMANNAEYJAR
CESAIL
NORWEGEN-JAN MAYEN
SLAND-GRÖNLAND
ATLANTISCHER-OZEA
EXPEDITIONSSTRECKE
NORWEGEN-JAN MAYEN-ISLAND-GRÖNLAND
100 200 300 400 500 600 700
km
50 100 150 200 250 300
sm

30°
20°
10°
0°
10°
20°
30
SPITZBERGEN
GRÖNLAND-SEE
BÄRENINSEL
RESBYSUND
JAN MAYEN
TROMSØ
EUROPÄISCHES-
NORDMEER
HUSAVIK
EYRI
NÖRDLICHER POLARKREIS
SCHWEDEN
NORWEGEN
FÄRÖER
SHETLAND-I.
SCHOTTLAND
NORDSEE

das 4 kleine Fangboote zuhalten, die einen großen Wal im Schlepp haben. Der Titel lautet: »Und Jan Mayen der alte Flegel… . Alte deutsche Walfanglieder«. In einer Strophe des Liedes heißt es: »Und Jan Mayen, der alte Flegel, ist passiert mit einem Blick.« Das dürfte eine Anspielung auf das notorisch schlechte Wetter sein, das die Insel fast das ganze Jahr über umgibt. Stürme gehören fast zur Tagesordnung, und so hat sich die Insel auch den vielsagenden Spitznamen »Orkaninsel« eingehandelt.

Nichts liegt mir ferner, als eine Verklärung des Walfangs zu betreiben. Aber so verhängnisvoll der frühe Walfang auch für den Bestand der Tiere gewesen ist – Natur- und Artenschutz waren im 17. und 18. Jahrhundert Begriffe, mit denen man nichts anzufangen wußte – gewürdigt werden muß in jedem Fall die seemännische Leistung dieser Männer. Walfang war lebensgefährlich, voller Entbehrungen und Risiken. Alternativen für die Walprodukte gab es damals im übrigen nicht. Das hat sich erst viel später geändert. Um so verwerflicher ist der moderne Walfang. Denn weder besteht heute ein Bedarf an Walprodukten noch ist es nach dem heutigen Erkenntnisstand vertretbar, die Walpopulation weiter zu dezimieren. Das Risiko bei der Walfischjagd trägt heute der Wal ganz allein. Mit hochmoderner Elektronik aufgespürt, mit Sprenggranaten harpuniert und mit Preßluft aufgepumpt, um ein Absinken des Kadavers zu verhindern, besitzt der heutige Walfang den Charme einer Hinrichtungsstätte. Und obwohl wir es im Gegensatz zu den vergangenen Jahrhunderten besser wissen, töten einige Nationen – darunter auch Japan und Norwegen – die Wale, weil sie meinen, es sei ihr angestammtes Recht. Da die internationale Walfangkommission offenbar keine Druckmittel hat, um ihre Beschlüsse durchzusetzen, bleibt nur zu hoffen, daß der außenpolitische Druck auf die Walfangnationen so groß wird, daß sie den Walfang einstellen. In Norwegen hat der neuerlich begonnene Walfang zu einer großen Kontroverse im Land geführt. Der außenpolitische Schaden sowie die Kosten, die durch von großen Werbeagenturen aufwendig geführte Rechtfertigungsversuche der Regierung verschlungen werden, stehen dabei in keinem Verhältnis zu den mit Walprodukten erwirtschafteten Gewinnen.

Jan Mayen ist 54 Kilometer lang und an der breitesten Stelle 15 Kilometer breit. Der 71. Breitengrad verläuft genau in der Mitte der Insel. Sie

Das Grab der holländischen Walfänger.

liegt damit etwa auf gleicher Höhe wie das europäische Nordkap. Es ist ruhig geworden um die Insel. Fischereifahrzeuge verirren sich nur selten dorthin. Wie es heißt, gibt es kaum noch Fisch in dieser Gegend. Dabei hatte es sogar einmal Überlegungen gegeben, in der sogenannten »Nordlaguna« einen Schutzhafen einzurichten. Die große Zeit von Jan Mayen scheint vorbei zu sein. Heute gibt es eine kleine Militärstation auf der Insel, eine Funk- und Loran-C-Station. Aus Gründen, die nur schwer nachvollziehbar sind, braucht jeder Besucher eine besondere Genehmigung, um auf die Insel zu kommen. Dabei scheint man selbst nicht so recht zu wissen, wer dafür zuständig ist. Auf eine entsprechende Anfrage bei dem zuständigen Polizeirevier in Bodö hin hatte ich die Auskunft erhalten, daß ich ein entsprechendes Ersuchen an die deutsche Botschaft in Oslo richten müsse, die dieses über den üblichen Amtsweg weiter an das norwegische Außenministerium weiterleiten würde. Auf meine Anfrage bei der deutschen Botschaft wurde mir sehr höflich mitgeteilt, daß ich mich zunächst an das Auswärtige Amt in Bonn wenden müsse. Auch dort wurde mein Ersuchen zügig bearbeitet und dann an die deutsche Botschaft nach Oslo weitergeleitet, die es ihrerseits nun an die Norweger weiterreichte. Die Bearbeitung dort dauerte nun schon etwas länger und endete schließlich in der Auskunft, daß Jan Mayen norwegisches Staatsgebiet sei und man nur im Besitz eines gültigen Passes und – sofern erforderlich – eines Visums sein müsse. Alles weitere würde die Polizeistation von Bodö regeln – eben jene, die mich auf den Behördenweg geschickt hatte. Da wiehert der Amtsschimmel! Von Bodö erfahre ich nun endlich, daß wir zwar auf Jan Mayen willkommen sind, aber nicht zu dem Zeitpunkt, den wir ansteuern. Und ich hatte gedacht, die russische Bürokratie wäre undurchschaubar. Da wir die letzte Meldung aus Bodö wenige Meilen vor Jan Mayen erhalten, können und wollen wir unsere Pläne nicht mehr ändern. Wir bleiben auf Kurs.

Die Überfahrt gerät zu einer prächtigen Segelreise. Die nördlichen Winde halten in den unterschiedlichsten Stärken an. Zu einer Jahreszeit, in der im Nordatlantik noch Winter herrscht, kommen wir mit Etmalen zwischen 120 und 140 Seemeilen gut voran. Die »Dagmar Aaen« wiegt sich in der langen Dünung. Kein Sturm, der uns vor schwierige Aufgaben stellt oder die Segelreise zur »Arbeit« werden läßt. Es bringt einfach nur viel Spaß!

Am Abend des 23. April sichten Jörn und Helmut den Beerenberg. Alter Bordtradition gemäß bekommt derjenige, der zuerst Land sichtet, einen Rum, die beiden lassen ihn sich schmecken. Gut 90 Seemeilen sind es noch bis zur Insel, aber wegen der guten Sicht bleibt der Vulkan nahezu die ganze Nacht erkennbar. Das ist keineswegs die Regel. Fast ständig ist der Berg in Wolken gehüllt, wie das Zitat aus dem alten Walfängerlied schon zu berichten weiß. Auch am Morgen des nächsten Tages hält das gute Wetter an. Im Laufe des Tages nähern wir uns der Insel und können Einzelheiten erkennen. Wir steuern genau auf die Bucht zu, in der die Militärstation liegt. Bald können wir die Sendemasten von Jan Mayen-Radio sehen, und ich melde mich über UKW an. Der Funker scheint überrascht über diesen plötzlichen Besuch und sagt, daß er uns dem Kommandanten der Station melden und gleich zurückrufen wird. Es dauert nur wenige Minuten. Die Stimme des Funkers klingt ein wenig unglücklich, als er sich über Funk meldet. Der Kommandant ließe ausrichten, daß der Besuch ungelegen käme, da gerade ein Crewwechsel stattfinde und man daher keine Zeit habe, sich um uns zu kümmern. Wir möchten doch bitte weiterfahren, dazu wünsche man uns gute Reise. Ich bin diesen Zirkus endgültig leid, lasse den Funker wissen, daß wir uns ordnungs- und fristgemäß angemeldet hätten und daß es laut Auskunft des norwegischen Außenministeriums keinen Grund für uns gäbe, diese Insel nicht zu betreten. Im übrigen legten wir keinen Wert auf den Besuch irgendwelcher militärischer Einrichtungen, auch nicht der Station selbst, sondern möchten uns lediglich die Insel anschauen. Schließlich wären wir nicht den weiten Weg von Tromsö aus hierher gesegelt, um jetzt unverrichteter Dinge wieder abzuziehen. Der Funker, dem das alles sehr unangenehm zu sein scheint, bittet mich abzuwarten und telefoniert erneut mit dem Kommandanten. Dieses Mal dauert die Antwort etwas länger. Es wäre ausgeschlossen, daß wir heute an Land kämen. Darauf mag ich auch gar nicht bestehen und antworte, daß mir die schriftliche Genehmigung zwar vorliege, wir aber durchaus einen Tag abwarten könnten. Man möge mir aber bitte einen Grund nennen, der unsere Genehmigung außer Kraft setze, damit ich diesen per Bordtelex an die Behörden zur Überprüfung durchgeben könne. Jetzt wendet sich plötzlich das Blatt. Man bittet uns, bis zum nächsten Tag abzuwarten und uns über Funk zu melden. Morgen nachmittag könnten wir dann an Land. Ich bedanke mich bei dem Funker, danach nehmen wir wieder Fahrt auf und segeln um das Sörkapp herum in die Sörbukta und gehen dort vor Anker. Wir halten uns an die Zusage, nicht an Land zu gehen, obwohl das Wetter sonnig und schön ist.

Davon ist am nächsten Morgen nichts mehr zu spüren. Dichte Wolken sind aufgezogen, es schneit, und der Wind weht mit 32 Knoten aus Südwest. Jan Mayen-Wetter! Vom Beerenberg ist heute nichts zu sehen. Hatten wir gestern noch Pläne über eine Besteigung des Berges geschmiedet, so ist es heute an Bord still geworden. Aber es kann ja noch werden. Unser Ankerplatz bietet bei dem Wind nur ungenügend Schutz, deshalb verholen wir in die Kvalrossbukta. Einen Ankerplatz, der nach allen Seiten hin geschützt ist, gibt es bei Jan Mayen nicht. Ein Problem, das uns noch die nächsten Tage unliebsam beschäftigen wird. Nachmittags erhalten wir über Funk das Okay, an Land zu kommen. Als wir das Schlauchboot bei dichtem Schneetreiben über Eisbrocken an den Strand ziehen, werden wir bereits erwartet. Mit einem Kettenfahrzeug ist der Kommandant mit einigen Soldaten von der Station zu uns gekommen, um uns abzuholen. Obwohl wir gar nicht darum gebeten haben, werden wir in die Station gebracht. Die Unterhaltung verläuft etwas einsilbig, man ist sehr höflich zu uns, aber von Freude über den Besuch ist nichts zu spüren. Vielleicht ist das ja auch ein bißchen zuviel verlangt. In der Station, die urgemütlich ist, bringt man uns in die Kantine und fordert uns auf zu essen. Danach wird noch eine halbe Stunde lang Konversation betrieben, bevor wir zum Strand komplimentiert werden. Dort angekommen, verabschieden wir uns. Da wir nicht gefragt werden, wann wir weitersegeln, halte ich es auch nicht für angebracht, dem Kommandanten mitzuteilen, daß wir noch einige Tage im Bereich der Insel bleiben möchten, um uns umzuschauen. Aber sicher kennt er das Wetter hier besser als wir und weiß, daß Landungsversuche nur unter großen Schwierigkeiten möglich sein werden.

Am 26. April fällt das Barometer von 1003 hPa morgens um 8 Uhr auf 984 hPa abends um 20 Uhr. Das sind 19 hPa in 12 Stunden! Anfänglich weht es mit 35 Knoten, wenig später haben wir bereits Windstärke 10 mit satten 50 Knoten Wind. Das Dinghi, das eben noch neben dem Schiff im Wasser treibt, wird plötzlich von einer Böe erfaßt und schwebt, obwohl der schwere Außenborder samt Benzintank sich im Boot befinden, einige Sekunden lang wie ein Drache am Band in der Luft. Als die Böe nachläßt, fällt es kopfüber aufs Wasser zurück. Sofort beginnen wir mit der Bergung des Beibootes. Wir richten es wieder auf, heben den Außenborder und Tank an Bord und ziehen schließlich auch das Beiboot an Deck, um es dort zu laschen. Da wir kaum Zeit hatten, uns umzuziehen, sind wir anschließend naß und kalt und ärgern uns über unsere Nachlässigkeit, das Boot nicht rechtzeitig geborgen zu haben. Erst am nächsten Morgen läßt der Sturm kurzfristig nach. Wir reinigen den Außenborder und lassen ihn probelaufen, dann nimmt der Wind wieder zu. Da die Windrichtung gedreht hat, liegen wir jetzt plötzlich auf Legerwall und müssen verholen. Windstärke 9, schnell auf 10 ansteigend, kaum daß wir den Anker hoch haben. Von den Bergen fallen Böen in Stärke 11 herunter und nehmen uns die Sicht und manchmal den Atem. Wir verholen um das Sörkapp und legen uns unter Landabdeckung vor Anker. Es steht eine gewaltige Dünung in der Bucht, die sich an den Klippen und am Strand donnernd bricht. Ich lasse den Motor sicherheitshalber im Leerlauf mitlaufen, um beim Slippen des Ankers sofort stützen zu können. Die Ankerwache nimmt ständig Peilungen, aber der Anker hält. Am nächsten Tag das gleiche Geschehen. Der Wind nimmt morgens kurzfristig ab, so daß Hartmut, Falk und Slava mit dem Beiboot an Land fahren können. Mittags brist es wieder aus Südwest auf, wir liegen wieder auf Legerwall und müssen um die Insel herum verholen. Kaum liegen wir wieder vor Anker, als der Wind auf West dreht und wir erneut verholen müssen. So geht es weiter. An Ruhe oder Landausflüge ist gar nicht zu denken. Ständig stürmt es aus wechselnden Richtungen, und wir befinden uns fortwährend auf der Flucht. Der Seegang, der sich über Hunderte von Seemeilen aufgebaut hat, wird in Küstennähe steil und gefährlich. Kreuzseen laufen am Sörkapp durcheinander, so daß die Tage alles andere als angenehm sind.

Erst am 29. April läßt der Wind endlich nach. Wir ankern in der Stasjonsbukta. Um durch die Brandung an Land zu gelangen, ziehen wir unsere Survival-Anzüge an und lassen uns mit dem Schlauchboot bis an die Brandungszone bringen. Dort angelangt, springen wir ins Wasser und schwimmen durch die Brandung an Land, während das Beiboot zurück zum Schiff fährt. Der Versuch, mit dem Boot zu landen, ist bei der Brandung unmöglich. Auf die gleiche Art gelangen wir später zurück an Bord: durch die Brandung tauchen, zum Beiboot schwimmen und hineinklettern. Die Überreste von »Atlantik City«, einer alten Station, die die Amerikaner während des Krieges errichtet hatten, sind noch zu sehen. Etwas weiter auf einer Anhöhe stehen die gut erhaltenen Häuser der alten Polarstation, die aber offenbar nicht mehr genutzt werden.

In diesem trüben, stürmischen Wetter wirken die leerstehenden Häuser gespenstisch. Irgendwo in den gegenüberliegenden Berghängen müssen einige Flugzeugwracks der »Deutschen Wehrmacht« liegen. Bei dem unsichtigen Jan Mayen-Wetter waren sie in dichten Wolkenbänken gegen die Berghänge geprallt. Die Schlacht um die Geleitzüge während des Zweiten Weltkrieges hatte die Flieger bis nach Jan Mayen und sogar bis Ostgrönland gebracht. Um einer deutschen Invasion der Insel vorzubeugen, hatten die Amerikaner Truppen stationiert, deren Wohnbaracken einst »Atlantik City« bildeten. Nach dem Krieg wurde alles zurückgelassen und durch die schweren Winterstürme zerstört.

6 Tage bleiben wir vor Jan Mayen, ständig auf der Flucht vor dem Sturm, stets auf der Suche nach schützenden Ankerplätzen. Am 7. Tag, es ist der 30. April, verlassen wir Jan Mayen. Es herrscht dichtes Schneetreiben, und ein kräftiger Nordost schiebt uns Richtung Island. Kurz bevor die Insel endgültig außer Sicht kommt, zeigt sich, wie zum Hohn, noch einmal der Beerenberg. Nur kurz ist er zu sehen, dann versinkt er im Schneegestöber. Rund 400 Seemeilen bis Island liegen vor uns. Es wird eine kalte, nasse und stürmische Überfahrt.

FRIDTJOF NANSEN

Die »Fridtjof Nansen«

Voller Spannung erwarten wir die Ankunft der »Fridtjof Nansen«. Als die weißen Segel im Fjord von Akureyri auftauchen, ist der Jubel groß. Beide Schiffe sind termingerecht eingetroffen.

Am Morgen des 3. Mai 1993 passieren wir die kleine Insel Grimsey, die der isländischen Küste ein gutes Stück vorgelagert ist. Es ist das erste Mal, seit wir Norwegen verlassen haben, daß wir andere Schiffe sehen. Auf der ganzen Überfahrt hatten wir kein einziges Schiff zu Gesicht bekommen, nicht einmal Fischereifahrzeuge. Vor Island wimmelt es jetzt geradezu von Fischkuttern unterschiedlichster Größe und Bauart.
Im Zickzack fahren wir um die Stellnetze herum, die durch kleine Bojen gekennzeichnet sind. Die Netze scheinen überall zu sein. Die Fahrt in den Fjord von Akureyri ist sonnig und schön. Das tut uns gut nach dieser rauhen und eisigen Überfahrt. Zum ersten Mal seit Tromsö liegt das Schiff ruhig. Kein Rollen oder Stampfen ist mehr zu spüren, die »Dagmar Aaen« läuft wie auf Schienen. Wir klaren das Deck auf, machen alles landfein und trinken Kaffee an Deck, während wir uns die schneebedeckten Berge Islands ansehen. Wir haben Island erreicht und damit einen zu dieser Jahreszeit nicht gerade einfachen Abschnitt der Reise hinter uns gebracht.
Am Abend laufen wir in den Hafen von Akureyri ein. Der Hafenkapitän ist über unser Eintreffen informiert und wartet bereits in einem Taxi zusammen mit dem Zollbeamten. Die Einreiseformalitäten sind schnell erledigt, und da man uns als Gäste betrachtet, brauchen wir nicht einmal Liegegebühren zu entrichten. Es tut uns allen unglaublich gut, das Schiff sicher im Hafen zu wissen und uns den Annehmlichkeiten dieser Stadt zuwenden zu können. Schaulustige kommen vorbei, überall zeigt sich Interesse an der »Dagmar Aaen«, die von ihrer Crew fast fluchtartig verlassen wird, da jeder so schnell wie möglich unter eine heiße Dusche kommen möchte. Das ist auch dringend notwendig. Denn so gut ausgerüstet das Schiff auch sein mag, eine Dusche gibt es nicht an Bord. Wer duschen möchte, kann das gerne tun, aber dann bitte an Deck mit einer Pütz Seewasser – und das ist bekanntlich kalt. So ist unser kollektiver Wunsch nach einer Dusche wohl mehr als verständlich.

Akureyri ist für Harm zugleich der erste und der letzte Hafen auf diesem Abschnitt der Expedition. »Ölfuß«, wie er von allen in Anspielung auf seine Tätigkeit als Maschinist genannt wird, muß von hier aus die Heimreise antreten. Harm hatte sich, obwohl er zum ersten Mal auf eine solche Reise ging, hervorragend bewährt. Nicht nur, daß er mit viel Sachverstand den technischen Bereich im Griff hatte, darüber hinaus verstand er es, mit Witz und Humor die Leute immer wieder zum Lachen zu bringen. Es tut einfach gut, trotz Schnee und Kälte einmal herzhaft lachen zu können – und sei es über sich selbst. Harm wie auch Falk haben diese Art von Humor, die niemals verletzend wirkt, sondern einfach nur komisch ist. Das Abschiednehmen fällt allen schwer. Wir versuchen, es »mannhaft« knapp zu gestalten, und ziehen dann in die nächste Kneipe, um den isländischen Bierpreisen zum Trotz unsere Ankunft zu feiern und den Verlust von Harm zu »ersäufen«.
Unser Besuch in Island ist gekoppelt mit einem besonderen Ereignis. Vor fast zwei Jahren hatte ich mit meinem Freund Detlev Löll zusammengesessen, der zu diesem Zeitpunkt in Wolgast einen »Dreimasttoppsegelschoner« aufbaute, die »Fridtjof Nansen«. Da dieses Schiff nach seiner Fertigstellung in der erlebnispädagogischen Jugendfahrt eingesetzt werden sollte und ich verschiedentlich an Jugendaustauschprojekten mitgewirkt hatte, kamen wir auf die Idee, auf Island mit der »Fridtjof Nansen« und der »Dagmar Aaen« ein internationales Jugendtreffen zu initiieren. Einfälle dieser Art mag es viele geben – fast alle scheitern sie aber an der Umsetzung. Ein Schiff wie die »Fridtjof Nansen« ist in einen festen Terminplan eingebettet, kostet jeden Tag einen Haufen Geld und muß daher entsprechend eingesetzt werden. Ein internationales Jugendtreffen auf Island an Bord der »Fridtjof Nansen« würde sich daher nicht leicht organisieren und noch schwerer finanzieren lassen. Doch trotz

Das tägliche Brot auf einem Windjammer. Segelmanöver in luftiger Höhe.

dieser Schwierigkeiten machten wir uns an die Arbeit. Da ich in der Vergangenheit erlebt hatte, wie begeistert junge Menschen solche Anregungen aufgreifen, versprach ich mir von dieser Aktion einen ähnlichen Erfolg. Es sollte ein internationales Jugend-Team sein, da wir der Meinung waren, in einer Zeit, in der sich der Nationalismus in einem erschreckenden Maße ausbreitet, sei es besonders wichtig, daß gerade junge Leute einander kennenlernen und über alle Sprach- und Kulturbarrieren hinweg miteinander umzugehen lernen. Ein Segelschiff ist ein Schmelztiegel. Hier spielt es keine Rolle, welche Hautfarbe jemand hat, welche Sprache er spricht oder aus welchem Land er kommt. Der Einsatzwille, der Gemeinschaftssinn und die Kooperationsbereitschaft zählen. Auf einem Großsegler wie der »Fridtjof Nansen« muß man auch im übertragenen Sinne an einem Strang ziehen. Allein bewirkt niemand etwas, nur in der Gemeinschaft gelingt es.

Es war uns klar, daß wir mit derartigen Aktionen weder die Welt verbessern noch Probleme bewältigen können. Aber wir wollten Denkanstöße geben. Wir würden Fehler machen, es würde vielleicht nicht alles so verlaufen wie ursprünglich geplant, aber was soll's! Wir würden unser Bestes geben, die Reise sicher gestalten und den jungen Leuten damit nicht nur ein unvergeßliches Gemeinschaftserlebnis ermöglichen, sondern ihnen vielleicht auch ein Gefühl für die eigenartige Schönheit der subpolaren Landschaft vermitteln.

Der Eigner der »Fridtjof Nansen«, Hans Temme, erklärte sich mit dem Projekt einverstanden. Die erste Klippe war genommen. Die zweite Klippe, die Finanzierung, war schon etwas schwieriger

Aufstellen zum Fototermin: die »jungen Seebären« an Bord der »Fridtjof Nansen«.

zu umschiffen. Aber auch hier fand sich bald eine Lösung. Die Firma Gore, die als Sponsor von ICESAIL die Finanzierung der Expedition sichergestellt hatte, zeigte sich auch an diesem Projekt interessiert. Astrid Bockstette, die ICESAIL bei Gore in Putzbrunn betreut, ließ sich von Detlev und mir eingehend über das Projekt informieren. Als wir gemeinsam in einem Restaurant saßen und Astrid unsere Pläne möglichst schonend beizubringen versuchten, fragte ich mich, was in dieser Frau vorgehen mochte. Das »Warum« stand ihr buchstäblich ins Gesicht geschrieben. Schließlich hatte Gore alle Mühe, die Aufgaben der Expedition zu erfüllen, und nun sollte man sich noch zusätzliche Kosten und Probleme aufbürden. Aber Astrid ließ sich trotz aller geschäftlichen Nüchternheit von unserer Begeisterung anstecken. Die schien überhaupt ansteckend zu sein, denn auch ihre Vorgesetzten gaben schließlich ihr »okay«, so daß die Finanzierung des »Gore Jugendcamps« gesichert war. Die nächste Klippe, die isländischen Behörden, stellte sich als problemlos heraus: Man war angetan von der Idee des internationalen Jugendaustausches. Und da die Isländer mit dem Meer groß werden, faszinierte sie die Aussicht, ein solch großes Segelschiff wie die »Fridtjof Nansen« nach Island zu bekommen. Ohne große Einwände sicherten sie uns ihre Unterstützung zu.

Auch das letzte Problem wurde schließlich gelöst: die Frage nach dem Auswahlkriterium. Die Zeitschriften »Yacht« und »Hör zu« veranstalteten in Deutschland ein Preisausschreiben mit dem Thema: »Fridtjof Nansen, Abenteurer oder Phantast«. Eine Din A 4-Seite sollte der Aufsatz umfassen. Die eingeschickten Aufsätze stapelten sich in den Redaktionen, und als wir schließlich eine Auswahl treffen sollten, wurde uns klar, wie schwer es sein würde, die besten auszuwählen. Zu viele hatten mitgemacht, zu viele gute Texte waren eingeschickt worden. Schließlich konnte nur der Losentscheid die Antwort geben. Da sich auch ausländische Medien an der Ausschreibung beteiligt hatten, kamen 27 Jugendliche aus 6 Nationen zusammen.

Die erste große Reise hatte die »Fridtjof Nansen« in die Karibik geführt. Die Rückreise trat sie jetzt über die Azoren und Irland direkt nach Island an, wo sie am Abend des 4. Mai eintraf. Es läßt sich immer so leicht sagen: Zwei Schiffe treffen sich fast auf den Tag genau im Norden von Island. Die Schwierigkeiten, die solche Pünktlichkeit erschweren, werden dabei einfach unterschlagen. Aber nun scheint es das Selbstverständlichste der Welt zu sein, als die weißen Segel plötzlich im Fjord auftauchen. Vergessen ist die viele Arbeit, das Bangen um Gelder und Termine. Elke Bachmann, die den Einsatz des Schiffs im Verein »Leben lernen auf Segelschiffen« koordiniert, war schon vorausgereist und hatte uns bei unserem Eintreffen in Akureyri an der Pier empfangen. Der gemeinnützige Verein »Leben lernen auf Segelschiffen« war eigens gegründet worden, um das Schiff bauen und betreiben zu können. Die Betriebskosten sind derart hoch, daß sich ein solches Vorhaben nur durch Mitgliederbeiträge und öffentliche Unterstützung realisieren läßt – insbesondere deshalb, weil das Schiff in der Jugendfahrt eingesetzt werden soll und nicht für zahlungskräftige Touristen. Als jetzt die »Fridtjof Nansen« einläuft und festmacht, ist ihr die Erleichterung anzumerken. Nachdem auch hier die Formalitäten erledigt sind, begrüßen wir die Crew und den Kapitän Jochen Lembke. Sie haben eine weite Reise hinter sich und wissen derzeit noch nicht, ob sie sich über das winterliche Islandwetter so recht freuen können. Immerhin kommen sie aus der von der Sonne verwöhnten Karibik. Die erste Gruppe Jugendlicher trifft am nächsten Tag ein. Plötzlich wimmelt die »Fridtjof« von Leuten, die bunte Seesäcke schleppen, sich an Deck umsehen oder erste zaghafte Versuche unternehmen, ins Rigg zu klettern. Jochen Lembke begrüßt sie in der Messe, weist auf einige wichtige Abläufe hin und regelt die Wacheinteilung. Auch wir von der »Dagmar Aaen« sind anwesend. Ich richte ebenfalls einige Worte an die neuen Mitsegler, erzähle kurz von unserer Reise und lade alle ein, sich auch bei uns an Bord umzusehen.

Die jungen »Seeleute« am Ruder der »Fridtjof Nansen«.

Als Ersatz für Harm, der inzwischen wieder zu Hause eingetroffen ist, kommt Ragna Koch. Ragna war bereits im letzten Jahr dabei und würde die nächsten Monate bei uns bleiben. Sie hatte sich im vergangenen Jahr einen festen Platz in der Crew erarbeitet. Nicht nur, daß sie allen seemännischen und seglerischen Herausforderungen gewachsen ist, sie hat sich darüber hinaus mit ihrer ruhigen und offenen Art einen Platz in den Herzen der Crewmitglieder verschafft.

Die Tage in Akureyri vergehen mit Ausflügen, diversen Besuchen in öffentlichen Freibädern, die zum Glück auch im Winter geöffnet sind, da sie von vulkanischer Wärme gespeist werden. Die Stadt gefällt uns sehr gut. Die Menschen sind hilfsbereit und überaus gastfreundlich. Wir werden eingeladen und herumgereicht und fühlen uns einfach wohl.

Am 7. Mai läuft die »Fridtjof Nansen« aus, um bei der Insel Hrisey vor Anker zu gehen. Dadurch werden die jungen »Seeleute« ein wenig von den Einflüssen der Stadt ferngehalten und können sich intensiv mit dem Bordbetrieb, der Wacheinteilung und den Segelmanövern vertraut machen. Wir begleiten die »Fridtjof Nansen« etwa 2 Stunden bei herrlichem Segelwind und freuen uns, als unsere »Dagmar Aaen«

dem viel größeren Schiff auf und davon segelt. Nach Ablauf der 2 Stunden wenden wir, fahren der »Fridtjof Nansen« entgegen und weiter zurück nach Akureyri, wo wir noch einige Dinge zu erledigen haben. In 2 Tagen wollen wir dann wieder zum Ankerplatz der »Fridtjof Nansen« zurückkehren und gemeinsam weitersegeln. Auf diesem kurzen Ausflug ist Klaus Bartels bei uns an Bord. Klaus ist Redakteur bei der Zeitschrift »Yacht«. Er will eine Reportage über die beiden Schiffe und das Treffen schreiben. Er selbst ist Segler und zeigt sich erstaunt über die guten Segeleigenschaften der »Dagmar Aaen«. In der Tat glauben viele, daß solche Fischerei-Schiffe schwerfällig und schlecht zu segeln sind. Gewiß kann man sie nicht mit modernen Yachtkonstruktionen vergleichen. Das bedeutet aber nicht, daß sie keine guten Segelschiffe wären. Die theoretische Rumpfgeschwindigkeit der »Dagmar Aaen« – das ist die Geschwindigkeit, die das Schiff ohne zu surfen erreichen kann – liegt bei ungefähr 9 Knoten. Und die erreicht sie auch unter Segeln ohne große Probleme.

Am 9. Mai verlassen wir endgültig Akureyri. Wir segeln bei wunderbarem Wetter aus dem Fjord hinaus, halten uns in Sicht der »Fridtjof Nansen« und erreichen schließlich am Abend den Ort Husavik. Die Jugendlichen haben ihren ersten Törn hinter sich gebracht und werden nun zunächst einmal einen Ausflug in das Myvatn-Nationalparkgebiet unternehmen. Das Jugendprojekt hat jetzt erst so richtig begonnen.

Island

Heimaey auf den Vestmannaeyjar ist der letzte gemeinsame Hafen der beiden Schiffe. Das Wetter meint es gut mit uns. Wir können uns in Ruhe die Insel ansehen. Vom Kraterrand blicken wir hinunter auf Heimaey.

Der Ausflug in den Myvatn-Nationalpark erstreckt sich über 3 Tage. Geleitet wird er von einer Isländerin, die diese Region nicht nur wie ihre eigene Westentasche kennt, sondern darüber hinaus viele Hintergrundinformationen über die Einzigartigkeit dieser Landschaft vermitteln kann. Das Wetter spielt mit, es ist sonnig und schön, so daß auch das Zelten zu einem gelungenen Erlebnis wird. Danach wird es ernst. Von Husavik aus wollen wir direkt nach Reykjavik segeln, wofür wir uns die Route um das Nordwestkap, das sogenannte Horn von Island, ausgesucht haben. Diese Gegend zählt nicht nur zu einer der einsamsten Islands, sondern auch zu einer der stürmischsten. Wir sollen einen Eindruck davon bekommen.

Am 13. Mai werfen wir morgens die Leinen los und verlassen Husavik. Zwar scheint die Sonne noch, aber der Wind hat auf Nordwest gedreht und nimmt ständig an Stärke zu. Wir haben von den Jugendlichen den Isländer Bent und die Amerikanerin Kelly bei uns an Bord. Da wir hart am Wind segeln und sich rasch eine rauhe See aufbaut, ist die Seekrankheit vorprogrammiert, zumindest bei Kelly. Tapfer geht sie ihre Ruderwache – es ist ihr aber anzumerken, daß ihr die Situation nicht ganz geheuer ist und ihr Magen zu rebellieren beginnt. Als der Wind weiter zunimmt, schicke ich sie unter Deck, damit sie sich hinlegen kann. Bent hingegen bleibt von der Seekrankheit verschont und hält seine Wache ohne Probleme durch. Die »Fridtjof Nansen« fällt immer weiter zurück, da sie nicht so viel Höhe laufen kann wie die »Dagmar Aaen«. Über Funk bleiben wir in Verbindung. Da sich das Wetter weiterhin verschlechtern soll und der Wind zudem genau aus der Richtung kommt, in die wir segeln müssen, entschließen wir uns,

Die »Dagmar Aaen« mit neuem Mast und überholtem Rigg unter vollen Segeln.

gemeinsam wieder nach Hrisey zu segeln und auf eine Wetterbesserung zu warten. Um Mitternacht gelingt es uns, einen Platz im Hafen der kleinen Insel zu ergattern. Wir sind nicht die einzigen, die Schutz suchen. Zahlreiche Fischereifahrzeuge laufen die Insel an, so daß ein ziemliches Gedränge herrscht. Die »Fridtjof Nansen« ist zu groß für den Hafen und legt sich unter Landabdeckung vor Anker.

Und dann geht es richtig los: Am 14. Mai schneit und stürmt es – mit einem Mal ist es wieder Winter geworden. Kelly, die froh ist, wieder im Hafen zu sein, erholt sich langsam von den Folgen der Seekrankheit. Da sie sich auf der großen »Fridtjof Nansen« geborgener fühlt, setzen wir sie nachmittags mit dem Schlauchboot über. Bent will weiterhin bei uns bleiben. Nachdem am nächsten Tag der Wind ein wenig nachgelassen hat, beschließt Jochen, mit der »Fridtjof« aufzubrechen. Wir warten noch 2 Stunden und laufen dann ebenfalls aus. Wir haben uns gerade aus dem Fjord herausgearbeitet, als der Wind wieder stürmischer wird. Schnee- und Hagelschauer nehmen uns die Sicht, es steht eine hohe, rauhe See, und der Wind kommt unverändert aus Nord. Damit liegen wir auf Legerwall. Mir gefällt das alles nicht. Wenn sich Sturm und schlechtes Wetter nicht umgehen lassen, dann muß man sich dem stellen und das Schiff sicher hindurchbringen. Wenn man es aber vermeiden kann, dann ziehe ich es vor, auf bessere Bedingungen zu warten. Als der Wind weiter auffrischt, entschließe ich mich, Olafsfjördur anzulaufen, einen kleinen Hafen in der nächsten Bucht. Wir haben die Hafenkarte und auch die nötigen Informationen aus dem Seehandbuch. Trotzdem ist die Ansteuerung bei dem Seegang nicht ungefährlich, und wir müssen höllisch aufpassen. Selbst im Hafenbecken steht ein derartiger Schwell, daß wir auf Anweisung des Hafenkapitäns in ein anderes, geschützteres Hafenbecken verholen müssen. Und dann fängt es richtig an zu blasen. Wir sind keinen Moment zu früh eingelaufen. Außer uns haben sogar große Trawler Schutz im Hafen gesucht. Vergeblich versuche ich, über Kurzwelle Kontakt mit der »Fridtjof Nansen« aufzubauen. Ich hoffe nur, daß sie genügend Vorsprung und Seeraum hat, um bei dem sich verschlechternden Wetter rechtzeitig das Horn zu passieren. Wie wir später erfahren, gelingt es dem Schiff tatsächlich, allerdings entwickelt sich die gesamte Reise nach Reykjavik zu einer Sturmfahrt. Der Wind hat sich bei uns inzwischen auf 40 bis 50 Knoten eingependelt. Der Ort versinkt im Schnee, Straßen sind durch Schneeverwehungen gesperrt, und das alles am 16. Mai. Laut Wetterbericht soll der Wind morgen sogar 11 Beaufort erreichen. Keine Frage, daß wir weiter abwarten müssen.

Auch am 17. und 18. Mai bleibt das Wetter unverändert. Wir sind so richtig eingeweht. Erst am 19. Mai tritt endlich die ersehnte Wetterbesserung ein. Um 9.30 Uhr verlassen wir Olafsfjördur, nachdem wir einmal mehr die isländische Gastfreundschaft kennengelernt haben. Hilfsbereite Leute, die uns ungefragt die neuesten Wetterberichte bringen, uns frischen Fisch schenken oder alte Autoreifen vorbeibringen, die wir als zusätzliche Fender verwenden dürfen. Die »Dagmar Aaen« mögen sie alle. Fachkundig wird jedes Detail des Schiffes geprüft, und immer wieder werden Fragen nach unserem weiteren Reiseverlauf gestellt.

Der Wind hat auf Nordost gedreht, und mit einem Reff im Großsegel kommen wir zügig voran. Ohne weitere Probleme runden wir das Horn und geben anschließend über Funk unsere vorausberechnete Ankunftszeit in Reykjavik an die Hafenverwaltung durch. Gelegentlich tauchen Zwergwale neben dem Schiff auf, und wir sind froh, daß die Isländer derzeit keinen Walfang betreiben. Man jagt keine Wale, obwohl man es gern möchte. Mit einem Isländer kann man über jedes Thema diskutieren, nur über den Walfang nicht. Die Jagd auf Wale wird als angestammtes Recht betrachtet, und nur zähneknirschend verzichten die Isländer darauf. Dennoch haben die Behörden die Fangflotte derzeit aufgelegt: Man hat die politische Notwendigkeit des Walfangstopps erkannt – nicht aber die ökologische. Das Wetter scheint immer besser zu werden, und als wir schließlich am 21. Mai unter Lotsenberatung in den Hafen von Reykjavik einlaufen, weht nur cin schwacher Wind. Wir halten Ausschau nach der »Fridtjof Nansen«, aber sie liegt nicht im Hafen. Wir erfahren vom Hafenkapitän, daß sie in sehr schweres Wetter geraten ist und aus Sicherheitsgründen Keflavik anlaufen mußte. Als das Schiff schließlich am Nachmittag in Reykjavik eintrifft, erzählt uns die Crew Einzelheiten. Der Törn war zu einer echten Sturmfahrt geworden, bei der sogar ein Rahsegel fortgeflogen war und alle Mann an Deck benötigt wurden. Von Windjammerromantik war da nichts mehr zu spüren. Die jungen Leute hatten auf eindrucksvolle Weise gelernt, was es heißt, ein Segelschiff durch die stürmischen Gewässer Islands zu führen. Aktiv hatten sie mit eingreifen müssen. Sie waren keine Passagiere, sondern Seeleute, die sich für ihr Schiff einsetzen mußten. Auf diese Weise verwuchsen die Jugendlichen in einer viel intensiveren Art mit dem Schiff und der Gruppe, als wenn sie einen bloßen »Passagierstatus« gehabt hätten. Sie hatten gelernt: Man muß sich seine Erlebnisse erarbeiten, nur dann wirken sie nachhaltig und intensiv.

Für Reykjavik haben wir 6 Tage Aufenthalt eingeplant. Wir wollen uns dabei nicht nur die Stadt ansehen, es wartet viel Arbeit auf uns. Die »Fridtjof Nansen« hat nämlich Fracht für uns mitgebracht, die aus einem neuen Mast, einer Rah und einer Breitfock besteht. Der alte Mast der »Dagmar Aaen« ist ungefähr 16 Jahre alt. Er ist zwar nicht kaputt, weist aber doch bedrohliche Risse auf und scheint mir insgesamt ein wenig zu alt zu werden. Ich möchte nicht warten, bis der Mast irgendwann einmal von allein herunterkommt. Deshalb hatte ich mich entschlossen, den alten Mast gegen einen neuen auszutauschen, und hatte rechtzeitig, bevor die »Fridtjof Nansen« ihren Heimathafen Wolgast verlassen hatte, einen neuen Mast auf der Werft bestellt und ihn als Fracht mit an Bord gegeben. Jetzt liegt er als Deckslast auf dem Schiff, gut 600 Kilogramm schwer und 20 Meter lang – ein wahrlich nicht leicht zu handhabender Gegenstand. Wir haben uns vorgenommen, den Mastwechsel nur mit Bordmitteln der beiden Schiffe durchzuführen und auch auf Kräne oder dergleichen zu verzichten. Zunächst beginnen wir damit, den alten Mast zu lösen, die Kabelverbindungen abzuklemmen, Gaffel, Baum und Segel abzuschlagen und alles für das Ziehen des Mastes vorzubereiten. Diese Arbeit geht schnell und ist innerhalb eines halben Tages erledigt. Das Ziehen des Mastes gestaltet sich schon erheblich schwieriger. Über die Nock einer Rah der »Fridtjof Nansen« haben wir eine Trosse geschoren, die wiederum an Deck auf eine Winde geht. Damit versuchen wir, den Mast langsam aus der Verankerung zu heben. Er sitzt jedoch so fest, daß wir fürchten, er könne mit einem Ruck freikommen und dabei womöglich die ganze Inneneinrichtung zertrümmern. Der Fuß des Mastes sitzt nämlich im Mittschiff, genau zwischen der Spüle und dem Herd. Fast scheint es, als würden wir eher die ganze »Dagmar Aaen« emporheben, als den Mast zu ziehen, aber schließlich kommt er doch mit einem Ruck frei. Allerdings läßt er es sich dabei nicht nehmen, mit einem mahlenden Geräusch die Spüle samt Verkleidung aus der Verankerung zu hebeln. Falk, der zuvor alles neu lackiert hatte, sieht dem Treiben zähneknirschend zu. Es dauert Stunden, bis der Mast schließlich auf der Pier liegt. Erleichterung macht sich breit, denn manchmal hatte es ausgesehen, als wollte der Mast Schiff und Besatzung versenken.

In den nächsten Tagen sind wir damit beschäftigt, den alten Mast ab- und den neuen aufzutakeln. Beschläge müssen angebracht, die Masttonne zum Ausguck befestigt und Kabel verlegt werden. Bei einer modernen Yacht geht das alles in Windeseile, bei einem traditionellen Segelschiff ist eine solche Aktion jedoch mit einem gewaltigen Arbeitsaufwand verbunden. Um diese Arbeiten zu leiten, ist eigens Detlev Löll aus Wolgast angereist. Ich bin froh, daß er die Aufsicht hat, denn hier bedarf es wirklich eines fundierten schiffbaulichen Fachwissens. Neben unserer Crew und der der »Fridtjof Nansen« ist besonders unser Bootsmann Jörn beschäftigt. Er

Aus 30 Metern Höhe von der »Fridtjof Nansen« fotografiert.

nutzt die Gunst der Stunde, um das gesamte laufende und stehende Gut zu überprüfen, Ausbesserungen anzubringen und das Setzen des neuen Mastes vorzubereiten. Schließlich ist es soweit. Durch das Ziehen des alten Mastes um einige Erfahrungen reicher, gelingt das Setzen des neuen Mastes recht zügig und ohne weitere Schäden an Falks Kombüse. Zusätzlich montieren wir eine Rah unterhalb der Eistonne, an der wir fortan eine Breitfock als Segel fahren können. Dieses Segel bewährt sich insbesondere bei Vorwindkursen. Am 27. Mai sind die Arbeiten abgeschlossen und wir alle ein wenig zerschlagen. Es war harte Arbeit – aber das Durchführen solcher seemännischen Arbeiten in Eigenregie, ohne die Hilfe eines Kranwagens, ist ein gutes Lehrstück. Wir sind müde und schmutzig, aber stolz auf uns und unsere Schiffe. Die erste Gruppe Jugendlicher war inzwischen von der zweiten abgelöst worden. Zu unserer Crew gesellt sich der Amerikaner David Schurman. David hatte ich vor einiger Zeit während seines Besuches in Deutschland kennengelernt. Ich hatte ihm damals von der ICESAIL-Expedition erzählt – wenig später hielt ich seine schriftliche Bewerbung für die Teilnahme an der Expedition in den Händen. Da ich tatsächlich noch jemanden brauchte und von Davids Qualifikation überzeugt war, gab ich ihm den Zuschlag.

Nach der üblichen Bordeinweisung bleibt noch Zeit genug, sich in Reykjavik umzusehen. Es ist eine quirlige Stadt, voller Leben, Musik und Kneipen. Bent ist hier zu Hause und kann uns entsprechend ortskundig herumführen. Die Nächte sind kurz, die Tage dafür um so länger – mit anderen Worten, wir sind doch froh, als wir am 27. Mai abends Reykjavik verlassen und Richtung Vestmannaeyjar segeln. Die See ist bewegt, aber es herrscht gutes Segelwetter, und so verfallen wir schnell in die Bordroutine.

Am Abend des 28. Mai erreichen wir den Hafen Heimaey auf den Vestmannaeyjar. 1973 hatte es hier einen heftigen Vulkanausbruch gegeben, der weite Teile des Ortes und der Hafenanlagen zerstört hatte. Noch heute kann man die Reste verschütteter Häuser sehen, und bei einer Wanderung auf dem Vulkan dampft es immer noch aus verschiedenen Spalten. Der Boden ist an einigen Stellen so heiß, daß wir Bananen backen können, die nach wenigen Minuten »gar« sind. In Heimaey selbst leben etwa 5000 Menschen, von denen ein großer Teil in der Fischerei oder in der fischverarbeitenden Industrie tätig ist. Das Wetter hat ein Einsehen mit uns. Die Sonne scheint, was durchaus keine Selbstverständlichkeit auf dieser Insel ist. Regen und Sturm sind für die Menschen hier Alltagswetter. Bis zu 20 Meter hohe Wellenmonster soll es während der großen Winterstürme geben. Ganze Inseln, die vorgelagert sind, werden dabei überrollt. Fotos und Zeichnungen dieser Stürme unterstreichen das Ausmaß solcher Behauptungen. Wer hier auf Fischfang geht, muß in jeder Hinsicht seefest sein.

Wir nutzen das milde Klima zu einem kurzen Tauchausflug. Hartmut, Falk und ich ziehen unsere schweren Trockentauchanzüge an und fahren mit dem Schlauchboot zu einer Grotte. Dort springen wir ins Wasser und schauen uns die Unterwasserwelt an. Durch den Trockentauchanzug spürt man die eisige Kälte des Wassers kaum. Die Fülle und Reichhaltigkeit an Pflanzen und Lebewesen, die wir hier unten antreffen, erstaunt uns, doch schließlich treibt uns das kalte Wasser wieder zurück an Bord.

Am 1. Juni läuft die »Fridtjof Nansen« aus. Am Abend zuvor hatten wir auf beiden Schiffen eine Abschiedsparty gefeiert und dabei festgestellt, wie nah man sich in diesem Monat gekommen war. Niemand soll mir sagen, daß junge Leute sich heute nur noch für Diskos und Videospiele interessieren. Man muß ihnen nur die Möglichkeit geben, auch einmal andere Lebens- und Freizeitformen kennenzulernen. Dann wird man erstaunt sein, mit welcher Begeisterung sie neue Anregungen und Ideen aufgreifen. Und ganz gleich, ob jemand aus Rußland, USA, Thailand, Hongkong, Island oder Deutschland stammte – das Gemeinschaftsgefühl hatte die Jugendlichen schnell verbunden. Uns haben diese Erfahrungen jedenfalls darin bestärkt, weiter in der Jugendarbeit tätig zu bleiben. Die Begeisterung, die wir bei den Teilnehmern gespürt haben, ist für die Arbeit allemal Lohn genug.

Am 1. Juni nehmen wir Abschied. Die »Fridtjof Nansen« wird noch weitere Häfen an der isländischen Küste ansteuern, bevor sie die Jugendlichen in Reykjavik wieder an Land setzt. Von dort werden sie per Flugzeug in ihre jeweiligen Heimatländer zurückkehren. Die »Fridtjof Nansen« wird dann wieder nach Deutschland segeln, neuen Terminen entgegen. Wir bleiben noch einige Tage in Heimaey. Wir genießen jetzt die Ruhe, die ins Schiff eingekehrt ist, und bereiten uns auf die nächste Etappe vor. Wir wissen, daß ein schwieriges Seestück vor uns liegt. Wie schwierig es werden soll, ahnt zu diesem Zeitpunkt keiner an Bord.

Sturmfahrt ums Kap Farvel

Sturmseen sind nur schwer im Bild festzuhalten. Die Fotografie friert die Dynamik ein, und es gibt keinen Größenvergleich. Wir befinden uns auf dem Kamm einer See, die uns von achtern überholt hat und vor dem Bug bricht.

Am 4. Juni um 20 Uhr verlassen wir Heimaey. Die letzten Tage waren wir eingeweht. Das heißt, der Wind war so stark, daß an ein Auslaufen nicht zu denken war. Im Laufe des Tages hat sich das Wetter beruhigt, und nachdem wir im Zoll ausklariert haben, laufen wir aus und verlassen damit Island.

Ein neuer Abschnitt der Expedition liegt vor uns. Wir steuern einen südwestlichen Kurs und laufen damit auf das Südkap von Grönland zu. Dieses Seegebiet ist unter Seeleuten gefürchtet. Die Dänemark-Straße, der Nordatlantik, der Einfluß des Kap Farvels im Süden Grönlands verheißen nichts Gutes. Doch genauso wie es am Kap Horn nicht 365 Tage im Jahr stürmt, sondern sonnig und windstill sein kann, so muß man beim Kap Farvel nicht zwangsläufig in schlechtes Wetter geraten. Wir sind daher unbesorgt, wohl wissend, daß unsere »Dagmar Aaen« schon manches Unwetter überstanden hat. Wir genießen es, wieder auf See zu sein. Für mich ist das Auslaufen aus einem Hafen immer ein besonderer Moment. Es ist der Beginn von etwas Neuem. Der Wunsch, hinter den Horizont zu blicken, wird übermächtig, die Neugierde nach fernen Inseln und Ländern packt mich. Das mag ein wenig pathetisch klingen, ist es im Grunde aber gar nicht. So ist es mir schon immer ergangen: Ein Segelschiff ist für mich schlichtweg das beste Transportmittel, um die riesigen Distanzen der Weltmeere zu überbrücken. Mich hat es immer gestört, sich in ein Flugzeug zu setzen, innerhalb weniger Stunden um den halben Erdball zu jetten, um dann am Zielort »ausgespuckt« zu werden. Auf diese Weise irgendwo angekommen, schultert man seine Ausrüstung, läuft von A nach B und hat durch die Form der Anreise völlig den Bezug für die Distanzen verloren. Man ignoriert dabei die größte Naturlandschaft, die wir auf der Erde haben: die Meere. Die Ozeane sind keine »Lücke« zwischen den Kontinenten, sondern sie sind genauso eine Landschaft wie der Himalaya, die Antarktis oder der tropische Regenwald. Deshalb ist schon die Anreise mit einem Segelschiff zu den fernen Ländern ein Abenteuer in sich. Gerade in der Langsamkeit des Reisens liegt eine besondere Intensität des Erlebens. Zum anderen ist es eine positive Auseinandersetzung mit der Naturlandschaft Meer. Wer in dieser eine seelenlose Wasserwüste sieht, die durch die chemische Formel H_2O ausreichend beschrieben ist, kann dem Lebensraum Meer noch nie wirklich begegnet sein. Er möge einmal einen Blick unter die Wasseroberfläche werfen und die Artenvielfalt, das Leben spüren, das vom Meer ausgeht. Das Meer ist zudem eine der ältesten Herausforderungen der Menschheit überhaupt. Solange Menschen an der Küste leben, so lange besteht auch der Wunsch, das Meer zu befahren und für sich zu nutzen. Die Geschichte der Seefahrt ist auch die Geschichte der Küstenbewohner mit all ihren Schrecken, ihrer oft verklärten Romantik und ihrem Pioniergeist. Das Leben auf See ist anders als auf Land. Man mag es oder man mag es nicht. Eine Zwischenstufe gibt es nicht. Welche Naturlandschaft ist schon so dynamisch und veränderlich wie die See? Ob Sturmsee oder Flaute, ob flüssig oder in Eis gebunden, stets verändert das Meer sein Antlitz. Auch der Lebensrhythmus an Bord wird durch die Veränderlichkeit des Meeres bestimmt: Wir gehen an Bord der »Dagmar Aaen« 3 Wachen. Das bedeutet, daß die erste Wache um Mitternacht antritt. Eine Wache besteht in der Regel aus einem Wachführer oder einer Wachführerin und einer zweiten Person. Die beiden müssen 4 Stunden abwechselnd das Schiff steuern, die Segel trimmen, navigieren, Wetterbeobachtungen durchführen, Ausguck gehen, Logbuch schreiben und diverse andere Aufgaben bewältigen. Wenn das Wetter gut ist und man sich auf hoher See befindet, ist das eine sehr angenehme und entspannte Tätigkeit. Es bleibt dann Zeit für Gespräche und Naturbeobachtungen. Das Knarren der Takelage, das Rauschen des Wassers sind die einzigen Geräusche, die man hört. Das Schiff ist zum Mikrokosmos geworden, losgelöst von der Hektik und dem Treiben der übrigen Welt. Anders verhält es sich bei schlechtem Wetter. Dann bedeutet Wache gehen 4 Stunden an Deck stehen, konzentriertes Steuern und vor allen Dingen Nässe und Kälte. Segelmanöver werden zur harten körperlichen Arbeit, die meistens von der

Unter Sturmbesegelung laufen wir vor dem Sturm ab.

Wache allein nicht mehr bewältigt werden kann. Die sogenannte Freiwache, die Wache also, die sich gerade unter Deck befindet, muß geweckt werden, um zu helfen. Die »Dagmar Aaen« ist keine moderne Yacht. Bei ihr gibt es keine Rollreffanlagen, keine Winden oder andere Hilfsmittel. Das traditionelle Gaffelrigg erfordert Krafteinsatz. Ein Reffmanöver verlangt gar den Einsatz der gesamten Mannschaft. 4 Stunden Wache können dann sehr lang werden. Einige Minuten vor 4 Uhr tritt die nächste Wache ihren Dienst an. Sie sieht sich an Deck um, prüft die Segelstellung und läßt sich vom vorherigen Wachführer einweisen. Der alte Rudergänger übergibt das Ruder an seinen Nachfolger, indem er ihm den Kompaßkurs angibt, der von dem »Neuen« zur Sicherheit laut wiederholt wird. Es wird auf eventuelle Wetteränderungen hingewiesen, die Logbucheintragungen werden überprüft, und dann wird die Wache offiziell übergeben, was mit dem Ausspruch »Gode Wach« geschieht. Die neue Wache antwortet daraufhin mit »Gode Ruh«, und damit ist die Verantwortung übergegangen. Diese Wache versieht jetzt bis 8 Uhr morgens den Dienst und wird dann auf gleiche Weise von der sogenannten »Acht-Zwölf Wache« abgelöst. Um 12 Uhr tritt wiederum die erste Wache, die »Null-Vier Wache«, an, die dann bis 16 Uhr an Deck ist. So geht es rund um die Uhr weiter. Die zuletzt genannte Wache ist meistens die unbeliebteste: Wer steht schon gern um Mitternacht auf, um eine Wache anzutreten? Sie wird daher an Bord auch »Hundewache« genannt. Der Schiffsführer und der Koch sind in der Regel wachfrei. Auch der Skipper, weil er immer auf Standby ist und, sofern erforderlich, die Wachen unterstützt. Der Smut, weil er durch die Kocherei an eigene Zeitabläufe gebunden ist. Neben dem normalen Wachbetrieb gibt es auf einem Schiff aber ständig irgendwelche Arbeiten, die außerhalb der Wachen erledigt werden müssen. Freiwache heißt eben nicht Freizeit. Meistens schläft man einige Stunden, steht dann auf, um Reparaturen oder Wartungsarbeiten im Rigg durchzuführen oder aber »Reinschiff« zu machen. Mit Ausnahme des Kochs ist jeder an Bord im regelmäßigen Turnus mit der »Backschaft« dran. Die Backschaft umfaßt nicht nur das Fegen und Wischen der Räume, sondern auch das Reinigen des Waschraumes, der Toilette und natürlich auch der Kombüse samt dem Spülen des Geschirrs. Die Backschaft ist die ungeliebteste Aufgabe an Bord, wird aber »gnadenlos« jeden Tag durchgezogen, es sei denn, das Wetter wird derart stürmisch, daß es unmöglich ist, diese Arbeit auszuführen. Wenn 9 oder mehr Menschen auf so engem Raum zusammenleben, dann kann ein Schiff innerhalb kürzester Zeit unerträglich schmutzig werden. Die Crew muß dagegen ankämpfen. Wir wollen uns wohl fühlen unter Deck. Es soll gemütlich dort sein, und man muß sich regenerieren können. Das geht nicht, wenn es schmuddelig und unaufgeräumt ist – die Ordnungsdisziplin muß daher unerbittlich sein. Wenn es nur einmal toleriert wird, daß schmutzige Socken in einer Ecke liegen, dann ist das Chaos vorprogrammiert. Jeder hat ohne Ausnahme einen Schrank und eine Koje, in die er seine Habseligkeiten, ob sauber oder schmutzig, verstauen muß. Dinge, die trotz Ermahnung herumliegen, fliegen früher oder später über Bord. Toleranz, soziale Verträglichkeit und die Fähigkeit, sich selbst immer wieder zurückzunehmen, sind neben der Disziplin die herausragendsten und wichtigsten Eigenschaften eines »Expeditionsseglers«. Wer nicht auf den anderen zugehen oder eine launige Bemerkung verkraften kann, wird sich an Bord nicht zurechtfinden. Jeder hat irgendwann einmal einen guten und einen schlechten Tag. Darin zumindest sind wir uns alle gleich. Das muß man wissen und akzeptieren. Und eben diese gegenseitige Akzeptanz macht eine solche Reise menschlich. Wir versuchen, uns nicht gegeneinander auszuspielen, sondern Gemeinsamkeiten herzustellen. Und das ist es schließlich, was eine solche Reise gelingen oder scheitern läßt.

Der Smut ist Dreh- und Angelpunkt des »gesellschaftlichen Lebens« an Bord. Während der ersten beiden Etappen war Raimer Fuhlendorf mit dieser Aufgabe betraut. Da er sich in Kanada mit einem Restaurant selbständig gemacht hat, war er für diese Saison unabkömmlich. Dafür ist Falk Mahnke als gelernter Koch Chef der Kombüse geworden. Die Bedeutung des Essens an Bord kann gar nicht hoch genug eingeschätzt werden. Schlechtes oder eintöniges Essen läßt die Moral und die Stimmung in den Keller sinken. Mürrische Gesichter, launische Bemerkungen sind die Folge. Das Essen ist nicht nur Nahrungsaufnahme, es ist Belohnung für ausgestandene Mühen und Motivation für zu erwartende Anstrengungen. Gutes und abwechslungsreiches Essen wirkt auch im übertragenen Sinne belebend; deshalb darf man dieses Thema nicht stiefmütterlich behandeln. Nun läßt sich auf einem Schiff wie der »Dagmar Aaen« kein »Vier-Sterne-Menü« zusammenstellen. Es ist schließlich eine Segelexpedition. Die meisten Speisen bestehen aus gefriergetrockneten Trekkingmahlzeiten. Sie haben heute einen derart hohen Standard, daß sie neben dem Vorteil der langen Haltbarkeit und einfachen Zubereitung auch noch gut schmecken. Ein erfahrener Koch kann darüber hinaus die Nahrungsmittel mit zusätzlichen Gewürzen variieren und, wenn es denn geht, durch frische Speisen aufwerten. So haben wir immer einen großen Vorrat von Zwiebeln und Knoblauch an Bord. Das Brot wird alle zwei Tage frisch gebacken, hin und wieder gibt es zur Freude aller einen Kuchen oder einen Pudding. In seiner »Schatzkiste« verwahrt Falk Tüten und Kartons mit Gummibärchen, Schokolade und anderen Leckereien, die er in gewissen Abständen den Leuten als Überraschung in die Kojen legt. Diese kleinen Freuden sind es, die einen manche kalte Stunde an Deck vergessen lassen. Überhaupt sind die Kombüse und der Smut das Kommunikationszentrum des Schiffes. Wenn jemand Probleme hat, geht er zum Koch, der Beichtvater, Vermittler und Ratgeber in einer Person ist. Das Schiff mag ohne Skipper fahren – ohne Koch geht nichts.

In diesem Lebens- und Wachrhythmus befinden wir uns seit Tagen, ohne daß es nennenswerte Zwischenfälle gegeben hätte. Langsam nähern wir uns der grönländischen Küste, um die wir aber einen großen Bogen machen, um nicht unvermittelt in Eisfelder zu geraten. Am Abend des 9. Juni macht sich eine zunehmende Dünung aus nordöstlicher Richtung bemerkbar. Der Wind kommt mit etwa 15 Knoten aus derselben Richtung, ist aber zu schwach, um diese hohe See aufgeworfen zu haben. Häufig ist eine zunehmende Dünung ein erster Hinweis auf einen Sturm. Immer wieder gehe ich zum Barometer, um den Luftdruck zu beobachten, es scheint aber wie festgenagelt auf 1025 hPa zu stehen. Der Luftdruck ist damit recht hoch, und da der Zeiger sich nicht verändert, gehen wir zunächst auch nicht davon aus, daß sich das Wetter wesentlich verschlechtern wird. Die Nacht zum 10. Juni verläuft ruhig, und der Wind scheint in den Morgenstunden wieder abzunehmen. Ich überlege schon, ob wir ausreffen sollen, als der Wind plötzlich wieder auffrischt und der Seegang weiter zunimmt. Die Barometernadel bewegt sich weiterhin um keinen Millimeter. Von da an scheinen sich die Ereignisse zu überstürzen. Innerhalb kürzester Zeit haben wir 35 Knoten Wind, das ist Windstärke 8. Wir binden das letzte Reff ins Großsegel, bergen den Klüver und die Fock und setzen statt der beiden Vorsegel die kleine Sturmfock. Das Bergen des Klüversegels ist bei der schweren See nicht ungefährlich. Der Klüverbaum taucht immer wieder in eine See ein, und wer dort im Netz steht und arbeitet, wird unweigerlich untergetaucht. Nicht umsonst nannte man in der alten Segelschiffahrt den Klüverbaum auch den »Witwenmacher«. Aber trotz des aufwendigen Handlings ist die »Dagmar Aaen« ein hervorragendes Seeschiff. Unter dieser Sturmbesegelung liegt das Schiff ruhig und läßt sich gut steuern. Die Strecktaue, die wir vorsorglich an Deck gespannt haben, werden noch einmal durchgesetzt, um die letzte Lose herauszubekommen. Jeder, der an Deck kommt, tut dies mit Schwimmweste und Sicherheitsgurt. Immer wieder wird die Gefahr unterschätzt, die darin besteht, daß plötzlich eine See an Bord steigt und eine ungesicherte Person mit sich reißt. Ein Liter Wasser wiegt ein Kilogramm! Und wie viele Liter Wasser in einer einzigen brechenden See stecken, läßt sich kaum erahnen. Nur so viel ist sicher: Auch der stärkste Mann kann sich gegen eine derart heranbrausende Wasserwand nicht halten. Ein »Mann-über-Bord-Manöver« einzuleiten, wie wir es viele Male geprobt haben, ist unter diesen Verhältnissen extrem schwierig und gefährlich. Das Schiff zu wenden, jemanden im Meer treibend auszumachen und ihn dann auch noch heil an Bord zu bekommen – bei solchen Manövern spielt trotz aller Übung und Seemannschaft der Zufall für meinen Geschmack eine zu große Rolle. Die Strategie kann nur lauten: Dieser Fall darf gar nicht erst eintreten.

Mich machen der zunehmende Wind und der konstante Luftdruck mißtrauisch. Durch meine

Noch immer steht eine hohe See. Der Rudergänger muß äußerst konzentriert steuern.

Inlandeisdurchquerungen auf Grönland und in der Antarktis mit Skiern kenne ich die katabatischen Winde, die gerade in den Randbezirken des Inlandeises auftreten können. Die eisig kalte Luft fällt buchstäblich aus über 1000 Metern Höhe in die wärmeren Küstenregionen herab und wütet dort mit unglaublicher Gewalt. Das ist auch der Grund, weshalb wir einen Abstand von rund 60 Seemeilen vom Kap Farvel gewählt haben. In der Antarktis hat man katabatische Winde mit über 300 Stundenkilometern gemessen. Die Auswirkungen auf die küstennahen Gebiete können verheerend sein. Besorgt merke ich, daß sich zu der langen und hohen Dünung aus Nordost eine zusätzliche See aus Nord aufbaut. Es wird zudem spürbar kälter, was zweifellos auf die Nähe des Eises zurückzuführen ist. Fortan steht ständig jemand gut gesichert auf dem Vorschiff und hält Ausschau. Der Rudergänger hat alle Hände voll zu tun. Die von achtern heranrollenden Seen haben mittlerweile beeindruckende Dimensionen angenommen. Gegen 20 Uhr hat der Wind 40 Knoten erreicht. Immer noch laufen wir mit 7 Knoten vor dem Wind und den Seen ab. Das ist eine bewährte Sturmtaktik, und die »Dagmar Aaen« läßt sich trotz der rauhen See gut steuern. Ich überlege einen Moment, ob wir trotzdem bei zunehmendem Wind das Großsegel bergen und statt dessen das kleine Trysegel setzen sollen, um damit weiterzusegeln oder gar beizudrehen. Schiffe wie die »Dagmar Aaen« liegen beigedreht sehr ruhig und stabil. Mit richtig getrimmtem Segel bildet sich in Luv eine Blasenbahn, die der herannahenden See die Kraft nimmt. Entscheidend ist nur, daß das Schiff keine Fahrt voraus oder achteraus macht, da es dann aus der Blasenbahn herauslaufen würde. Die Dünung bleibt natürlich bestehen, aber da das Schiff keine Fahrt macht, rollen die Seen unter dem Rumpf durch. Bei den Fischern war das Beiliegen früher eine der häufigsten Sturmtaktiken. Sie eignet sich jedoch nicht für jedes Schiff gleichermaßen. Bei konventionell gebauten Schiffen wie der »Dagmar Aaen« mit ihrem ausgeprägten Unterwasserschiff scheint es mir aber unbedingt eine gute Sturmtaktik zu sein. Dennoch laufen wir weiter. Da wir trotz Sturm und Seegang unseren Kurs halten können, halte ich es für besser, abzulaufen und so schnell wie möglich aus dem Schlechtwettergebiet herauszukommen. Außerdem scheint mir dieser Sturm durch die Nähe des Kap Farvels lokal begrenzt zu sein. Beigedreht würden wir passiv der Dinge harren, die da kommen, und den Aufenthalt in dieser Gegend unnötig verlängern. Gegen 21 Uhr ist die Windgeschwindigkeit auf 50 Knoten, Windstärke 10 entsprechend, gestiegen. Das Schiff arbeitet jetzt schwer in der steilen See, die Sicht ist stark herabgesetzt. Die Kämme der nachfolgenden Seen beginnen zu brechen. Ungläubig notiere ich den Luftdruck ins Logbuch: 1025,5 hPa. Der Druck ist seit 36 Stunden nahezu konstant. Der Rudergänger muß bei der Höhe der Seen enorm aufpassen. Mehrfach kontrolliere ich seine Sicherheitsgurte, mit denen er an 2 verschiedenen Punkten gesichert ist. Immer häufiger treten jetzt Kreuzseen auf, die mit der vorherrschenden Dünung zusammenprallen und sich in spektakulären Formationen brechen. Es muß gegen 23 Uhr sein, als ich mich ebenfalls gesichert neben Jörn stelle, der bereits seit 2 Stunden mit äußerster Konzentration am Ruder steht. Um auf den Radarschirm zu blicken, ziehe ich das oberste Steckschott vom Niedergang zum Navigationsraum heraus und stecke meinen Kopf unter Deck. Als ich wieder auftauche, sehe ich aus dem Augenwinkel die See nahen. Sie kommt genau im rechten Winkel zu der vorherrschenden Richtung, ist steil mit bereits überhängendem Kamm und läuft genau auf uns zu. Mir bleibt nur noch Zeit, Jörn eine Warnung zuzurufen, mich vor den halboffenen Niedergang zu klemmen, um das fehlende Steckschott zu ersetzen, dann kommt es über uns. Obwohl alles blitzschnell abläuft, erlebe ich es wie in Zeitlupe. Ich sehe, wie der Kamm der See sich weit über unsere Köpfen senkt, um schließlich über uns zusammenzubrechen. Ragna, die zufällig in diesem Moment aus dem Vorschiffniedergang herausschaut, sieht uns vollkommen in der brechenden See verschwinden. Während das Schiff weit überholt, verhindern die Sicherheitsgurte, daß Jörn und ich über Bord gespült werden.

Durch das fehlende Steckschott ergießen sich Unmengen Seewasser in den Navigationsraum und durchnässen alles: Seekarten, Navigationsgeräte, Koje, Bücher, eben alles, was es dort zu finden gibt. Es gibt einen Kurzschluß, die Sicherungen springen raus. Während die »Dagmar Aaen« sich wieder aufrichtet, läuft das Wasser von Deck ab. Das Seewasser, das sich noch an Deck befindet, schießt von einer Seite zur anderen und reißt alles mit sich, was nicht hundertprozentig gezurrt ist. Der Deckel einer Backskiste wird fortgeschwemmt, eine Pütz und ein Besen – sicherlich alles Dinge, die zu verschmerzen sind. In den Navigationsraum ist so viel Wasser gedrungen, daß es über den Bodenbrettern schwappt. Während Jörn das Schiff wieder sicher auf Kurs bringt und sich auf das Steuern konzentriert, springe ich unter Deck und starte die Maschine, um mit deren angehängten Lenzpumpen so schnell wie möglich das Wasser aus dem Schiff zu befördern. Die beiden Pumpen sind sehr leistungsstark, so daß es nur eine Frage von Minuten ist, bis das Schiff wieder gelenzt ist. Slava, der an Bord für das Funken und die Elektronik zuständig ist, wird geweckt und beginnt umgehend damit, die elektrischen Geräte zu trocknen und zu reinigen, so daß ein Teil von ihnen bereits nach einer Stunde wieder in Betrieb genommen werden kann. Ansonsten sind keine weiteren Schäden zu vermelden.

Um 1 Uhr nachts steigt erneut eine Kreuzsee ein. Dieses Mal allerdings ist das Steckschott geschlossen, und das Wasser läuft ungehindert ab. Der Blick zurück ist furchterregend. Die Seen haben gut und gern eine Höhe von 8 bis 9 Metern erreicht. Schaut man zurück, verdichtet sich unweigerlich der Eindruck, daß die nächste See die letzte ist, die das Schiff erlebt. Nicht umsonst gab es bei den alten Windjammern den Ausspruch: »Zurück darf ein Seemann nicht schaun.« Das, was er dort heranrollen sieht, ist so furchteinflößend, daß er darüber das Steuern vergessen kann und damit Schiff und Besatzung in Gefahr bringt.

So geht es die ganze Nacht weiter. Da wir aber weiterhin gute Fahrt machen, hoffe ich, bald um das Kap herumzukommen und damit auch die Schlechtwetterregion zu verlassen. Und tatsächlich: Morgens um 8 Uhr klart es langsam auf, Wind und Seegang nehmen schnell ab. Ich kontrolliere abermals den Luftdruck. Er ist leicht auf 1024 hPa gefallen. Um 10 Uhr wird die Sicht deutlich besser, und der Wind ist auf 26 Knoten gesunken. Wir sichten erstmals die Silhouette Grönlands. Mittags um 12 Uhr sind es gerade noch 10 Knoten Wind, und die See ist nahezu spiegelglatt. Wir sind um das Kap Farvel herum. Die der Westküste Grönlands vorgelagerten Eisfelder wirken beruhigend auf den Seegang. Wir reffen aus, setzen wieder Fock und Klüver und erreichen langsam die Eiskante. Das Wetter hat sich völlig geändert. Die Luft ist mild und warm, nachmittags schlagen die Segel, da der Wind vollends eingeschlafen ist. Wir bergen sie und lassen uns vor der Eiskante treiben. Es ist so warm geworden, daß wir im T-Shirt an Deck sitzen und Kaffee trinken. Alle Luken werden geöffnet, um das Schiff zu lüften, Schlafsäcke werden an Deck gelegt. Jeder genießt die Ruhe und die Wärme. Wir lassen uns die ganze Nacht im sicheren Abstand von der Eiskante treiben und melden uns am nächsten Tag über Funk in Grönland an. Die Eiszentrale hält einige aktuelle Informationen über die Eislage für uns bereit. Zwar rät man uns ab, durch den Eisgürtel zu fahren, aber da das Wetter gut und das Eisfeld nicht zu dicht ist, wagen wir es dennoch. Nur unter Maschine laufend, bahnen wir uns vorsichtig einen Weg durch dieses harte Alteis, das der Ostgrönlandstrom um das Kap Farvel gedrückt hat und das nun mit dem Golfstrom weiter nach Norden zieht. 20 Meilen breit ist der Eisgürtel. Es ist das erste Eis, mit dem wir es in diesem Jahr zu tun haben. Obwohl es nicht schwierig ist durchzukommen, wirkt es doch bedrohlich und gibt einen kleinen Vorgeschmack auf das, was uns in diesem Jahr noch erwartet.

Am Sonntag, den 13. Juni, laufen wir morgens um 5 Uhr in den Hafen von Qaqortoq ein. Es ist ein kleiner, idyllischer Hafen, in dem überall kleinere Eisberge treiben. Wir finden einen Liegeplatz, legen an und sind exakt um 5.30 Uhr fest. 774 Seemeilen haben wir seit Island zurückgelegt.

Kalaallit Nunaat

Die Gebirgs- und Fjordlandschaft Grönlands ist überwältigend. Bei sommerlichen Temperaturen haben wir Zeit und Muße, uns diese faszinierende Naturlandschaft anzusehen.

Kalaallit Nunaat, das Land der Menschen, wird Grönland von der Urbevölkerung genannt. Grönland wird als die größte Insel der Welt bezeichnet, ist aber eigentlich unter Berücksichtigung der Dimensionen schon ein eigener Kontinent. Die Küstenlinie Grönlands beträgt insgesamt 39 100 Kilometer, das entspricht nahezu dem Erdumfang am Äquator. Der südlichste Punkt der Insel liegt auf 59 46 Nord, der nördlichste auf 83 39 Nord. Südgrönland liegt ungefähr auf der gleichen geographischen Breite wie Oslo, also deutlich südlich des Polarkreises. Das Inlandeis ist mit einer Ausdehnung von 1 800 000 Quadratkilometern nach der Antarktis die zweitgrößte Eiskappe der Welt. Würde sie abschmelzen, erhöhte sich der Meeresspiegel weltweit um 6 bis 7 Meter. Rund 9 Prozent der gesamten Frischwasservorräte lagern in Eis gebunden auf Grönland. Einzig die Küstenstreifen sind eisfrei. Im Inneren der Insel erhebt sich das Inlandeis bis auf 3200 Meter, wobei es eine Stärke von etwa 3500 Metern erreicht. Das Gewicht des Eises ist so gewaltig, daß es den Kontinentsockel, auf dem das Eis ruht, unter den Meeresspiegel gedrängt hat. An den Küsten heben sich die Gebirge wie die Ränder einer großen Schüssel nach oben und begrenzen dadurch das Inlandeis. Durch diese Gebirgsränder quillt jetzt das Eis in Form von riesigen Gletschern zu Tal, bis es schließlich in gewaltigen Gletscherabbrüchen im Meer endet. Aber damit hört die Ausdehnung des Eises noch lange nicht auf. Losgelöst vom Festland, treiben diese Eismassen als riesige Eisberge in die offene See hinaus und halten sich dort mitunter noch viele Jahre, bevor sie schließlich vollends abschmelzen.

Grönland ist eine gigantische Naturlandschaft und nach allem, was ich in der Arktis gesehen habe, vielleicht die überwältigendste Insel. Und es gibt wohl kaum eine Region in der Arktis, bei der die allgemeine Vorstellung so weit von der Realität abweicht wie bei Grönland. Ohne den Begriff unnötig strapazieren zu wollen: Es ist wirklich eine Insel der »Superlative«. Bedingt durch den Einfluß des Golfstromes, ist es an der Westküste verhältnismäßig warm. Was kaum jemand ahnt: Einige der Häfen an der Westküste sind für Schiffe ganzjährig befahrbar, da sie nicht zufrieren. Während die Ostküste kalt und bis auf einige wenige Siedlungen unbewohnt ist, leben an der Westküste seit Jahrtausenden Menschen. Man vermutet, daß bereits 2000 Jahre v. Chr. die ersten Menschen den Sund zwischen Kanada und Grönland überquert haben. Die sogenannten Paläo-Eskimos zogen nach Norden ins Peary-Land und werden heute als die »Independence I«-Kultur bezeichnet. Ein weiterer maßgeblicher Einwanderungsschub fand ungefähr im Jahre 1000 v. Chr. statt. Diese Kultur wurde als »Independence II« bezeichnet. Etwa zur gleichen Zeit wanderte eine weitere Gruppe von Eskimos nach Grönland ein, die nicht der Independence-Kultur zugerechnet wird, sondern der Sarqaq-Kultur. Diese Menschen brachten auch erstmals Hunde nach Grönland. Vertreter dieser Kultur sollen sogar bis an die Ostküste gewandert sein, wo sie jedoch langsam ausstarben. Der Däne Gustav Holm entdeckte in der Nähe des Dorfes Ammassalik im Jahre 1884 eine Gruppe von rund 400 Eskimos, die in völliger Abgeschiedenheit auf dem Steinzeitniveau lebten. Durch den Einsatz Holms gelang es, diese Menschen vor dem Aussterben zu bewahren. Um Christi Geburt kam ein weiterer Einwanderungsschub nach Grönland; es war die sogenannte »Dorset-Kultur«. Viele der Sagen und Mythen der Grönländer werden auf diese Kultur zurückgeführt. Ungefähr im Jahre 1300 kam schließlich eine weitere Gruppe nach Grönland, die sich im Norden ansiedelte und als »Thule-Eskimos« bezeichnet wurde. Aus dieser Kultur entwickelte sich die »Inugsuk-Kultur«, die sich entlang der gesamten Westküste ausbreitete. Die ersten Seefahrer, die Grönland erreichten, waren die Wikinger. Im Jahre 982 hatte Erich der Rote Grönland entdeckt. Er war von dem milden Klima Südgrönlands und der Möglichkeit, dort Viehzucht zu betreiben, überrascht. Diese Entdeckung paßte so gar nicht zu den Vorstellungen, die man sich von der arktischen Insel gemacht hatte. »Grönland« – »Grünland« taufte er deshalb seine neue Heimat. Erich der Rote kehrte noch einmal in seine Heimat zurück, um Leute für die Besiedlung anzuwerben. Mit insgesamt 25 Booten fuhr er schließlich nach Grönland und siedelte in der Nähe des heutigen Narsarsuaq. Als im Jahre 1721 der norwegische Geistliche Hans Egede nach Grönland reiste, um die Nachfahren der Wikinger aufzusuchen, mußte er feststellen, daß sie allesamt ausgestorben waren. Über die Ursachen dieses Wikingersterbens rätselt man noch heute. Langsam fand durch die Dänen, die Grönland als Kolonie betrachteten, eine Neubesiedlung statt. Davon unabhängig waren es einmal mehr die Walfänger gewesen, die mit ihren robusten Schiffen die Westküste befuhren und Jagd auf Wale machten. Von ihnen stammen auch die ersten Segelanweisungen. Sie waren es, die Routen durch die Eisfelder entdeckten und abermals Pionierarbeit leisteten. Anders als in Alaska, Kanada oder auch Sibirien, wo die Siedlungen meistens auf dem Reißbrett entstanden und dann mehr oder weniger lieblos errichtet wurden, sind die Ortschaften auf Grönland gewachsen. Man spürt den Einfluß der dänischen Architektur. Fast in jedem Ort gibt es ein kleines Museum, und meistens liegen die Siedlungen zudem noch an einer landschaftlich schönen Stelle.

Junges Mädchen in grönländischer Tracht.

So auch Qaqortoq. Während die Sonne vom wolkenlosen Himmel scheint, betreten wir zum ersten Mal auf dieser Reise grönländischen Boden. Es ist Sonntag. Der Ort wirkt ein wenig verschlafen. Kein Zöllner oder Uniformierter, der irgendwelche Papiere sehen will, kein Hafenkapitän, der Gebühren kassieren möchte. Einfach nur gut gelaunte Kinder und Erwachsene, die auf ihrem sonntäglichen Spaziergang bei dem neu eingetroffenen Schiff vorbeischauen. Das Hafenbecken ist voll mit Fischkuttern, Motorbooten und kleinen Frachtern, und dazwischen dümpeln wie selbstverständlich Eisbrocken, die sich von größeren Eisbergen gelöst haben. Der Ort mutet sehr europäisch an. Es gibt unweit des Hafens ein neues Hotel, eine schöne alte Kirche und sogar einen Springbrunnen – den einzigen auf Grönland. Der Kontakt zur Bevölkerung, die sowohl aus Dänen wie aus Grönländern besteht, ist schnell hergestellt. Liebenswürdig bieten sie uns ihre Hilfe an, erkundigen sich nach unserer Reise und den weiteren Plänen. Das größte Interesse findet jedoch die »Dagmar Aaen«. Das Esbjerger Schiff, als welches es von den sachkundigen Menschen sofort erkannt wird, genießt größte Sympathien. Das ist ein Phänomen, das wir in fast jedem Hafen erleben. Das Schiff zieht die Schaulustigen wie ein Magnet an. Es wirkt wie ein Bindeglied zwischen den Einheimischen und uns, der Crew. Einige besonders Interessierte führen wir durch das Schiff, und so haben wir durch die »Dagmar Aaen« schnell Kontakt zur Bevölkerung gefunden.
Wie gut tut es, auf der sonnigen Terrasse des Hotels zu sitzen und bei Kaffee und Kuchen hinunter auf den Ort, den Hafen und die »Dagmar Aaen« zu blicken! Wir genießen es, uns fallen

DAVIS-STRASSE
MAARMORILIK
UUMMANNAQ
DISKO-I.
QEQERTARSUAQ
ILULISSAT
SISIMIUT
KANGERLUSSUAQ
MANIITSOQ
NUUK
GRÖNLAND
AMMASSALIK
PAAMIUT
NARSARSUAQ
NARSAQ
QAQORTOQ
EISKANTE
KAP FARVEL
72°
50°
40°

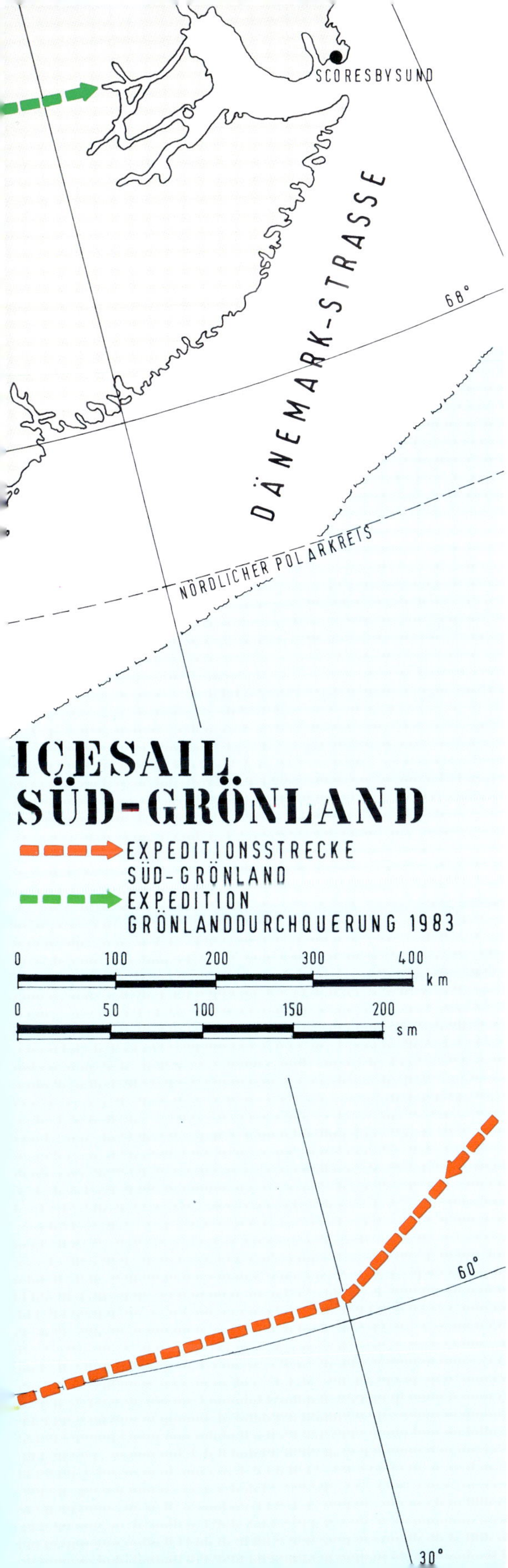
SCORESBYSUND
DÄNEMARK-STRASSE
68°
NÖRDLICHER POLARKREIS
ICESAIL
SÜD-GRÖNLAND
EXPEDITIONSSTRECKE
SÜD-GRÖNLAND
EXPEDITION
GRÖNLANDDURCHQUERUNG 1983
0 100 200 300 400 km
0 50 100 150 200 sm
60°
30°

zu lassen, einfach mal nichts zu tun. Ein Tischler fertigt uns einen neuen Deckel für die Backskiste an, den wir während des Sturmes verloren haben. Wir selbst machen am nächsten Tag »Reinschiff« und führen uns selbst im Seemannsheim einer gründlichen Wäsche zu. Die Welt ist wieder in Ordnung. Telefonisch melde ich mich zu Hause, um unser Eintreffen auf Grönland mitzuteilen. Während bei uns sommerliches Wetter herrscht, scheint es daheim nur zu regnen. Was die wenigsten in Deutschland vermuten: Schönes, sommerliches Wetter ist nicht ungewöhnlich für Grönland. Die folgenden Tage und Wochen werden für uns alle zu einem unvergeßlichen Erlebnis. Durch gleißende Eisfelder, schroffe Fjorde und entlang grüner Wiesen bahnt sich die »Dagmar Aaen« ihren Weg durch das Eis. Wir haben Zeit, und das ist gut so.

Ich werde immer wieder gefragt, was mich denn nach all den strapaziösen Polar-Jahren noch in die Arktis zieht. Dort sei es doch nur kalt und eisig, öde und menschenleer. Aber nichts davon trifft so absolut auf Grönland zu. Die grönländische Küste ist so etwas wie eine »Schnittstelle« zwischen zwei gewaltigen Naturlandschaften. Auf der einen Seite das vergletscherte, alpine Hochgebirge mit den riesigen Fjordsystemen und auf der anderen Seite das offene Meer.

Da es keine Straßen oder Eisenbahnen auf Grönland gibt, ist man im Sommer auf den Seeweg oder im Winter auf den Hundeschlitten angewiesen. Alternativ steht nur der teure Hubschrauber zur Verfügung. Das Hubschraubernetz ist zwar gut ausgeklügelt und erfaßt nahezu jeden Ort, ist aber sehr teuer und vielfach überbucht, so daß man mitunter lange Wartezeiten in Kauf nehmen muß.

Grönland steht für unberührte Naturlandschaft. Verläßt man die Dörfer und Städte, taucht man unmittelbar in die arktische Landschaft ein. Die einzigen Orientierungshilfen sind Landkarten – Wegweiser oder Pfade gibt es nicht. Die Landschaft Grönlands hat sich seit Erich dem Roten nur unwesentlich verändert. Es ist eine wilde, vergletscherte Gebirgslandschaft mit tiefen Fjorden, schützenden Buchten und einer für arktische Verhältnisse üppigen Vegetation. In Narsaq treffen wir auf Hanne und Bettina, 2 junge Däninnen, die dort für ein Touristikunternehmen tätig sind. Die beiden laden uns für den Abend in das kleine Hotel ein, wo wir – welch ein Luxus – erneut zu einer Dusche kommen. Der Tourismus spielt auf Grönland immer noch eine untergeordnete Rolle. Zwar gibt es in den größeren Orten Hotels und auch Touristikangebote, aber das alles scheint doch noch in den Kinderschuhen zu stecken. »Gut so«, sagen die einen, »das muß verbessert werden«, die anderen. Außer der Fischindustrie, die zudem starke Einbrüche verzeichnet, gibt es auf Grönland kaum einen Wirtschaftszweig, der Arbeitsplätze schafft. Die Ressourcen jedoch, die Grönland in dieser Hinsicht bereithält, sind gewaltig. Obwohl auch ich ein sehr ambivalentes Verhältnis zu diesem Thema habe, glaube ich doch, daß man den Tourismus in begrenztem Umfang und mit entsprechend hohen Auflagen ausbauen sollte. Die traditionellen Erwerbsmöglichkeiten der Grönländer sind bis auf wenige Ausnahmen und Regionen zerstört. Robbenfelle, die die Fänger früher verkauften, finden heute keinen Absatz mehr. Seit den Aktionen von Umweltschutzverbänden gegen den »Whitecoat«-Fang, bei dem wenige Tage alte Robbenbabys ihres schneeweißen Fells wegen brutal erschlagen wurden, hat sich die Ablehnung des Marktes gegenüber jeglichen Robbenprodukten durchgesetzt. Ursprünglich haben die Grönländer die Jagd auf Robbenbabys niemals betrieben. Sie lebten davon, daß sie die Felle von erwachsenen Robben verkauften, während das Fleisch der erlegten Tiere nahezu vollständig von ihnen verzehrt wurde. Die Reste bekamen die Hunde. Die ausgewachsene Robbe war das Grundnahrungsmittel des traditionellen Grönländers. Daran hat sich in den abgelegenen nördlichen Siedlungen bis zum heutigen Tag nichts geändert. Und dic Robben sind dadurch auch sicherlich nicht in ihrem Bestand gefährdet. Sofern überhaupt eine momentane Gefährdung besteht, dann resultiert sie vor allem – ähnlich wie beim Walfang – aus dem Raubbau der reichen Industrienationen. Die Grönländer waren verbittert über den Boykott gegenüber ihren Robbenfellen. Sie, die seit Jahrtausenden im Einklang mit der Natur leben, sollen sich plötzlich von den Industrienationen vorschreiben lassen, was sie zu tun oder zu lassen haben. Deshalb hat auch die »Europäische Gemeinschaft« keinen guten Ruf bei den Grönländern. In zunehmendem Maße nabelt man sich von der dänischen »Mutter« ab und versucht sich in der politischen und administrativen Selbständigkeit. Das Verhältnis der Grönländer zu den Dänen ist keineswegs problemlos. Emotionale Motive, die aus der Abhängigkeit entstehen, spielen dabei eine große Rolle. Sicherlich sind in der Vergangenheit Fehler gemacht worden, wobei gerade der dänische »Königlich Grönländische Handel« mit seinem uneingeschränkten Machtmonopol für viel Verdruß gesorgt hat. Er besteht heute in dieser Form nicht mehr, und auch der ungeliebte Name ist einem grönländischen gewichen. Doch wecken alle dänischen Maßnahmen, die den Grönländern Grenzen setzen, alten Groll.

Am 15. Juni erreichen wir Narsarsuaq. Dieser Ort besteht eigentlich nur aus einer großen Flughafenanlage, die von den Amerikanern während des Korea-Krieges eingerichtet worden ist. Von diesen militärischen Einrichtungen gab es mehrere auf Grönland, die alle mit Ausnahme der Thule-Airbase an die Grönländer übergeben worden sind. Heute dient Narsarsuaq als einer der beiden großen Zivilflughäfen, die Grönland mit Europa verbinden. Der andere ist Söndre Strömfjord oder Kangerlussuaq, wie er heute genannt wird. Beide Flughäfen besitzen große Hotelanlagen, um bei schlechtem Wetter gestrandete Fluggäste aufnehmen zu können. Außer Flughafenbediensteten oder Verwaltungsangestellten leben kaum Menschen in diesen Niederlassungen. Wir steuern Narsarsuaq aus 3 Gründen an: Zum einen möchten wir uns Brathalit ansehen, die Grundmauern des Hofes von Erik dem Roten. Zum zweiten möchten wir der grönländischen Eiszentrale, die ihren Sitz in Narsarsuaq hat, einen Besuch abstatten, und zum dritten müssen wir leider Falk und Hartmut zum Flugplatz bringen, da für beide der Zeitpunkt des Abschiednehmens gekommen ist. Das Ausscheiden der beiden aus der Crew läßt eine empfindliche Lücke zurück. Und zwar nicht nur, was das fachliche Wissen angeht. Falk als Smut, Seelsorger, Rudergänger und stets gut gelaunter »Mittschiffregent« würde nicht zu ersetzen sein. Die Aufgabe als Koch wird fortan Slava übernehmen, dem verständlicherweise davor graut. Falk hat einen hohen Standard gesetzt, der nur schwer einzuhalten sein wird. Das weiß Slava, das wissen auch wir, und so ermutigen wir unseren Slava, wo immer es geht. Der Verlust von Hartmut ist ebenso einschneidend. Hartmut war bislang mein Vertreter auf dem Schiff. Mich hat beeindruckt, mit wieviel Fachwissen er aufwarten konnte und mit welcher Ruhe er darüber hinaus in jeder Situation Herr der Lage war. Ob beim Sturm vor Kap Farvel oder bei Reparaturarbeiten im Dock – nichts war ihm zuviel. Während andere am Kap Farvel seekrank oder einfach von der Wucht des Sturmes überwältigt waren, zog es Hartmut nach oben in die Masttonne, weil man (Zitat) »einen so schönen Ausblick von dort oben hat!«. Daneben führte er ununterbrochen seine Temperaturmessungen durch, unterrichtete Ragna in Navigation und Seemannschaft, wartete und pflegte die Hauptmaschine, den Generator und verwaltete wie ein »Storekeeper« die Werkzeuge. Trotz dieser Mehrfachbelastung war er stets gut aufgelegt und jederzeit bereit, ausgedehnte Ausflüge an Land zu unternehmen, wenn es dazu Gelegenheit gab. Auch Hartmut würde nicht zu ersetzen sein. Ein kleiner Trost bleibt uns: Beide würden im nächsten Jahr wieder dabeisein, aber jetzt mußten sie zurück an ihre Arbeit. Eine entsprechende Abschiedsfeier ist natürlich unvermeidbar, und so erleben wir einmal mehr eine der unvergleichlichen »Feten« auf der »Dagmar Aaen«. Am 17. Juni bringen wir die beiden ans Flugzeug. Die Stimmung ist auf beiden Seiten gedrückt. Bevor die Crew durch neue Mitglieder verstärkt wird, werden noch einige Wochen vergehen. Vorerst sind wir nur 6 Personen an Bord. Bevor Falk und Hartmut abflogen, hatte ich noch einmal die Seemeilen errechnet, die wir seit Tromsö zurückgelegt haben: Es sind genau 2686. Wir sind bereits seit 80 Tagen unterwegs.

ICESAIL

Die Entscheidung

Die Fahrt entlang der grönländischen Küste entwickelt sich zum Highlight der Expedition. Während es in Deutschland regnerisch und kühl ist, scheint bei uns die Sonne von einem strahlend blauen Himmel.

Am 26. Juni erreichen wir Nuuk, die Hauptstadt Grönlands. Die Fahrt von Narsarsuaq dorthin war geprägt von gutem Wetter, einer spektakulären Fjordlandschaft und absoluter Ruhe und Einsamkeit. Die Eiszentrale in Narsarsuaq hatte uns die neuesten Eiskarten mitgegeben, darüber hinaus würden sie uns auf unserer Fahrt nach Norden über Fax mit aktuellen Informationen auf dem laufenden halten. Wir waren einige Tage in Paamiut gewesen, einer kleinen Siedlung mit einer sehr schönen Holzkirche und dem Wrack des ehemaligen Cuxhavener Fischdampfers »Heidelberg«, das neben der Hafeneinfahrt auf den Klippen liegt. Die Luft war dort so warm, daß wir uns den Spaß gemacht hatten, zu einem kurzen Bad über Bord zu springen und einmal um die »Dagmar Aaen« herumzuschwimmen, zwischen den Eisschollen hindurch. Ein durch und durch erfrischendes Bad! Die Ruhe der Landschaft ist längst auf uns übergegangen. Fast fällt es uns schwer, uns das hektische Treiben in Deutschland vorzustellen. Das alles scheint Lichtjahre entfernt zu sein. Wir segeln, ankern, wandern oder besuchen Siedlungen, wann immer uns danach zumute ist. Niemand, der uns Vorschriften macht, keine Uhrzeit, die drängt, kein Telefon, das klingelt – es ist die vollkommene Ruhe. Mit nur 6 Personen an Bord gibt es außerdem reichlich Platz für jeden einzelnen. Wir sind eingetaucht in diese Landschaft und verlieren das Gefühl für Zeit und Raum.

Das ändert sich erst, als wir nach Nuuk kommen. Dort gibt es rund 10 000 Einwohner, einen für grönländische Verhältnisse großen und modernen Hafen, Supermärkte, CD-Shops, Hotels, Bars und Fast-Food-Läden. Dieser Ort könnte nahezu überall in Europa liegen, so richtig grönländisch wirkt er nicht. Dennoch bleiben wir einige Tage. Erik Möller, der Hafenkapitän, besitzt ein der »Dagmar Aaen« sehr ähnliches Schiff, die »Kiviok«. Mit diesem Schiff verbindet sich eine interessante Geschichte. Erik Möller hatte es vor einigen Jahren bei Hafenerweiterungsarbeiten auf dem Meeresboden liegend entdeckt. Er stellte Recherchen an, wem das Schiff einst gehört hatte und wer für die Bergung verantwortlich zu machen sei. Ein Eigner fand sich nicht mehr, dafür aber gab es Unterlagen über das Wrack, die das Interesse Erik Möllers weckten. Die »Kiviok« war in den zwanziger Jahren für den grönländischen Polarforscher Knut Rasmussen gebaut worden. Rasmussen, der einen international anerkannten Namen in der Polarforschung hat, setzte das Schiff für einige Forschungsreisen ein, unter anderem für Reisen nach Thule, wo er ein Handelskontor eingerichtet hatte. 1933 starb Knut Rasmussen, und danach verliert sich die Spur der »Kiviok«, bis Erik Möller sie fand. Er hob das Wrack auf eigene Kosten, verholte es auf eine Werft und begann damit, das Schiff in Eigenarbeit vollständig zu restaurieren. Inzwischen ist die »Kiviok« wieder in Fahrt, und Erik Möller hat bereits ausgedehnte Reisen entlang der Küste damit unternommen. Leider ist die »Kiviok« bei unserem Eintreffen in Nuuk gerade unterwegs. Trotzdem gibt es viel zu erzählen. Die »Kiviok« ist etwas kleiner als die »Dagmar Aaen«, aber von der Form und der Konstruktion her nahezu identisch. Wir »Schiffsnarren« sitzen bei uns an Bord zusammen und fachsimpeln über die beiden Schiffe, von denen wir eine so hohe Meinung haben.

Zudem ist es immer ein Vorteil, den Hafenkapitän zum Fürsprecher zu haben. Hafengebühren fallen für uns nicht an. Wir bekommen Strom- und Wasseranschluß und darüber hinaus Tips, was es an Sehenswertem in Nuuk gibt.

Am 7. Juli erreichen wir Kangerlussuaq, das ehemalige Söndre Strömfjord. Die Temperaturen steigen auf Höchstwerte. Während wir vor Anker liegen und abwechselnd Wanderungen zum Inlandeis unternehmen, klettern die Werte bis zu 28 Celsius. Es ist heiß! Schwärme von Moskitos machen uns zu schaffen. Wir spannen unser Sonnensegel an Deck und wähnen uns in einer verkehrten Welt. Erst am Rande des Inlandeises spürt man die Kälte, die von diesem gigantischen Eispanzer ausgeht. Das Eis ist in ständiger Bewegung. Wie ein riesiges Ungeheuer schiebt sich das Inlandeis zu Tal und walzt dort alles nieder, was sich ihm in den Weg stellt. Einige der Eisformationen wirken wie eine

Wanderungen entlang des Inlandeises.

Kathedrale, mit Türmen, Söllern, gewaltigen Torbögen mit Stuckdecken. Die Pracht ist jedoch vergänglich. Immer wieder stürzen ganze Gebäude in sich zusammen, reißen andere mit sich und landen schließlich als Trümmerfeld in den Gletscherbächen. Nachts, während wir im sicheren Abstand vom Gletscher biwakieren, werden wir immer wieder durch Donnerschläge geweckt, die durch die Eisabbrüche entstehen.

Am 13. Juli treffen die neuen Crewmitglieder mit dem Flugzeug ein: Martina Kurzer, Brigitte Ellerbrock und Henryk Wolski. Zusätzlich an Bord sind Till Gottbrath, der uns jetzt einige Wochen begleiten wird, Egon Fogtmann, der es sich nicht hat nehmen lassen, die Rolle des Maschinisten zu übernehmen, sowie meine Mutter, die uns ebenfalls für einige Tage besucht. Martina, Brigitte und Henryk sind schon Eingesessene an Bord der »Dagmar Aaen«. Martina, Greenpeace-Aktivistin und erfahrene Seglerin, die selbst als Skipper Schiffe geführt hat und auf der »Dagmar Aaen« seit Jahren als Wachführerin fährt, würde sich sofort an Bord zurechtfinden. Das gleiche gilt für Brigitte. Gemeinsam haben wir ICESAIL geplant, organisiert und auf den Weg gebracht. Sie ist die Frau der ersten Stunde, und »ganz nebenbei« ist sie seit 15 Jahren meine Lebensgefährtin. Henryk war, wie bereits erwähnt, ebenfalls seit langer Zeit dabei, während Till den Wunsch mitzufahren erst auf Island geäußert hatte. Ich hatte zugestimmt, und so hatten wir ein neues Crewmitglied dazugewonnen, das sich nicht nur aufs Schreiben und Fotografieren versteht, sondern auch auf alles, was mit dem »Outdor-Bereich« zusammenhängt. Das seemännische Know-how würden wir ihm schon vermitteln.

Egon lebt mit seiner Maschine. Während wir anderen uns freuen, wenn der Wind stark genug weht, um segeln zu können, wird Egons Gesicht immer trauriger. Wenn es dann heißt: »Egon, stell den Motor ab«, kommt stets die Antwort: »Das ist aber richtig schade!« Umgekehrt verhält es sich beim Starten des Motors: Ein vergnügt pfeifender Egon läuft dann im Eiltempo über Deck, und wenig später ertönt das Wummern des schweren Dieselmotors. Im Gegensatz zu den schnell drehenden Motoren, die ein nervenzerrüttendes Geräusch abgeben, ist der sonore Klang des Callesen-Diesel für jedermann an Bord gut zu ertragen. Der Motor ist so etwas wie ein guter Freund geworden, auch wenn wir segeln, wann immer es geht.

Meine Mutter ist immer noch so fit, daß sie es sich nicht nehmen läßt, der Expedition gelegentlich hinterherzureisen. Sie war bereits in Rußland, in Norwegen, Island und jetzt in Grönland. Sie bleibt einige Tage und fliegt dann wieder zurück nach Hause. Dadurch hält sie Kontakt zur Crew und sieht Länder, die sie sonst wohl nie zu Gesicht bekommen hätte.

Zügig segeln wir zu weiteren Stationen an der grönländischen Küste: Sisimiut, Qeqertarsuaq auf der Disko-Insel, wo wir exakt 90 Jahre nach Amundsen einlaufen. Die ganze Zeit über zerbrechen wir uns den Kopf darüber, wie sich die weitere Eisentwicklung in den Passagen dieses Jahr gestalten wird. Die Fahrt entlang der grönländischen Küste ist entspannend und einfach nur schön, aber wir wissen, daß ganz andere Verhältnisse auf uns warten. Jetzt ist der Zeitpunkt gekommen, wo wir uns entscheiden müssen: entweder den gesamten Weg nach Norwegen und weiter nach Dickson zurückzusegeln – eine Strecke, die gut 6 Wochen dauern würde – oder aber weiter durch die Melville-Bucht nach Kanada und durch die Nord-West Passage. Die Entscheidung, wie immer sie ausfallen mag, muß die richtige sein! Wir zermartern uns die Köpfe. Über Fax haben wir uns sowohl aus Moskau wie aus Hamburg, Ottawa und Narsarsuaq von den Eiszentralen Karten, Prognosen und persönliche Einschätzungen kommen lassen. Doch wer das Eis kennt, weiß, daß sich alles innerhalb weniger Tage ändern kann. Ein einziger Sturm reicht mitunter aus, um die gesamten Eiskarten hinfällig und reif für den Papierkorb zu machen. Genaues weiß man erst, wenn man vor Ort ist.

Ich schlafe nicht gut in diesen Tagen, weil mich das Abwägen des Für und Wider der jeweiligen Passagen ununterbrochen beschäftigt. Beide Passagen sehen in diesem Jahr deutlich besser aus als 1992. Das ist zunächst schon ein gewaltiger Vorteil. 1992 war ein extremes Jahr gewesen, in dem keine der Passagen durchfahrbar war, selbst Eisbrecher hatten Schwierigkeiten. Gefühlsmäßig tendieren wir alle dazu, weiter durch die Nord-West Passage zu fahren. Keiner mag so recht zu dem langen Nonstop-Törn nach Rußland durchstarten. Aber um Lust geht es hier schließlich nicht. Die Expedition muß nach Alaska kommen, egal, wieviel Mühe und Entbehrungen das für uns bedeutet. Die beste Route ist die sicherste. Die Nord-West Passage hat sich dieses Jahr in ihrem westlichen bis mittleren Teil relativ schnell geöffnet. Das Problem liegt im

Körperpflege unter erschwerten Bedingungen.

ersten Teil: dem Peel-Sund, dem Larsen-Sund und der James Ross-Straße. Dem Peel-Sund könnte man eventuell noch ausweichen, indem man durch das Prince Regent-Inlet fährt. Aber wie und ob sich die Eisverhaltnisse in diesem Nadelöhr ändern werden, kann kein Mensch sagen. Auch auf der russischen Seite gibt es Problemzonen. Die Laptev-See ist derzeit voller Eis. Ein starker Südwind könnte Abhilfe schaffen, aber dieser Südwind hatte uns schon im letzten Jahr im Stich gelassen. Bislang hatte ich die Nord-West Passage als die schwierigere der beide Passagen angesehen. Sie ist zergliedert in Inseln und Inselchen, das Eis kann nirgendwohin, selbst wenn es ein warmer Sommer wird. In der Nord-Ost Passage reicht oftmals ein anhaltender Südwind aus, um das Eis nach Norden zu treiben und eine Bresche ins Eis zu schlagen – wenn er kommt. Wirklich günstig ist die Eislage in keiner der beiden Passagen. Aber was darf man schon erwarten? Bislang ist es erst 2 Schiffen gelungen, aus eigener Kraft und ohne Eisbrecherunterstützung innerhalb eines Jahres durch die Nord-West Passage zu fahren. Das eine war die kanadische »St. Roch« 1944 und das andere die »Williwaw« des Belgiers Willy de Roos, dem die Durchfahrt 1977 gelang. Alle anderen Schiffe sind entweder mit Eisbrecherunterstützung gefahren oder haben mehrere Jahre für die Durchfahrt gebraucht. Noch mehr Schiffe haben es gar nicht geschafft. Deshalb ist mir klar, daß man nicht auf »die Gelegenheit« warten darf – darüber könnten Jahrzehnte vergehen. Wenn man sich eine Chance für die Nord-West Passage ausrechnet, muß man sie so schnell wie möglich nutzen, sonst wird man vermutlich immer auf Warteposition liegen. 1992 war eine Durchfahrt unmöglich. In diesem Jahr gibt es zumindest eine Chance – mehr nicht. Niemand weiß, wie sich die Verhältnisse im nächsten Jahr darstellen werden. Wenn wir es jetzt nicht wagen, könnten wir unsere letzte Möglichkeit verspielen. Diese Überlegung führt schließlich dazu, daß wir uns für die Nord-West Passage entscheiden. Und da die getroffene Entscheidung von allen an Bord mitgetragen wird, fällt mir ein Stein vom Herzen. Wie auch immer es ausgehen mag – wir glauben, alle Eventualitäten bedacht und in unser Kalkül mit einbezogen zu haben. Die Eisverhältnisse lassen keine andere Entscheidung zu. Jetzt wird sich zeigen, ob auch das notwendige Quentchen Glück mit auf unserer Seite ist, denn ohne das geht es gewiß nicht!

Alle spüren wir eine große Erleichterung, als die Entscheidung getroffen ist und wir in den Hafen von Ilulissat einlaufen. Kaum liegen wir im Hafen, als wir unvermittelt Besuch von einem deutschen Segler bekommen. Der Mast eines Segelbootes taucht in der Hafeneinfahrt auf, und wenig später erkennen wir den Katamaran »Sposmoker« des Elblotsen Gerd Engel. Zusammen mit seinem Begleiter Rudolf Klein ist er bis nach Ilulissat gesegelt. Dieser Ort ist für die beiden die Wendemarke, von hier geht es wieder zurück nach Hause. Beide hatten wir von der Reise des anderen gehört, aber keiner hatte wohl damit gerechnet, daß wir uns hier treffen würden. Nun liegen die Schiffe längsseits: die alte, traditionell gebaute »Dagmar Aaen« und der hochmoderne Katamaran. Schiffbauliche Entwicklungen lassen sich hier gut ablesen. Die beiden Segler haben eine sehr schnelle Reise gehabt. Ein Katamaran ist ein rasantes Boot und ungleich schneller als die »Dagmar Aaen«. Es ist eben ein ganz anderer Bootstyp. Gerd Engel hat sein Boot spartanisch, aber funktionell eingerichtet und schon spektakuläre Reisen mit ihm unternommen, unter anderem Einhand nach Spitzbergen. Wir sitzen zusammen und tauschen Erlebnisse aus – es ist ein fröhliches Zusammentreffen.

Am 25. Juli erreichen wir Uummannaq. Ich kenne diesen Ort gut und wollte unbedingt auf dieser Reise wieder dorthin zurück. Im Jahre 1983, also genau vor 10 Jahren, war ich das erste Mal hier gewesen. Damals hatte ich zusammen mit zwei Freunden eine Durchquerung des grönländischen Inlandeises mit Hundeschlitten geplant. Wir hatten einen anspruchsvollen Plan: Wir wollten den Spuren der Alfred-Wegener-Expedition aus dem Jahre 1930 folgen. Wegener hatte sich im Rahmen einer großangelegten Expedition vorgenommen, 3 wissenschaftliche

Forschungsstationen auf dem Inlandeis einzurichten. Diese Stationen sollten – und das war das eigentliche Novum – ganzjährig besetzt sein und wissenschaftliche Daten erfassen. Allen Stationen war gemein, daß sie sich auf dem 71. Breitengrad befanden. Über 100 000 Kilogramm Ausrüstung wurden über Uummannaq zum sogenannten Quamarujuk-Gletscher transportiert, von dem aus sie dann weiter hoch zum Inlandeis geschleppt werden mußten. Zunächst wurde auf dem Inlandeis die sogenannte »Weststation« eingerichtet. Als sie soweit bewohnbar war, begann man, mit Hundeschlitten Ausrüstungsteile genau in die Mitte des Inlandeises zu transportieren und dort die Station »Eismitte« zu errichten. Gleichzeitig fuhr ein Schiff an die Ostküste in den Scoresby-Sund und errichtete dort, ebenfalls auf dem 71. Breitengrad, die »Oststation«. Wegener hatte vorgehabt, nach einer ersten Überwinterung mit Hundeschlitten über die Station »Eismitte« hinauszufahren und die Verbindung zur »Oststation« herzustellen. Daraus wurde nichts. Die Expedition stand unter keinem guten Stern. Die Funkverbindungen waren unzureichend, Ausrüstungsgegenstände und Proviant in der Station »Eismitte« mehr als dürftig, und so sah sich Wegener gezwungen, noch im Oktober 1930 eine Versorgungsfahrt zur Station »Eismitte« durchzuführen. Der Monat Oktober auf dem Inlandeis bedeutet Sturm und brutale Kälte. Zwar gelang es Wegener, die Station zu erreichen, aber auf dem Rückweg zur Westküste kamen er und sein grönländischer Begleiter Rasmus Villumsen ums Leben. Das Grab Wegeners konnte man im Frühjahr 1931 ausmachen, über den Verbleib des Grönländers aber, der umsichtig Wegeners Grab gekennzeichnet und auch seine Aufzeichnungen an sich genommen hatte, wurde nichts bekannt. Er ist seither verschollen.

Zwar wurde die Expedition durch den Bruder Wegeners wissenschaftlich fortgeführt, von der Durchquerung des Inlandeises hingegen ließ man ab. Sie gelang erst 1983. Mit meinen Begleitern Peter Hasenjäger und Rainer Neuber hatte ich in Uummannaq Hunde gekauft und die Expedition »Auf den Spuren Alfred Wegeners« begonnen. Auch unser Versuch stand anfangs unter keinem guten Stern. Zunächst kamen Teile der Ausrüstung mit erheblicher Verspätung an. Die Hunde, die wir von den Grönländern kaufen konnten, waren weit im »Rentenalter«, krank oder bissig. Wir hatten alle Hände voll zu tun, die Hunde zu trainieren und im Shuttleverfahren unsere Ausrüstung zum Inlandeis zu transportieren. Schlechtes Wetter, einsetzende Schneestürme und ein weicher, bodenloser Untergrund ließen uns nur im Kriechtempo vorwärtskommen. Dann der Tag, an dem die Expedition fast scheiterte, bevor sie richtig begonnen hatte. Peter Hasenjäger hatte sich eine Infektion zugezogen, mußte sich in ärztliche Behandlung begeben und konnte nicht weiter an der Expedition teilnehmen. Rainer Neuber und ich packten alles um, schmiedeten Pläne, rechneten hin und her und entschlossen uns, trotz allem weiterzumachen. Obwohl alle abrieten und sagten, daß es Wahnsinn sei, jetzt weiterzumachen, wagten – und gewannen wir alles. 70 Tage dauerte die Durchquerung des Inlandeises auf dem 71. Breitengrad. Fast doppelt so lang wie ursprünglich geplant, da durch den Ausfall Peter Hasenjägers unsere gesamte Planung auf den Kopf gestellt wurde. 70 Tage ohne fremde Hilfe von außen, ohne Proviantdepots, auf einer teilweise noch niemals zuvor begangenen Strecke. Als wir schließlich im Scoresby-Sund ankamen, waren wir jeder um 15 Kilogramm leichter und um viele Erlebnisse und Eindrücke reicher.

Mich reizt es ungeheuer, an den »Tatort« von 1983 zurückzukehren. Jetzt ist es allerdings Sommer: Die Fjorde, die damals zugefroren waren, sind offen, und so können wir, ähnlich wie Wegener, mit dem Schiff »vorfahren«. In Uummannaq erinnert man sich gut an diese Expedition. Der Bürgermeister von Uummannaq war der erste, der uns damals nach der Durchquerung Glückwünsche telegrafiert hatte. Der Ort ist seit meinem letzten Besuch gewachsen. Es gibt ein kleines, gemütliches Hotel, einige neue Geschäfte und Wohnhäuser. Der Charakter der Siedlung ist jedoch der gleiche geblieben. Hundegespanne, die jetzt im Sommer faul und schläfrig in der Sonne dösen, Welpen, die ausgelassen herumtoben, und die freundlichen Menschen, die immer für uns Zeit zu haben scheinen. Von Uummannaq segeln wir weiter in den Quamarujuk-Fjord, an dessen Ende nicht nur der gleichnamige Gletscher liegt, sondern auch ein Bergwerk namens Maarmorilik. Erst vor gut einem Jahr ist das Bergwerk wegen mangelnder Rentabilität geschlossen worden. Sämtliche Häuser, mit Ausnahme des ehemaligen Hotels und des Hubschrauberhangars, sind abgebaut worden. Es stehen nur noch die Fundamente der Häuser und Produktionsanlagen, sonst ist alles komplett demontiert und leergeräumt.

Da das Wetter weiterhin gut bleibt, beschließen wir, einen Aufstieg zum Inlandeis zu machen. Diesen Ausflug wird wohl niemand von uns vergessen. Während wir uns 1983 bei eisiger Kälte mühselig einen Weg nach oben erarbeiten mußten, können wir jetzt in aller Ruhe dem Gletscher und den Moränen – durch blühende Almwiesen hindurch – nach oben folgen. Reste der Wegener-Expedition liegen herum, die wir 1983 wegen der Schneedecke gar nicht sehen konnten. Je höher wir kommen, desto besser wird die Aussicht. Als wir mittags schließlich auf »Scheideck« stehen, wie Wegener die Station genannt hatte, liegt das Inlandeis vor uns. Ein eigenartiges Gefühl beschleicht mich. Plötzlich wieder am Ausgangspunkt der eigenen Expedition zu stehen, mit der eigenen Vergangenheit dermaßen konfrontiert zu werden, bewegt mich stark. Das 1983 Erlebte ist mir plötzlich wieder ganz gegenwärtig. Ich brauche nicht einmal die Augen zu schließen, um das sturmgepeitschte Inlandeis vor mir zu sehen. Jetzt, im Sonnenschein, sieht es so einladend und harmlos aus. Die Wirklichkeit dieses Eises – ich weiß das – ist anders. Auch auf »Scheideck« finden wir Überbleibsel der Wegener-Expedition, beispielsweise einen Stall für die Ponys, die die Ausrüstung über den Moränenweg nach oben

Majestätisch treiben die Eisberge aus den Fjorden in die offene See.

transportiert haben. Selbst Heu findet sich noch in ihren Futterkisten. Damals hatten wir sogar noch Reste eines der beiden Motorschlitten entdeckt, die Wegener versuchsweise auf dem Inlandeis einsetzen wollte – mit sehr mäßigem Erfolg. In der Zwischenzeit hat man das Skelett des Schlittens mit einem Hubschrauber geborgen und in das Museum nach Uummannaq gebracht. Mit dem Fernglas können wir aus 1000 Meter Höhe die »Dagmar Aaen« als einen kleinen Punkt ausmachen. Irgendwie wollte ich immer wieder hierher zurück. Seit ich das Inlandeis damals verlassen hatte, ließ mich dieser Wunsch nicht mehr los. Fast ist es so, als hätte ich die Expedition »Auf den Spuren Alfred Wegeners« erst jetzt für mich abgeschlossen.
Till und Egon haben uns inzwischen schon wieder verlassen: Ihr Urlaub war zu Ende gegangen. Sie werden uns im nächsten Jahr aber wieder begleiten und dann für längere Zeit. Je weiter wir jetzt nach Norden kommen, desto einsamer wird es. Trifft man im südlichen Teil Grönlands gelegentlich auf Fährschiffe oder kleine Frachter, so ist der Norden nahezu verkehrsfrei. Der nördlichste Ort, der von den Hubschraubern angeflogen wird, ist Upernavik. Hier endet sozusagen der erschlossene Teil Grönlands. Nur selten verirren sich Schiffe hierher, und auch die Hubschrauberverbindungen sind unregelmäßig und vor allen Dingen teuer. Glaubten wir schon im Süden der Insel allein und einsam zu sein, hier im Norden sind wir es wirklich. Allerdings treffen wir in Upernavik Gleichgesinnte. Als wir einlaufen, sehen wir zu unserem großen Erstaunen ein traditionelles Segelschiff liegen, das wir

Der Quamarujuk-Gletscher. Dort hatten wir vor 10 Jahren die Durchquerung des Inlandeises begonnen.

als einen »Galway Hooker« identifizieren. Die »Galway Hooker« sind Boote, die in Irland für die Frachtfahrt und die Fischerei gebaut wurden. Die »St. Patrick« ist etwas kleiner als die »Dagmar Aaen« und in Irland unter Seglern bestens bekannt. Ihr Eigner Paddy Barry hat damit bereits den Atlantik überquert und andere anspruchsvolle Reisen unternommen. 2 traditionelle Schiffe im Hafen von Upernavik – da ist eine kleine Feier vorprogrammiert. Die »St. Patrick« ist vollgestopft mit Ausrüstung und Proviant. Zu letzterem gehört – wie könnte es bei Iren anders sein – ein schier unerschöpflicher Vorrat an Whisky. Ich weiß bis heute nicht, wie die Iren den Zoll an der Nase herumgeführt haben und nach der langen Reise und den beengten Räumlichkeiten noch so viel Schnaps herbeizaubern konnten. Vorwurfsvolle Blicke meiner Crew treffen mich, denn die »Dagmar Aaen« ist schon lange so trocken wie eine Entziehungsanstalt. Jeder der Iren auf der »St. Patrick« scheint Musiker zu sein, jedenfalls holt jeder irgendein Instrument heraus und beginnt zu musizieren. Es wird ein toller Abend. Am nächsten Tag treffen wir uns an Bord der »Dagmar Aaen«. Der Besuch fällt zwangsläufig etwas »nüchterner« aus. Der Stimmung tut das indes keinen Abbruch. Auch die Iren möchten gern nach Thule. Allerdings ist die »St. Patrick« kleiner und auch nicht so eistüchtig wie die »Dagmar Aaen«. Um so höher ist die Leistung der Crew zu bewerten. Zwar gelingt es ihnen nicht, bis Thule zu kommen, die Eisfelder, die auch uns noch viel Kopfzerbrechen bereiten werden, stoppen sie schließlich. Trotzdem erreichen sie Kullorsuaq und den »Devil's Thumb«, einen markanten Berg, den sie sogar besteigen. Selten sind Segelboote so weit nach Norden gekommen, und ganz sicher ist es der erste »Galway Hooker«, dem das gelungen ist.

Die Fahrt, die uns jetzt von Upernavik nach Nuussuaq führt, zählt zu den bisher eindrucksvollsten Erlebnissen der ICESAIL-Expedition. Wir fühlen uns wie auf einem anderen Stern. Da wir uns dicht unter Land halten, müssen wir im Zickzack um die gigantischen Eisberge herumfahren, die unter anderem von dem Upernavik-Eisfjord ausgestoßen werden. Es sind die größten Eisberge, die wir in der ganzen Arktis bislang gesehen haben. Größere sind mir nur in der Antarktis begegnet. Sie sind so riesig, daß wir die dahinter liegende Insel nicht erkennen können. Die ganze Nacht über scheint die Sonne, stündlich ändern sich die Farben, die das Sonnenlicht in das Eis zeichnet. Weiche Pastellfarben, silbrig glitzernde Eiskristalle, harte Blautöne – ein steter Wechsel. Fast ununterbrochen stehen wir an Deck und schauen uns dieses Schauspiel an. Da sage einmal jemand, die Arktis sei öde und leer.

Nuussuaq selbst ist ein kleines Dorf, in dem fast ausschließlich Jäger wohnen. Heulende Hunde, frisch erlegte Robben, die bunt zusammengewürfelten Häuser und eine Schar Kinder, die die Ankömmlinge neugierig mustern. Überall vor den Häusern gibt es Schlachtplätze, auf denen Robben ausgeweidet und zerlegt werden. Da die Reste einfach liegenbleiben und verwesen, hängt ein penetranter Gestank über der Siedlung.

Nachdem wir Nuussuaq hinter uns gelassen haben, wird das Eis fortwährend dichter. Mächtige Eisschollen versperren uns immer wieder den Weg, und die darin treibenden Eisberge wirken wie bedrohliche Schlachtschiffe. Eine Kollision mit ihnen könnte das Ende bedeuten. Wir lassen den sonnigen und ruhigen Teil Grönlands endgültig hinter uns. Vor uns liegt die wilde Melville-Bucht. Wir sind zurückgekehrt in die »Hohe Arktis«.

Nach Thule

Der Abstecher nach Thule war in der ursprünglichen Expeditionsplanung nicht vorgesehen. Obwohl es gefährlich ist und weitere Verzögerungen bedeuten kann, wagen wir den Sprung. Wir bereuen es nicht!

Roald Amundsen hatte von der Melville-Bucht gesagt, daß dies vielleicht der schwierigste Abschnitt der gesamten Nord-West Passage sei. Damit hatte er dieser Region sicherlich eine größere Bedeutung gegeben, als ihr eigentlich zusteht. Aber es wird deutlich, welches Gewicht er dieser Bucht aufgrund seiner Erfahrung beimaß. Die Melville-Bucht hat es in sich! Die alten Walfänger wußten ein Lied davon zu singen. Das Eis in der Melville-Bucht hält sich lange, manchmal den ganzen Sommer hindurch. Und auch wenn es später mürbe und brüchig wird, ist es noch fest genug, um Segelschiffe aufzuhalten und sie nicht mehr freizugeben. Wie viele Schiffe im Eis der Bucht zugrunde gingen, ist unbekannt. Aber wer weiter nach Norden, in das sogenannte »Northwater«, oder aber auch nach Kanada wollte, mußte durch die Bucht hindurch. Das »Middlepack«, ein riesiges Eisfeld, füllt den mittleren Teil der Baffin-Bay derart aus, daß kaum ein Schiff die Chance hat, die Baffin-Bay nach Kanada zu queren. Es muß wohl oder übel den langen und beschwerlichen Umweg durch die Melville-Bucht nehmen und, nachdem es das »Northwater« erreicht hat, weiter nach Westen und zur kanadischen Küste segeln. Das »Northwater« ist ein Phänomen, das die Walfänger als ein kleines Wunder betrachteten. In dieser Region, nördlich der Melville-Bucht, friert selbst während des langen Polarwinters das Wasser nie ganz zu. Dort halten sich Robben und Walrosse auf.

Selbst die Walfänger, die es nicht mehr rechtzeitig geschafft hatten, vor Wintereinbruch nach Hause zu kommen, verbrachten hier manchen Winter. Um das »Northwater« zu erreichen, muß man jedoch zunächst die Melville-Bucht durchqueren. Die am meisten befahrene Route der Walfänger war die sogenannte »Northabout Route«. Sie führte entlang der Küste, zwischen dem Festeis, das an der Küste angefroren ist, und dem Treibeis, das in der Bucht liegt, hindurch. Im Eis gibt es meist genau zwischen der Festeiskante und dem Packeis eine Schneise. Diese nutzten die Walfänger und auch die Forschungsexpeditionen. Aber nicht immer öffnete sich der Spalt, und so mußte man auf alternative Routen ausweichen, die sich je nach den Eisverhältnissen von Jahr zu Jahr änderten.

Die Zeit des hochsommerlichen Wetters ist vorbei. Mit dem Erreichen der Melville-Bucht ist das Wetter umgeschlagen. Es regnet, wird stürmisch und ist im übrigen neblig. Die Eiskarten, die wir über unser Wetterfax beziehen, sind nicht auf dem neuesten Stand, da die Flugzeuge wegen des Nebels nichts sehen konnten. Die alten, uns vorliegenden Karten sehen wenig erfolgversprechend aus. Das Wichtigste bei einer Eisfahrt ist die Sicht. Rinnen, die sich im Eis gebildet haben, kann man nur dann nutzen, wenn man sie sieht. Das Radar hilft zwar bei Nebel, aber in den dichten Eisfeldern ist der Ausguck einfach nicht zu ersetzen. Die Stunden, die wir jetzt bei dichtem Nebel in der Eistonne im Mast verbringen, zählen zu den ungemütlichsten der bisherigen Reise. Es ist bitterkalt dort oben. Bei Regen, Sturm und Nebel folgen wir den alten Walfängerrouten. Bedingt durch den Starkwind, ist das Eis in Bewegung geraten und verändert ständig die Position. Dadurch wird das Navigieren noch schwieriger. Wir folgen der »Northabout Route«, bleiben aber schließlich vor einer Eiskante liegen: Vor uns liegen etwa 9/10 Eis, außerdem habe ich das Gefühl, daß wir in eine Sackgasse geraten. Selbst wenn es gelingen sollte, ein Stück weiter in das Eis hineinzufahren, ist die Gefahr doch zu groß, daß sich das Eis hinter uns schließt und wir damit gefangen sind. »Man soll niemals in unüberschaubares Eis hineinfahren«, hatte Amundsen gesagt. Aber vollständig vermeiden läßt es sich auf diesen Routen nicht. Man kann niemals genau wissen, ob das Eis hinter einem treibt und einen einschließt. Aber diesmal kommt mir die Weiterfahrt durch diese dichten Eisfelder wie eine Falle vor. Wir kehren um! Erst als wir die kleine Sabine-Insel erreicht haben, gönnen wir uns etwas Pause. Das Wetter bleibt weiterhin neblig und stürmisch, so daß wir den Versuch anzulanden aufgeben müssen. Am 6. August läßt der Wind etwas nach. Zwar bleibt der Nebel, aber wir müssen es versuchen. Wir fahren zunächst mit westlichem Kurs und müssen dabei einige Eisfelder beiseite drücken, um

Mit großer Heftigkeit setzen die Stürme in der Region um Thule ein.

überhaupt hindurchzuschlüpfen. Unter Segeln läuft in solchen Situationen gar nichts. Wir haben es allein unserem starken Dieselmotor zu verdanken, daß wir uns meterweise vorwärts bewegen. Eingefleischte Segler mögen die Nase rümpfen, es aber selbst erst einmal besser machen. Auch Amundsen hatte schon einen Motor an Bord, und selbst John Franklin verfügte 1845 bereits über Dampfmaschinen auf seinen Schiffen. Je weiter wir kommen, desto brüchiger und lockerer wird das Eis. Schließlich öffnet es sich zu breiteren Rinnen und offenen Wasserflächen. Gleichzeitig hebt sich der undurchdringliche Seenebel und legt die Nordküste der Melville-Bucht mit dem Kap York frei. Wir haben es geschafft! Fast 5 Tage haben wir benötigt, um einen Weg durch die Melville-Bucht zu finden. Einen Monat später wäre die Passage vermutlich wesentlich leichter zu bewerkstelligen gewesen. Aber solange konnen wir nicht warten.

Die Durchfahrung der Nord-West Passage ist an genaue Zeitvorgaben gebunden. Wer zu früh oder zu spät in die Passage einfährt, wird unweigerlich vom Eis gestoppt. Man muß zum richtigen Zeitpunkt am richtigen Ort sein, sonst verringern sich die ohnehin schlechten Chancen auf ein Mindestmaß. Unsere Planung sieht vor, Mitte August in Resolute in der kanadischen Arktis zu sein. Die Zeit, die uns bis dahin verbleibt, wollen wir nutzen, um eine Siedlung anzulaufen, die wohl zu Recht als die nördlichste der Welt bezeichnet wird: Thule.

Man mag dem entgegenhalten, daß Siedlungen wie Longyearbyen auf Spitzbergen noch nördlicher liegen, aber bei ihnen handelt es sich ja letztlich nur um Camps, die dort vor einigen Jahrzehnten eingerichtet worden sind. Bei Thule

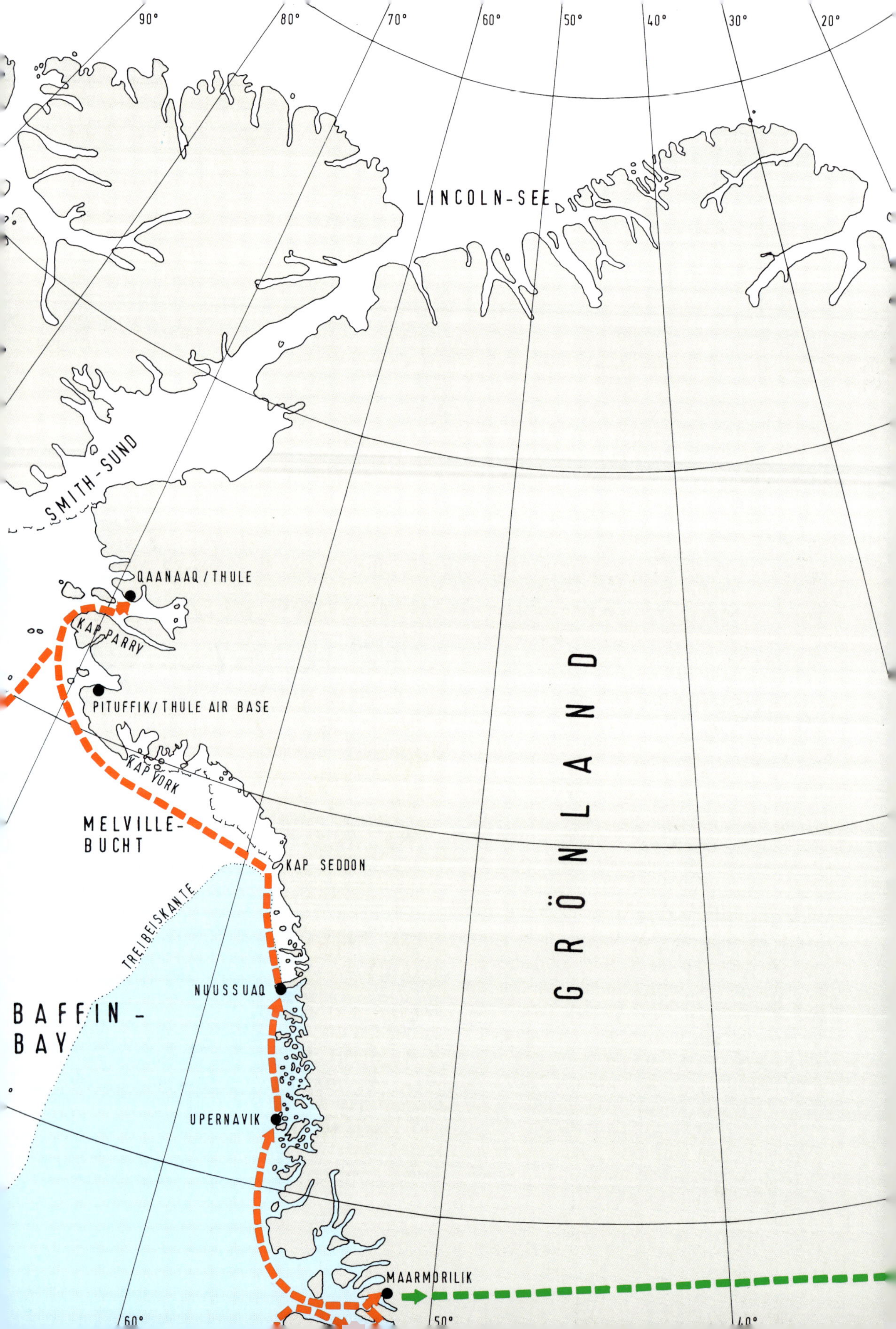
90°
80°
70°
60°
50°
40°
30°
20°
LINCOLN-SEE
SMITH-SUND
QAANAAQ/THULE
KAP PARRY
PITUFFIK/THULE AIR BASE
KAP YORK
MELVILLE-
BUCHT
KAP SEDDON
TREIBEISKANTE
GRÖNLAND
NUUSSUAQ
BAFFIN-
BAY
UPERNAVIK
MAARMORILIK
60°
50°
40°

ICESAIL NORD-GRÖNLAND

ist das anders. In der Thule-Region leben Menschen seit Tausenden von Jahren. Noch in den vierziger Jahren dieses Jahrhunderts lebten die Polareskimos im Thule-Bezirk fast völlig auf sich allein gestellt. Außer der Begegnung mit einigen Expeditionen hatten sie kaum Kontakt zum Süden. Selbst von ihren grönländischen Brüdern und Schwestern im Süden der Insel waren sie abgeschlossen. Die Lebensbedingungen, unter denen die Polareskimos existierten, waren vielleicht die extremsten auf der ganzen Erde. Die nicht enden wollende Polarnacht mit ihren orkanartigen Stürmen, die Hungersnöte, die beim Ausbleiben des Wildes ausbrachen, die Unfälle, die die Jäger immer wieder auf ihren gefährlichen Jagdausflügen erlitten – das alles hatten diese Menschen gemeistert. Sie haben sich im Laufe der Jahrtausende optimal an die harschen Lebensbedingungen angepaßt. Als im Jahre 1950 das amerikanische Militär die Thule-Airbase einrichtete, veränderte sich das Leben dieser Menschen schlagartig. Modernste Militärtechnik traf auf Kajak, Hundeschlitten und Harpune. Die Eskimos mußten weichen. Sie zogen von der alten Siedlung fort und errichteten etwa 200 Kilometer weiter nördlich eine neue, die sie Qaanaaq nannten. Inzwischen hat sich das Verhältnis zwischen den Eskimos und den Amerikanern geklärt. Die Amerikaner haben die medizinische Betreuung übernommen und helfen aus, wenn irgendwann einmal Not am Mann ist. Ansonsten gibt es keinerlei Kontakt.
Zum Nordpol sind es von hier aus nur knapp 1400 Kilometer Luftlinie – die Entfernung nach Kopenhagen beträgt immerhin schon 5770 Kilometer. So kommen nach Thule nur selten Besucher. Zwar kann man von Kopenhagen aus nach Thule-Airbase fliegen, aber dazu bedarf es einer besonderen Genehmigung. Reguläre Verkehrsmittel gibt es nicht. Selbst die Hubschrauber, die im Süden alle Orte miteinander verbinden, sind dort nicht anzutreffen. Einzig die amerikanischen Hubschrauber fliegen ab und zu nach Qaanaaq. Und auch Schiffe kommen nur selten dorthin. Meist sind es 1 oder 2 Versorgungsschiffe, die den Menschen Diesel, Nahrungsmittel und andere wichtige Dinge bringen. In den wenigen Jahrzehnten seit dem ersten Kontakt mit der Zivilisation hat sich der Lebensstil der Menschen dort geändert. Man lebt in festen Häusern, es gibt eine kleine Poststation und auch ein Geschäft, in dem es allerlei Dinge zu kaufen gibt. Trotzdem haben die Eskimos ihre alte Kultur nicht verloren. Sie sind weitgehend Jäger geblieben und haben sich ihr Know-how und ihre Ursprünglichkeit bewahrt.
Thule, das klingt nach Mythos, nach »dem Ende der Welt«. Als wir schließlich das Dorf vor uns auftauchen sehen, scheint es ein ganz normaler grönländischer Ort mit bunten Häusern, heulenden Hunden, Schlitten, einer Kirche und spielenden Kindern zu sein. Vielleicht ist die Anzahl der Kajaks größer als anderswo auf Grönland, aber sonst gibt es nichts Außergewöhnliches zu sehen. Als der Anker gefallen ist, kommen die ersten Boote längsseits. Den Gesten entnehmen wir, daß die Besucher gern zu uns an Bord kommen möchten. Wir laden sie ein und servieren ihnen heißen, stark gesüßten Tee, der gern und bei jeder sich bietenden Gelegenheit getrunken wird. Wann das letzte Mal ein Segelschiff hier war, daran kann sich keiner unserer Besucher erinnern. Mit Interesse betrachten sie das Schiff, die Beschläge, das Tauwerk und die Einrichtung. Keiner, der ungefragt unter Deck gehen würde. Sie fragen höflich und gehen erst nach unserer Zustimmung hinunter. Das Interesse an dem Schiff ist groß. Man heißt uns ausdrücklich willkommen, und bevor die Gäste das Schiff verlassen, laden sie uns ein, zu ihnen an Land zu kommen. Dieser Einladung folgen wir gern. Kaum an Land, springen Kinder auf uns zu, haken sich bei uns ein und führen uns fröhlich lachend durch ihr Dorf. Ein Junge kramt aus seiner Hosentasche ein Stück getrocknetes Seehundfleisch hervor und bietet es uns an. Wir nehmen dankend an und kauen an dem zähen, schwarzen und nicht sehr appetitlich aussehenden Fleischfetzen. Wir schauen uns im Dorf um und sind fast ein wenig enttäuscht. Überall feste, solide Häuser, eine kleine Polizeistation, in der wir zu einem Kaffee eingeladen werden, eine öffentliche Wäscherei, der eine öffentliche

Dusche angeschlossen ist, sowie eine Schule und ein kleines, liebevoll eingerichtetes Hotel. Die Vorstellung, daß Thule aus Iglus und wilden Eskimos besteht, ist völlig falsch. Der Ort ist durchorganisiert, was der Liebenswürdigkeit aber durchaus nichts nimmt. Uns erstaunt, mit welcher Herzlichkeit und Offenheit uns die Kinder begegnen. Sie zeigen uns jeden Winkel im Dorf und zwar nicht, weil sie irgend etwas dafür erwarten, sondern weil sie stolz sind auf ihr Dorf und sich über den Besuch freuen. Desgleichen die Erwachsenen. Sie sind vielleicht etwas zurückhaltender, aber nicht minder freundlich. Ungefragt zeigt man uns die Duschgelegenheiten, und obwohl heute eigentlich geschlossen ist, öffnet man für uns. Qaanaaq ist die größte Siedlung im Thule-Distrikt. Insgesamt gehören noch 6 weitere dazu: Savissivik als die südlichste, Siorapaluk als die nördlichste und Moriussaq, Qeqertat, Qeqertarsuaq und Kangerlussuaq in der Nähe von Qaanaaq. Rund 800 Menschen leben in diesem Bezirk. Fast alle sind sie Jäger und Fänger.

Am nächsten Tag schlägt das Wetter plötzlich um. Innerhalb weniger Stunden tobt ein Sturm. Obwohl wir den zweiten Anker fallen lassen, können sie das Schiff auf dem felsigen Untergrund nicht halten. Wir hieven die Anker und fahren in den Fjord hinein in der Hoffnung, etwas Landabdeckung zu bekommen. Vergeblich. Den ganzen Tag und die folgende Nacht über stürmt es mit 10 Windstärken, wobei einige Böen 11 Beaufort erreichen. Eine rauhe, steile See baut sich auf, in der mit atemberaubender Geschwindigkeit Eisberge treiben. Wir drehen schließlich bei und achten nur darauf, daß wir nicht mit den Eisbergen kollidieren. Am nächsten Morgen bessert sich das Wetter langsam. Solche plötzlichen Stürme sind bekannt für diese Region. Deshalb hält sie kaum jemand im Dorf für erwähnenswert. Wir gehen abermals vor Anker und verbringen einige Stunden im Dorf. Schließlich treffen wir erneut den Polizisten und klarieren offiziell aus Grönland aus. Wir sitzen noch eine Weile zusammen, unterhalten uns auf englisch und überlegen, eventuell im Winter einmal wiederzukommen. Danach verabschieden wir uns. Es ist nur ein kurzer Besuch in Thule gewesen – gewiß. Aber auch wenn der Einblick, den wir bekommen haben, vielleicht nicht sehr tief gewesen ist, er rundet doch unser Gesamtbild von Grönland ab. Wir haben die Westküste Grönlands vom Kap Farvel bis nach Thule bereist. Thule ist mit 77 28 N zugleich der nördlichste Punkt, den wir in diesem Jahr ansteuern werden. Das erklärte Ziel von ICE-SAIL ist es, die Länder und die Menschen, die um den Nordpol herum anzutreffen sind, aufzusuchen. Mit Grönland haben wir die Expedition diesem Ziel ein gutes Stück näher gebracht.

Die Nord-West Passage

Beechey-Insel mit den Gräbern der Matrosen von Franklins Schiffen. Die Insel war die Drehscheibe vieler Expeditionen, die nach der legendären Passage suchten. Die Franklin-Tragödie nahm von hier aus ihren Lauf.

Wir verlassen Grönland. Der Sturm hat die Eislage an der Küste vollkommen verändert. Nur mit großer Mühe kommen wir durch den Hval-Sund zur Küste. Wenn möglich, wollen wir den direkten Weg nach Kanada nehmen. In Höhe der Carey-Inseln wird das Eis jedoch so dicht, daß es mir nicht ratsam erscheint weiterzufahren. Wir drehen ab. Einmal vom Sturm angeschoben, driftet das Eis beständig weiter. Hinzu kommt, daß es auch heute recht windig ist und sich die Eisfelder ständig verschieben. Es ist, als wolle man ein Puzzle zusammenstellen, und irgend jemand verschiebt einem ständig die Bausteine. Wo vor wenigen Minuten noch eine offene Wasserfläche war, schiebt sich jetzt das meterdicke Eis zusammen. Dafür öffnet sich an anderer Stelle eine Rinne im Eis, von der man aber nicht weiß, ob sie sich nicht sogleich wieder schließt.

Ununterbrochen steht einer von uns in der Eistonne oben im Mast. Von dort haben wir die beste Aussicht. Laut ruft der Ausguck die Richtung zu demjenigen, der auf dem Vorschiff steht. Dieser wiederum muß dem Rudergänger die Richtung anzeigen, in die er steuern muß. Dem Rudergänger ist die Sicht nach vorn versperrt, was unmittelbar vor dem Steven liegt, kann er nicht sehen. Deshalb braucht er die Anweisungen. Schneeschauer und Wolkenfetzen verhängen den Blick auf die Küste. Wir wollen versuchen, dicht unter Land nach Süden zu fahren, bis wir wieder in das »Northwater« gelangen, um von dort nach Kanada zu segeln. Der Smith-Sund, in dem wir uns jetzt befinden, wirkt wie ein Abfluß aus der Lincoln-See. Mit der Strömung treibt das massive Packeis aus dem Nordpolarmeer zunächst in die Lincoln-See und

Eine Gedenktafel auf der Beechey-Insel für die Franklin-Expedition.

danach weiter in den Smith-Sund. Da das Reservoir an Eis im Norden unerschöpflich ist, kann der »Abfluß« leicht verstopfen. Dann kommt es in der Regel zu schweren Pressungen, und der Weg nach Süden ist abgeschlossen. Wir wären nicht die erste Expedition, die auf diese Weise gezwungen würde, unplanmäßig zu überwintern. Thule anzusteuern war ein Risiko, dessen wir uns sehr wohl bewußt waren. Es liegt nicht auf der direkten Route zur Nord-West Passage, sondern war ein Abstecher. Ein sehr lohnenswerter, wie wir meinen, aber jetzt müssen wir uns mit den daraus resultierenden Konsequenzen auseinandersetzen.
Am Abend des 11. August nähern wir uns der Höhe der Thule-Airbase. Hier läuft der Smith-Sund auseinander, und wie erwartet lockert sich dadurch auch das Eis. Wir vermerken 4/10 Eisbedeckung im Logbuch und ändern unseren Kurs auf SSW. Langsam gerät die grönländische Küste außer Sicht, diese spektakuläre Landschaft mit ihren steilen Fjorden und den riesigen Eisbergen. Fast macht sich so etwas wie Wehmut bei uns breit. Indem wir Grönland verlassen, schließen wir auch ein weiteres Kapitel der ICESAIL-Expedition und schlagen gleichzeitig ein neues auf: Vor uns liegt die Nord-West Passage. Drohend, unheilvoll und bedrückend wirkt allein der Name auf uns. Wie so häufig bei schwierigen Passagen gerät man in einen inneren Zwiespalt zwischen Erregung und Freude über das bevorstehende Abenteuer und der Furcht und Unruhe wegen der zu erwartenden Schwierigkeiten. Wir sind alle keine Hasardeure, Draufgänger oder »Eisenfresser«, wie es so schön heißt. Wir haben uns gut vorbereitet, besitzen das geeignete Schiff und die beste verfügbare Ausrüstung. Aber deshalb bleiben wir trotzdem, was wir immer waren: normale Menschen mit Ängsten und Sorgen, wie sie jeder andere in einer ähnlichen Situation auch spüren würde. Niemand macht ein Hehl daraus. Die Stimmung an Bord verändert sich in den nächsten Tagen. Nicht daß sie schlechter würde, sie wird einfach nur ernster. Die fröhliche Unbeschwertheit der grönländischen Küste ist in Erwartung der Nord-West Passage von uns gewichen. Wir sind einsilbiger geworden, und jeder hängt seinen Gedanken nach, was die Entschlossenheit zur Durchquerung der Passage hingegen nicht geringer macht. Eine Frage, die uns neben vielen anderen besonders beschäftigt, lautet: Warum, um alles in der Welt, soll uns gelingen, was so vielen vor uns nicht gelungen ist? Warum sollen wir es schaffen, innerhalb eines Jahres aus eigener Kraft die Nord-West Passage zu durchfahren? Gewiß, wir haben alles, was gebraucht wird: die notwendige Ausrüstung, Radar, Wetterfax, einen starken Dieselmotor und eine Menge Erfahrung mit dem Eis. Aber hatten das frühere Expeditionen nicht auch? Vielleicht verfügten sie nicht über Radar und Wetterfax, aber der Vorteil dieser Gerätschaften relativiert sich sehr schnell, wenn man erst einmal im Eis steckt. Das Wetterfax vermittelt Informationen, aber es ändert weder das Wetter noch die Eisverhältnisse. Man bekommt letztlich nur das Unvermeidliche bestätigt. Auf stabile Schiffe und robuste Motoren konnten sich schon die Expeditionen gegen Ende des letzten Jahrhunderts stützen. Und Erfahrung mit dem Eis hatten die meisten von ihnen auch. Die Welt ist heute kleiner geworden. Durch Flugzeuge, exakte Seekarten, moderne Funk- und Satellitentechnik verfügen wir über Kontroll- und Kommunikationsmöglichkeiten, die man früher nicht hatte. Und nur darauf kann sich unsere geradezu unverfrorene Zuversicht stützen. Der ganze Plan der ICESAIL-Expedition ist im Grunde genommen dreist. Wie dreist, das weiß eigentlich nur, wer detailliert mit den Gegebenheiten im Nordpolarmeer vertraut ist. 3 Jahre Minimum, 4 Jahre Maximum hatte ich für die Umrundung des Nordpols veranschlagt. In 3 Jahren würde es nicht zu schaffen sein, nachdem wir 1992 in der Nord-Ost Passage im Eis steckengeblieben waren. Der Arktis ist es herzlich gleichgültig, mit welchen ehrgeizigen Plänen eine Expedition anrückt. Die an Erfolgen orientierte Öffentlichkeit würde jedoch wenig Verständnis für eine weitere Umkehr aufbringen. Ganz gleich, wie wir persönlich die Reise erleben, nach außen hin würde nur der Erfolg zählen.

160°
75°
155°
150°
145°
140°
135°
130°
125°
NORDPOLAR-
MEER
M'CLURE-ST
BEAUFORT-SEE
LASKA
BANKS-
INSEL
HERSCHEL-INSEL
KAP BATHURST
U.S.A.
KANADA
TUKTOYAKTUK
AMUNDSEN-
GOLF
FRANKLIN-
BAY
VI
INUVIK
NÖRDLICHER POLARKREIS
DOLPHIN AND UNION-STR.
CORONA
COPPERMINE
MACKENZIE
COPPERMINE
GROSSER
BÄRENSEE
130°
125°
120°
115°

115°
110°
105°
100°
95°
90°
85°
80°
75°
70°
65°
80°
GRÖNLAND
QAANAAQ/
THULE
AXEL
HEIDBERG-I.
ELLESMERE-INSEL
SMITH-SUND
KANADA
NORD-
WASSER
GRISE FJORD
PARRY-INSELN
JONES-SUND
DEVON-INSEL
BAFFIN
BAY
BATHURST-I.
WELLINGTON-K.
CORNWALLIS-I.
BEECHEY-I.
RESOLUTE
LANCASTER-SUND
BYLOT-I.
PRINCE
LEOPOLD-I.
BARROW-STR.
VISCOUNT
MELVILLE-SUND
SOMERSET
INSEL
PRINCE REGENT-I.
BAFFIN-INSEL
M'CLINTOCK-KANAL
PRINCE OF
WALES-I.
PEEL-SUND
BELLOT
STR.
BRODEUR-
HALBINSEL
RIA-INSEL
LARSEN-
SUND
BOOTHIA-
HALBINSEL
GOLF VON
BOOTHIA
JAMES ROSS-STR.
SPENCE-BAY
VICTORIA-STR.
KING
WILLIAM-I.
GJOA HAVEN
CAMBRIDGE-
BAY
DEASE-STR.
PELLY-
BAY
MELVILLE-
HALBINSEL
QUEEN MAUD-GOLF
SIMPSON-STR.
BATHURST-
BAY
105°
100°
ICESAIL
NORD-WEST PASSAGE
EXPEDITIONSSTRECKE
NORD-WEST PASSAGE
0 50 100 150 200 250 300 350 400 450 500
km
0 50 100 150 200 250
sm

Mit unserem Kurzwellengerät halte ich seit einiger Zeit Kontakt mit Resolute. Dort wohnen alte Freunde von mir. Terry und Bezal Jesudason sind zum Stützpfeiler aller Nordpolarexpeditionen der letzten 15 Jahre geworden. Kaum eine Nordpolexpedition kommt an ihnen vorbei. Sie planen, organisieren, rüsten aus und raten dem einen oder anderen auch schon einmal von einem Vorhaben ab. Sie sind mehr als nur »Outfitter«. Sie sind so etwas wie die ›gute Seele‹ der Polarexpeditionen. In ihrem Hotel trifft sich alles, was Rang und Namen im Polarbereich hat. Ob wissenschaftliche Expeditionen oder Abenteuersuchende, ob Veteran oder zaghafter Newcomer – sie alle sitzen bei Terry und Bezal um einen Tisch und essen gemeinsam das gute und reichliche Essen, das Terry zubereitet hat. Die beiden sind zu einer Institution geworden. Ich hatte sie im Winter 1980 in Resolute kennengelernt. Damals eröffneten sie gerade ihr »High Arctic International Hotel«. Ich war ein wenig frustriert in Resolute gestrandet, nachdem ich den Versuch, allein zum Nordpol zu laufen, aufgeben mußte, bevor es losgegangen war. Bezal hatte davon gehört. Als ich abends ein wenig zerknirscht und ratlos in einer ungemütlichen Herberge saß, trat Bezal auf mich zu und sprach mich in dem wunderbarsten, breitesten Hamburgerisch an, das ich seit langem gehört hatte. Wohlgemerkt, Bezal stammt aus Indien. Allerdings hatte er in Hamburg Maschinenbau studiert, doch irgendwann verschlug es ihn dann in die kanadische Arktis, wo er Terry kennenlernte. Schnell freundeten wir uns an. Ich zog zu den beiden – und die beeindruckenden Erlebnisse dieser Zeit verdanke ich nicht zuletzt Bezal. Seitdem halten wir Kontakt und sehen uns immer wieder in unregelmäßigen Abständen.

Terry und Bezal sind natürlich über unsere Pläne informiert. Ich kenne nur wenige Menschen, die ein so fundiertes Wissen über die Arktis haben wie Bezal. Von seiner Einschätzung der Eislage hatte ich zum erheblichen Teil meine Entscheidung, durch die Nord-West Passage zu fahren, abhängig gemacht. Bezal ist nüchtern in seinen Einschätzungen, und nach den Chancen für ein solches Projekt befragt, fällt seine Antwort fast schon ein wenig zynisch aus. Das ist nicht verwunderlich. Wie viele Expeditionen hat er betreut, hat er scheitern sehen. Darunter gut und professionell vorbereitete, aber auch solche, die haarsträubend naiv einen aberwitzigen Plan verfolgten. Fast väterlich nimmt er sich solcher Leute an und versucht, sie behutsam von ihrem Vorhaben abzubringen, damit sie sich nicht unnötig in Lebensgefahr begeben. Die Arktis vergibt keine Fehler. Unnachgiebig werden Nachlässigkeiten, Planungsfehler oder Versäumnisse bestraft. Bezal gibt sich nicht besserwisserisch, sondern läßt andere an seinem großen Erfahrungsschatz teilhaben und überzeugt durch die besseren Argumente.

Terry hat uns bei der »Canadian Coast Guard« in Resolute bereits angemeldet, dort weiß man also, daß wir uns in kanadischen Hoheitsgewässern befinden. Unser Kommen ist ohnehin nicht neu für die Coast Guard. Bereits im vergangenen Winter hatte ich schriftlich um eine Genehmigung für die Durchfahrung der Passage gebeten und Bauzeichnungen, Ausrüstungspläne sowie Fotos der »Dagmar Aaen« zum Headquarter geschickt. Man weiß dort also über uns Bescheid. Jeden Abend versuchen wir, Funkkontakt mit Terry herzustellen. Nicht immer klappt es, da in der Arktis der Funkverkehr häufig durch atmosphärische Einflüsse gestört ist. Aber was wir über die Eisverhältnisse zwischen dem Rauschen und Knistern im Funkgerät hören, ist nicht sehr ermutigend. Die Barrow-Straße ist durch mehrjähriges, also besonders dickes Eis blockiert. Damit ist der Zugang zu dem eisfreien Peel-Sund versperrt. Über die Alternativroute durch das Prince Regent-Inlet ist nichts bekannt. Dort fliegen weder Flugzeuge noch gibt es Satellitenaufnahmen. Doch ist das Eis in Bewegung. Das allein ist ein wenig beruhigend. Fragt sich nur, in welche Richtung es sich in den nächsten Tagen und Wochen bewegen wird.

Inzwischen haben wir den Eingang zum Lancaster-Sund erreicht. Während wir weit im Süden die schneebedeckten Berge der Bylot- und Baffin-Insel nur verschwommen sehen, baut sich die Devon-Insel massiv vor uns auf. Die Berge sehen anders aus als auf Grönland. Es sind Tafelberge mit schroffen Hängen, die meist aus Geröll und verwittertem Fels bestehen. Insgesamt wirkt diese Landschaft viel karger und winterlicher als die grönländische. Obwohl die Sonne scheint und es angenehm warm ist, spüren wir hier mehr denn je, daß wir am Eingang der Nord-West Passage stehen. Die Route entlang der Nordküste des Lancaster-Sundes ist gewöhnlich die günstigste. Hier trifft man meist auf das offene Wasser, wohingegen die Mitte des Sundes und besonders der Süden häufig blockiert sind. Eisfelder gibt es hier nur vereinzelt, so kommen wir gut voran. In Dundas Harbor, einer kleinen Bucht, entdecken wir die verlassenen Häuser einer ehemaligen Station der Royal Canadian Mountain Police, jener legendären Polizeieinheit, die selbst die entlegensten Gebiete der Arktis kontrolliert und teilweise erschlossen hat. Die Häuser stehen heute leer. In der Ferne sehen wir zwei Eisbären am Strand entlangtrotten. Wir fahren ein wenig dichter heran und beobachten die Tiere, die sich auf dem felsigen Untergrund ungewohnt gut abzeichnen.

Am Abend des 14. August erste dichte Eisfelder. Zudem wird es neblig, der Wind frischt auf – wir haben Mühe, einen Weg zu finden. Im Bereich der Maxwell-Bucht bleiben wir zeitweilig gestoppt liegen, um abzuwarten, wie das Eis driftet. Als deutlich wird, daß es uns nicht einzuschließen droht, fahren wir langsam weiter und passieren dieses dichte Eisfeld. Aber von jetzt an soll uns das Eis nicht mehr zufrieden lassen. Das Eisfeld, das wir in den vergangenen Stunden durchfahren haben, war so etwas wie der Vorgeschmack auf das Hauptgericht. Fortan bestimmt das Eis unser ganzes Tun, unser Denken und Handeln. Alles dreht sich nur noch um das Eis: die Segelmanöver, das Schlafen, das Navigieren und die Diskussionen. Es gibt kaum ein anderes Thema. Wir sind uns der Ernsthaftigkeit unseres Unterfangens bewußt, es gibt keine Ruhe, keine Entspannung mehr. Das Eis ist keine statische Masse. Es scheint ein Eigenleben zu führen und dabei alles andere unterwerfen zu wollen. Es ist tückisch und schwer einzuschätzen und läßt einen niemals, auch nicht in Phasen größter Erschöpfung, zur Ruhe kommen. Das Eis ist allgegenwärtig!

Regenschauer, Nebel und Eisfelder lassen uns nur langsam vorankommen. Das düstere Wetter scheint den Mythos Nord-West Passage unterstreichen zu wollen. Die Passage beginnt an unseren Kräften zu zehren, kaum daß wir sie erreicht haben. Keine Bucht, kein Ort, an dem sich der Seefahrer sicher fühlen darf. Bestürzt spüren wir die eisige, abweisende Stimmung der Landschaft auf uns übergehen.

Am 15. August erreichen wir mittags die Beechey-Insel. In der Erebus- und Terror-Bucht gehen wir vor Anker. Obwohl diese Bucht sicher anmutet, wissen wir, daß es nur eine Frage der Windrichtung ist, bis das Eis die Bucht zustopft. Zur Zeit ist sie weitgehend frei, so daß wir uns für einige Stunden sicher fühlen dürfen. Beechey-Island – wie oft habe ich mich mit dieser Insel auseinandergesetzt. Wenn es ein Symbol für die Schrecken und die Dramatik der Nord-West Passage gibt, dann ist es diese Insel. Sie wurde zum Dreh- und Angelpunkt aller Expeditionen, die sich zum Ziel gesetzt hatten, den Seeweg zum Pazifik zu finden. Bis zur Beechey-Insel gelangten die Forschungsschiffe meist noch ohne größere Probleme. So wie wir die davor lagernden Eisfelder umfahren konnten, konnten auch die Expeditionen des letzten Jahrhunderts meistens zur Insel gelangen. Die Erforschung der Nord-West Passage ist ein so umfassendes Thema und schon in so vielen Büchern und Filmen erzählt worden, daß ich auf eine erneute Aufzählung der unterschiedlichen Unternehmungen verzichten möchte. Sie allein würden ein dickes Buch füllen. Doch gibt es einige Expeditionen, an denen kein Reisender, der die Durchfahrt der Passage beabsichtigt, vorbeikommt. Die bekannteste und zugleich tragischste aller Polarexpeditionen ist sicherlich die des Briten John Franklin. Franklin war 1845 im Auftrag der britischen Admiralität mit den beiden Schiffen »Erebus« und »Terror« und insgesamt 129 Mann Besatzung aufgebrochen, um endlich den Seeweg nach Westen, sprich die

Nord-West Passage, zu finden und für König und Krone in Besitz zu nehmen. Die traditionsbewußten Briten hatten sich ganz der Aufgabe verschrieben, als erste diesen Seeweg zu finden. Bis dahin vergeblich. Die Suche hatte Unsummen gekostet und so viele Schiffe der Admiralität verschlungen, als handelte es sich um zerbrechliche Jollen. Da zwischen den Seekriegen die Flotte brachlag und die Admiralität nach Ruhmestaten dürstete, verlagerte man kurzerhand die Schauplätze für neue Schlachten. Der neue Feind war schnell ausgemacht – es war die Arktis. Mit militärischem Drill und engstirniger Selbstgefälligkeit baute man den erhofften Erfolg auf altbewährten Strategien auf. Die mochten für die Seekriegsführung in Mitteleuropa geeignet gewesen sein, für die Arktis waren sie es sicherlich nicht. Die Größe der Schiffe, die Stärke und Unbezwingbarkeit demonstrieren sollte, war ungeeignet für die eisige Passage, da die Schiffe dadurch viel zu unbeweglich und schwerfällig wurden. Die im Eis erfahrenen Walfangkapitäne schickte man arrogant fort, ohne sich auch nur die Mühe zu machen, ihre Ratschläge zu überprüfen. Die Sekretäre der Admiralität wähnten sich als die eigentlichen Bezwinger der Polarregionen. Obwohl sie selbst den Muff ihrer Verwaltungszimmer und die Noblesse ihrer elitären Clubs gegen die Sturmwinde und Eiseskälte der Arktis nie eingetauscht hatten, fühlten sie sich als die wahren Helden. John Barrow, Sekretär der Admiralität, galt als überheblicher und unbelehrbarer Initiator. Neben seiner Meinung hatte keine andere Bestand. Auch wenn er längst überholten Vorstellungen anhing, wie etwa dem Glauben, daß das eigentliche Polarmeer nur von einem Sperrriegel aus Eis umgeben und dahinter offenes, fast tropisches Gewässer anzutreffen sei. Die Walfänger hatten längst erkannt, daß hier der Wunsch der Vater des Gedankens war und derartige Vorstellungen barer Unsinn waren. Die Gefahr des Skorbuts wurde seitens der Verwaltung ignoriert, und man überließ den Kapitänen der Schiffe die Aufgabe, damit fertig zu werden. Dabei war damals schon lange bekannt, daß die Eskimos gerade deshalb nicht unter Skorbut litten, weil sic viel rohes Fleisch aßen. Rohes Fleisch zu essen schien den Briten aber wie ein Rückfall in die Barbarei. Und wenn die Expeditionen damals nicht viel größere Verluste an Menschen und Schiffen zu verzeichnen hatten, dann ist dies zuallererst ein Verdienst der tüchtigen Kapitäne. Aber auch unter ihnen gab es einige, die sich lieber in Selbstgefälligkeit übten denn in nüchternen Analysen früherer fehlgeschlagener Expeditionen. Belohnungen wurden von der Admiralität für denjenigen ausgesetzt, dem es zuerst gelingen sollte, die Passage zu durchfahren. Um die Leute zu Entbehrungen und Höchstleistungen anzuspornen, wurden Etappenziele, etwa ein bestimmter Längengrad, bestimmt, bei dessen Erreichen ebenfalls eine Prämie fällig war. »Die gute alte Zeit« – der Leistungsdruck damals ist um nichts geringer gewesen als in der heutigen modernen Industriegesellschaft. Es wurde einsam und kläglich gestorben in der Arktis. Von einem heldenhaften Tod, wie er dem schaudernden Publikum in England verkauft wurde, war nur selten etwas zu spüren. Die Ausrüstung, die Kleidung waren vielfach ungeeignet für die Arktis. Was für die winterliche Nordsee gut war, mußte noch lange nicht für die Arktis ausreichend sein. Das Gewicht des nationalen Prestiges lastete auf den Männern, insbesondere den Schiffsführern. Nur wenige unter den Polarfahrern waren weise genug, sich das Wissen der Eskimos oder der Walfänger zunutze zu machen. Man war schließlich »zivilisiert« und damit allen anderen haushoch überlegen. John Franklin hatte bereits einige Polarexpeditionen hinter sich, als er im fortgeschrittenen Alter und körperlich alles andere als fit auf diese letzte Expedition ging. Die früheren Expeditionen hatte er nur ganz knapp überlebt, und sein Überleben war weniger seiner eigenen Fähigkeit zuzuschreiben als vielmehr dem Umstand, daß Indianer ihn im letzten Moment mit Nahrung versorgten. Trotzdem hat er Großes geleistet. Nur gelernt hatte er offenbar nicht viel aus den Fehlern. Aber selbst wenn er etwas hätte ändern wollen, bei den spießigen Bürokraten in London biß er auf Granit. Die idealisierten Vorstellungen der Admiralität

ließen keinen Raum für konstruktive Verbesserungsvorschläge.
Die »Erebus« und »Terror« kamen nicht weit im Jahre 1845. Walfänger waren die letzten, die die Expeditionsschiffe und ihre Besatzungen am Eingang des Lancaster-Sundes lebend gesehen hatten. Während sie dort ganz normal dem Walfang nachgingen, galt es der Admiralität bereits als Erfolg, daß deren Schiffe diese Gegend erreicht hatten. Man kam bis zur Beechey-Insel, wo man beschloß, den ersten Winter zu verbringen.
Die Beechey-Insel war schon etliche Male von früheren Expeditionen erreicht worden. Somit stellte diese erste Etappe für Franklin keinen besonderen Erfolg dar. Im Gegenteil. Jeder hatte gehofft, daß er innerhalb eines Jahres die Passage würde bezwingen können. Da es zu diesem Zeitpunkt aber noch keine Funkgeräte gab, wußte man im fernen England natürlich nichts über den Verbleib der Expedition. Der erste Winter kostete bereits 3 Opfer. Sie wurden in dem Permafrostboden der Beechey-Insel bestattet, die Gräber sind heute noch zu sehen. Anfang der achtziger Jahre hat ein kanadisches Wissenschaftlerteam die 3 Toten exhumiert. Im Permafrostboden waren sie vollständig erhalten, so daß man ihnen Gewebeproben entnehmen konnte. Danach wurden sie an Ort und Stelle wieder bestattet. Die Analyse der Gewebeproben ergab, daß sie eine erhöhte Dosis Blei im Organismus hatten. Man spekulierte daraufhin, daß die gesamte Expeditionsmannschaft an einer Bleivergiftung gestorben sei, die sie sich durch schlecht verlötete Konservendosen zugezogen hatte. Inzwischen scheint diese These

Ein neugieriger Eisbär kommt uns besuchen.

zumindest fraglich. Andere Untersuchungen haben ergeben, daß der Bleigehalt der toten Matrosen für die Bevölkerung der damaligen Zeit durchaus nicht ungewöhnlich war. Wie auch immer – eine der Ursachen für das fast spurlose Verschwinden der Expedition mag die Bleivergiftung sein.
Diese Überwinterung der Franklin-Expedition ist das letzte, was sich mit absoluter Sicherheit rekonstruieren läßt. Danach verliert sich die Spur der Expedition. Als die beiden Schiffe nicht wie erwartet in der Bering-See auftauchten, begann man sich Sorgen zu machen. Obwohl niemand an ein Scheitern der Expedition glauben wollte, am wenigsten die Admiralität, verdichteten sich die Gerüchte, daß sich eine Tragödie abgespielt haben müsse. Trotzdem beharrte die Admiralität auf den veralteten Konzepten. Statt, wie von einigen Experten vorgeschlagen, im großen Stil Hundeschlittenexpeditionen auszusenden, vertraute man weiterhin auf die behäbigen Schiffe – man war schließlich eine Seemacht. Diese Sturheit und Unbeweglichkeit hat der Franklin-Expedition vermutlich den Rest gegeben. Zwar wurden in den folgenden Jahrzehnten immer wieder Bruchstücke der Expedition zusammengetragen – eine alles umfassende Erklärung, wie es zu dem Drama kam, gibt es aber bis zum heutigen Tag nicht. Eskimos wußten zu berichten, daß die Schiffe vom Eis zerdrückt wurden und gesunken sind. Auf der King William-Insel wurden Boote und Ausrüstungsteile gefunden und auch Skelettreste. Über 40 Suchexpeditionen wurden ausgeschickt, um das Schicksal der Expedition zu klären. Mit unglaublicher Hartnäckigkeit hatte die Witwe Franklins, Lady Jane, die Unfähigkeit der Admiralität immer wieder vorgeführt. Wollte die Admiralität nicht nach ihrem Mann suchen, dann organisierte sie selbst Suchexpeditionen und brüskierte damit die eitle Marine. Sie setzte, ohne zu zögern, ihr gesamtes Vermögen ein und fand aufgrund ihres persönlichen Engagements immer wieder Unterstützung und Geldgeber im In- und Ausland. Die Admiralität konnte gar nicht anders – wollte sie ihr Gesicht nicht verlieren – als das rührende Bemühen Lady Franklins zu honorieren. Die Beechey-Insel wurde zum Anlaufpunkt der Suchexpeditionen. Man verstand nicht, warum Franklin keine Nachrichten über die weiteren Pläne hinterlassen hatte. Alles Suchen nach verborgenen Schriften half nichts. Nur langsam konnte die Expedition rekonstruiert werden. Einige Expeditionen nutzten die Suche nach Franklin als Vorwand, um eine eigene Initiative zu starten, in deren Mittelpunkt die Suche nach der Nord-West Passage stand. Auch wenn die Suchexpeditionen die Frage nach dem Verbleib der Expedition nie ganz klärten – einen Erfolg konnten sie letztlich verzeichnen: Es wurde auf diese Weise ein großer Teil der Arktis erforscht und kartografiert. Weiße Flecken auf der Landkarte verschwanden, und so wurde der Weg bereitet für einen Mann, der mit allen Konventionen brach, pragmatisch und kritisch an die Auswertung alter Expeditionsberichte ging und sich daraus seinen eigenen Reim machte: Roald Amundsen. Auch er war, 90 Jahre vor uns, auf der Beechey-Insel an Land gegangen. Und mit seiner erfolgreichen Reise endete auch das klassische Zeitalter der Erforschung der Nord-West Passage.
Die Beechey-Insel sah vor 90 Jahren nicht viel anders aus als heute. Die Gräber, Gedenksäulen mit einer Plakette von Lady Franklin, Reste eines alten Hauses, die bewußten Konservendosen, die rostig herumliegen, und Wrackteile von Booten, die von einer der Suchexpeditionen stammen. Ein öder und trister Ort. Etwas entdecken wir aber, das es vor 90 Jahren noch nicht gab: eine Flasche mit einem Schreiben des Passagierschiffes »Frontier Spirit«, das unter Eisbrechergeleit 1992 durch die Passage gelangt war. Inzwischen hat der Tourismus die Polarregionen für sich entdeckt. Franklin wird sich in seinem unbekannten Grab umdrehen. Bleibt zu hoffen, daß die Veranstalter wie auch die Reisenden selbst mit der notwendigen Vorsicht und Respekt der Natur gegenübertreten. Das Ökosystem dieser Region ist äußerst empfindlich. Wer wirklich interessiert ist an der Landschaft, wer ihre Einzigartigkeit zu schätzen weiß, der wird hoffentlich auch darauf Rücksicht nehmen.

Nicht die Tatsache, daß Passagierschiffe in die Polarregionen fahren, ist bedrohlich, sondern die Möglichkeit, in Unkenntnis der Gegebenheiten Schaden anzurichten.
Die Arktis, die Nord-West Passage dürfen nicht »konsumiert« werden. Damit würde man sie degradieren und ihre Bedeutung herunterspielen. Heute stellt sich nicht mehr die Frage, ob man durch die Passage kommt. Heute stellt sich die Frage nach dem »Wie«. Technik läßt die Menschen sich bisweilen in trügerischer Sicherheit wiegen. Die Natur ist jedoch nicht beherrschbar. Wir müssen lernen, wieder mehr Respekt vor ihr zu bekommen!
Am gleichen Abend noch hieven wir den Anker. Wir verlassen die Bucht und queren den Wellington-Kanal. Unser nächstes Ziel ist Resolute auf der Cornwallis-Insel.

Gefangen im Eis

Mühselig bahnen wir uns einen Weg durch die dichten Eisfelder des Prince Regent-Inlets. Es scheint unsere einzige Chance zu sein, weiter nach Westen zu gelangen. Die schwerste Prüfung steht uns bevor.

In der Nacht zum 16. Juli erreichen wir die Bucht von Resolute. Damit liegen wir exakt in unserer Zeitplanung. Es ist windstill, aber kalt. Die Bucht ist offen und ungeschützt. Bei einer Winddrehung würde sofort Eis hineintreiben. Der Platz ist gefährlich, weil exponiert. Trotzdem müssen wir hierher. Das Kamerateam ist nach Resolute geflogen, um uns von hier aus für rund 3 ½ Wochen zu begleiten. Wir müssen sie abholen. Über Funk melde ich mich erneut bei der Coast Guard, um unser Eintreffen mitzuteilen. Gott sei Dank ist man hier unbürokratisch. Aber mit dem erhofften Ausschlafen wird es nichts. Bereits um 9 Uhr müssen wir die Maschine starten und etwas dichter unter Land verholen, da sich Eisfelder auf das Schiff zuschieben. Um 10 Uhr fällt der Anker erneut, und wir machen das Beiboot klar, um an Land zu fahren. Viel Zeit bleibt uns nicht, denn wenn das Eis in die Bucht treibt, wird die Situation bedrohlich. Wir sprechen kurz in der Polizeistation vor, holen bei dem Wetterbüro die neuesten Eiskarten ab und beraten uns mit der Coast Guard über das weitere Vorgehen. Überall treffen wir auf Hilfsbereitschaft. Resolute ist für mich vertrautes Gelände. Viele Male bin ich hier gewesen, seit ich 1980 das erste Mal Bezal traf. Der Ort selbst ist nicht gerade schön. Es sind die Menschen, die mich immer wieder dorthin ziehen. Von Terry werden wir herzlich empfangen. Wir haben uns lange nicht gesehen, entsprechend groß ist die Wiedersehensfreude. Leider ist Bezal nicht vor Ort. Er mußte nach Thule fliegen und traf dort nur 2 Tage nach unserer Abfahrt ein. Bei Terry können wir duschen, unsere Wäsche waschen und zwischendurch erzählen. Es ist urgemütlich bei ihr. An den Wänden hängen Fotografien von Expeditionen, die Terry und Bezal betreut haben. Die Regale füllen Bücher, die fast alle von den Autoren signiert sind. Nahezu jeder der bekannten Namen aus dem Polarbereich findet sich dort wieder. Terry und Bezals Hotel ist ein Sammelpunkt für alle Polarbegeisterten und ein Ruhepol, wo man verschnauft, Vorbereitungen trifft oder sich erholt.

Diese Ruhe währt für uns nicht lange. Vom Fenster aus sehe ich, wie sich die Eisfelder langsam auf das Schiff und die Küste zu bewegen. Die Kameraleute Duri und Nabil bleiben noch an Land, während wir zurück an Bord gehen. Am Abend besucht uns Terry. Schon nach einer halben Stunde müssen wir sie Hals über Kopf von Bord bringen. Das Eis hat inzwischen die »Dagmar Aaen« erreicht. Wir starten die Maschine, fahren dicht unter Land, um Terry mit dem Beiboot abzusetzen, und laufen dann langsam in die Eisfelder hinein. Das ist das einzige, was wir in dieser Situation machen können. Anstatt das Eis zu meiden, versuchen wir, es uns zunutze zu machen. Blieben wir vor der Eiskante liegen, wäre es nur eine Frage der Zeit, bis uns das Eis auf den Strand schieben würde. Indem wir in das Eis hineinfahren, bildet sich zwischen Schiff und Küste eine Eissperre, die ein Auflaufen des Schiffes verhindert. Das Eis, unser Gegner, gewährt dem Schiff auf diese Weise Schutz. Der Wind weht mittlerweile mit 40 Knoten aus Süd. Das Eis in der Bucht wird dadurch immer dichter gepackt, so daß wir am Abend von einigen Wissenschaftlern Besuch bekommen, die zu Fuß über die Eisfelder zum Schiff gelangen. Wir können nichts weiter tun als abzuwarten. Geduld ist die größte Tugend, die ein Polarfahrer haben muß. Das Warten und Beobachten füllen uns vollständig aus. Nicht die Tages- oder Nachtzeit, die Einnahme von Mahlzeiten oder zu erledigende Arbeiten bestimmen den Rhythmus an Bord, sondern ausschließlich das Eis. Wachsam und handlungsbereit zu sein, wenn notwendig bis zur völligen Erschöpfung, das ist die Strategie. Über Funk spreche ich mit der Eis- und Wetterzentrale. Die Barrow-Straße ist laut Auskunft der Flieger völlig mit Eis verstopft. Ein kanadischer Eisbrecher, die »Henry Larsen« liegt ebenfalls für einige Stunden in der Bucht vor Resolute. Ich vereinbare mit dem Funker, daß er mich über die Eislage auf dem laufenden hält. Der Eisbrecher will in den Peel-Sund und muß dazu die Barrow-Straße queren. Am 18. Juli dreht der Wind langsam auf Nord. Erst kaum merkbar, dann immer deutlicher driftet das Eis aus der Bucht. Wir kommen frei. Erst jetzt können wir die Kameraleute an Bord nehmen. Terry hat für uns einen Tankwagen bestellt, der am Ufer auf uns wartet. Vorsichtig fahren wir an den Strand und stoppen erst, als der Steven fast den Kies berührt. Leinen werden ausgebracht, der Schlauch vom Tankwagen an Deck gezerrt, dann füllen wir vorsichtshalber die Tanks auf. Wer weiß, was kommt!

Ein letztes Mal werde ich bei der Coast Guard vorstellig. Die »Henry Larsen« hat berichtet, daß die Südküste der Barrow-Straße gut passierbar ist – allerdings ist der nördliche und mittlere Teil mit bis zu 9/10 schwerem Packeis bedeckt. Wir werden sehen. Wir verabschieden uns von Terry und fahren zurück an Bord. Um 17 Uhr hieven wir den Anker, und wenig später fahren wir langsam aus der Bucht heraus. Die kleinen Häuser von Resolute versinken langsam im diffusen Licht. Während wir Richtung Wellington-Kanal fahren, beraten wir uns abermals. Der Aufenthalt in Resolute hat uns wertvolle Zeit gekostet. Wäre es uns bereits vor einigen Tagen gelungen, an die Südseite der Barrow-Straße zu kommen, dann wäre die Einfahrt in den Peel-Sund durch den starken Südwind offen gewesen. Zur Zeit weht der Wind aber wieder aus Nord und schiebt das Eis zurück in den Sund. Als Amundsen im Jahre 1903 die Barrow-Straße überquerte, traf er kaum auf Eis. Innerhalb weniger Stunden konnte er diese berüchtigte Straße queren und hatte damit – wohl ohne es zu ahnen – eine der wichtigsten Schlüsselstellen der Nord-West Passage bewältigt. Er mußte ein ungewöhnlich günstiges Jahr getroffen haben. So viel Glück haben wir nicht. Wir fahren in südöstliche Richtung und versuchen dabei, auf die südliche Seite der Barrow-Straße zu gelangen. Die Amundsen-Route durch den Peel-Sund wäre vermutlich die schnellste – vorausgesetzt, man kommt in den Peel-Sund hinein. Alternativ gibt es die Route durch das Prince Regent-Inlet und die schmale Bellot-Straße. In beiden Fällen müssen wir die Barrow-Straße überqueren. Einen anderen Weg gibt es nicht. Vom Peel-Sund wissen wir, daß dort weitgehend offenes Wasser vorherrscht. Die Probleme der Barrow-Straße liegen unmittelbar vor uns. Über die Eisverhältnisse im Prince Regent-Inlet war leider keinerlei Information zu bekommen. Aber wir wissen aus der einschlägigen Literatur und aus Gesprächen mit der Coast Guard, daß die Bedingungen im Prince Regent-Inlet meist günstiger sind als in der Barrow-Straße. Durch die Bellot-Straße im Süden des Prince Regent-Inlets setzt ein starker Gezeitenstrom mit bis zu 8 Knoten. Dieser reißende Strom bewirkt, daß die Eisfelder immer wieder heraustreiben und dadurch eine passierbare Rinne freibleibt. Wenn die Nord-West Passage in den letzten Jahrzehnten von Schiffen durchfahren worden ist, dann meist durch die Bellot-Straße und das Prince Regent-Inlet. Die Frage ist, wie man sich verhalten soll. Nachdem wir mit vielen Mühen die Prince Leopold-Insel im Südosten der Barrow-Straße erreicht haben, wird deutlich, daß wir nicht, wie gehofft, an der Nordküste der Somerset-Insel zurück nach Westen fahren können, um dann in den eisfreien Peel-Sund einbiegen zu können. Der Weg in das Prince Regent-Inlet sieht ebenfalls alles andere als vertrauenserregend aus – allerdings gibt es Rinnen im Eis, durch die wir uns zwingen könnten. Hineinfahren oder abwarten? Aber wo sollen wir warten? Es gibt im Umkreis von mehreren hundert Meilen keinen Ort, an dem wir vor dem Eis sicher wären – es sei denn, wir würden zurück zur Baffin-Bay fahren. Aber das käme einer Aufgabe der Expedition gleich. Nein, die Nord-West Passage ist kein Ort für Zauderer und Haderer. Hier gibt es keine absolute Sicherheit, hier muß man Mut zum Risiko aufbringen! Die Nord-West Passage ist gefährlich, vielleicht sogar der gefährlichste Seeweg überhaupt. Das wußten wir, als wir uns auf dieses Abenteuer eingelassen haben. Man befindet sich schließlich nicht in der winterlichen Ostsee, wo es mehrfach täglich die neuesten Eisvorhersagen gibt.

Da es im Prince Regent-Inlet keinen Schiffsverkehr gibt, erstellt man auch keine Eiskarten. Wozu auch? Entweder wagen wir, wozu wir aufgebrochen sind, oder wir drehen ab und fahren nach Hause. Auf »die« Gelegenheit zu hoffen, kann Jahrzehnte Wartezeit bedeuten. Wir sind heute und jetzt angetreten, die Durchfahrt zu versuchen. Solange es eine Aussicht auf Erfolg gibt, werden wir alles probieren. Erst wenn wir spüren, daß das Risiko unvertretbar hoch wird – wie es im letzten Jahr der Fall gewesen ist – dann würden wir uns geschlagen geben. Wir fahren in das Prince Regent-Inlet hinein. Gelegentlich höre ich Leute sagen, heute sei die Durchfahrung der Passage doch ein »Klacks« im Vergleich zu früher. Ich mag dem nicht so recht zustimmen. Das Eis ist heute noch genauso hart wie damals. Die Informationen über die aktuelle Eislage beziehen wir selbst aus unseren Eistonnen, und sie beschränken sich naturgemäß auf den Bereich, den wir von oben überblicken können. Anders war es früher auch nicht. Einzig die Grundkenntnisse von den geographischen Gegebenheiten sind heute besser. Und sicher müßte man im Falle des Scheiterns nicht an Skorbut sterben. Aber was die seemännische und navigatorische Problemstellung angeht, dürfen durchaus Parallelen zu früheren Expeditionen gezogen werden. Das Radar ist in unserer Situation unbrauchbar. Die Eisdichte hat derart zugenommen, daß wir auf dem Bildschirm nur eine weiße Fläche sehen. Wie schon zu Franklins Zeiten ist der Ausguck die wichtigste Navigationshilfe. Es ist kalt dort oben. Stundenlang stehen wir abwechselnd in der Tonne und halten Ausschau. Wenn es gar nicht weitergeht, lassen wir uns treiben. Warten, warten und nochmals warten. Unsere Geduld wird auf eine harte Zerreißprobe gestellt.

Am Abend des 19. Juli entdecken wir im Südosten des Inlets offenes Wasser. Wir halten darauf zu und fahren dicht an der Eiskante entlang. Diese Eisfelder sind bedrohlich. Riesige Schollen von der Größe mehrerer Fußballfelder treiben aufeinander zu und prallen zusammen. Dort, wo sie sich treffen, herrscht mörderische Zerstörung. Mit dem Aufeinanderprallen ist die kinetische Energie der Eisflächen noch lange nicht erschöpft. Die Trägheit der Masse schiebt sie weiter aufeinander zu. Die Ränder wölben sich nach oben, zerbersten krachend und knirschend und bauen hohe Wälle aus pulverisierten Eiskristallen auf. Wo immer man das Schiff hinbewegt, man muß stets einen kleinen Zufluchtsort im Auge haben. Das Packeis der Nord-West

Nichts geht mehr. Wir sind gefangen im Eis.

Passage hat mit der zugefrorenen Ostsee etwa genauso viel gemeinsam wie das Steinhuder Meer mit dem Nordatlantik. Selbst das Eis der Melville-Bucht mutet hiergegen harmlos an. Eis ist nicht gleich Eis! Wir kommen kaum voran. Auch am 20. August liegen wir mehr gestoppt als daß wir Fahrt voraus machen. Am Nachmittag gelingt es, Funkkontakt mit dem Eisbrecher »Terry Fox« aufzunehmen. Die Eislage sieht düster aus. Die Barrow-Straße ist mit 9/10 Eis

total zu. Über die Bellot-Straße und das Prince Regent-Inlet liegen weiterhin keine Informationen vor. Wir sind genauso schlau wie vorher. Am 21. August lockert sich das Eis im Inlet etwas. Wir fahren hinein und halten uns auf der Ostseite. Dort geht es langsam voran. Immer wieder fragen wir uns, wie es wohl in der Bellot-Straße aussehen mag, diesem Nadelöhr, das uns von dem Peel-Sund trennt und durch das wir fahren wollen. Obwohl wir wissen, daß selbst bei Erreichen des Peel-Sundes unsere Schwierigkeiten nicht zu Ende sein werden, konzentrieren wir uns zunächst auf die naheliegendste Aufgabe. Neue Fragen werfen sich auf: Um in die Bellot-Straße einfahren zu können, müssen wir das Inlet erneut queren. Wir sind jetzt auf der Ostseite, die Bellot-Straße liegt auf der Westseite. Wird es gelingen? Schlaf findet niemand mehr. Polternd und knirschend bahnt sich der starke Rumpf der »Dagmar Aaen« seinen Weg. Was hält dieses Schiff bloß alles aus! Am nächsten Tag gelingt es uns zwar, das Inlet zu überqueren, aber dafür wird das Eis immer dichter. Hinzu kommt, daß wir die voranschreitende Jahreszeit jetzt deutlich spüren. Es wird fast täglich kälter, die Tage werden kürzer, und zwischen den Eisfeldern bildet sich bereits Neueis, das bis zu 4 Zentimeter Stärke erreicht. Abends habe ich Funkkontakt mit der »Terry Fox«. Außer der Information, daß die Barrow-Straße unverändert blockiert ist, gibt es keine Neuigkeiten. Insofern haben wir durch unsere Entscheidung, ins Inlet zu fahren, keinen Fehler gemacht. Es sind noch 75 Seemeilen bis zur Bellot-Straße. Wieder einmal liegen wir gestoppt in 8/10 Eis. Als wir versuchen weiterzufahren, geht es nur extrem langsam voran. Das Schiff ist dermaßen eingekeilt, daß wir kaum noch steuern können. Nur durch ständiges Vor- und Zurücksetzen kommen wir im Kriechtempo weiter.

Am 23. August stecken wir in 9/10 Eis fest. Es sind nur noch 23 Meilen bis zur Bellot-Straße. Während der Nacht driften wir mit dem Eis in südwestliche Richtung – genau dorthin wollen wir. Allerdings haben wir über Funk eine Sturmwarnung erhalten: Wind aus Nordost mit 35 bis 40 Knoten ist angesagt. Das fehlt uns gerade noch! Starkwind aus Nordost, das bedeutet, daß die Eisfelder, die wir gerade mühsam durchquert haben, hinter uns hertreiben. Wir müssen sehen, daß wir so schnell wie möglich durch die Bellot-Straße kommen, um der drohenden Gefahr zu entgehen. Es gelingt uns, wieder frei zu kommen und dicht unter Land Kurs auf die Bellot-Straße zu halten. Am Nachmittag des 24. August erreichen wir endlich ihre Zufahrt. Inzwischen hat der angekündigte Wind eingesetzt. Wolkenfetzen ziehen am Himmel entlang, die Sicht ist stark eingeschränkt. Aber das, was wir bei dem diffusen Licht sehen können, reicht uns völlig. Unsere Stimmung fällt im gleichen Maße wie das Barometer. Wir können durch Schneeschauer hindurch den Eingang zur Bellot-Straße sehen. Aber genau im Eingang der Straße sitzt, wie ein Korken in einer fest verschlossenen Flasche, ein Eispfropfen. Meterdicke, hoch aufgeschichtete Eisschollen haben sich zu einer Barriere aufgetürmt, die unmöglich zu durchdringen ist. Selbst ein Eisbrecher müßte davor kapitulieren. Die Aussage des kanadischen Seehandbuches, ein möglicher Eispfropfen werde spätestens nach 3 Tagen von der starken Strömung fortgeschwemmt, tröstet uns wenig. Wir müssen jetzt durch die Straße! Hinter uns braut sich Unheilvolles zusammen. Immer stärker wird der Wind, und immer aggressiver reagiert das Eis darauf. Die Schollen treiben krachend zusammen, zerbrechen, treiben weiter, stoßen mit neuen Schollen zusammen. Verzweifelt versuchen wir, einen Durchschlupf zu finden oder zumindest eine schützende Bucht. Aber alles ist mit Eis blockiert. Noch können wir immer wieder eine offene Wasserfläche im Eis finden, in die wir uns zurückziehen können. Aber mir ist klar, daß das nur Aufschub bedeutet. Wir befinden uns so ziemlich in der denkbar unerfreulichsten Situation: die Küste auf Legerwall; der Sturm, der das Eis in ungestümer Drift auf uns zuschiebt, ohne daß es irgendwohin ausweichen kann. Es drängt sich an der Küste zusammen, wir können es aus dem Ausguck beobachten. Mit unglaublicher Geschwindigkeit wächst es auf uns zu. Als würden Fliesenleger im Akkord ihre Platten auslegen, so schließt sich die Fläche des massiven Eises. Es ist nur eine Frage der Zeit, bis uns das Eis erfaßt hat und das Unvermeidbare kommt: Eispressungen. Um 1 Uhr in der Nacht des 25. August holt mich die Wache an Deck. Es schneit, stürmt und ist neblig zugleich. Unheimlicher kann die Landschaft kaum aussehen. Riesige Eisfelder treiben heran. Es gelingt uns zwar, weiter vom Land abzuhalten, aber dann ist alles zu. Wir werden eingepackt. Die Situation, die alle Polarfahrer so fürchten, ist eingetreten. Wir befinden uns inmitten der größten Eispressungen!

DAGMAR AAEN

Im Würgegriff des Eises

Während der Nacht haben schwere Eispressungen eingesetzt. Eisschollen haben sich unter den Rumpf geschoben und das ganze Schiff angehoben. Die »Dagmar Aaen« liegt in meterdicken Eisschollen bewegungslos fest. Was wird die nächste Nacht bringen?

Es ist stockfinstere Nacht, als die Eispressungen mit aller Macht einsetzen. Zunächst spürt man nur ein leichtes Zittern, begleitet von einem Zirpen, das in der Luft liegt. Das meterdicke Eis liegt so kompakt um das Schiff, daß nirgendwo auch nur ein kleines Stückchen Wasser zu sehen ist. Wieder ertönt das Zirpen, jetzt etwas lauter. Fast unmerklich werfen sich an den Rändern der Eisschollen weitere Ränder auf. Ein sicheres Zeichen, daß das Eis unter enormem Druck steht. Ich weiß aus Erfahrung, daß sich der Druck jetzt so lange aufbauen wird, bis irgendeine der Schollen ihm nicht mehr gewachsen ist und plötzlich nachgibt. Das ist dann der Moment, wo das ganze Eis schlagartig nachrutscht und in Bewegung gerät. Unter Deck hören wir das Schiff arbeiten. Die über 60 Jahre alten massiven Eichenspanten der »Dagmar Aaen« knacken, arbeiten, fangen den Druck auf, ohne nachzugeben. Was wird das Schiff tun? Wird es sich wie geplant aus dem Eis herausdrücken lassen oder wird es versuchen, dem Eis zu widerstehen? Im letzteren Fall hätte die »Dagmar Aaen« nicht die winzigste Chance. Sie würde zermalmt werden. Nur die Flucht nach »oben« läßt ihr eine Überlebenschance. Wir können nur wenig machen. Unsere Aufgabe hatte darin bestanden, das Schiff auf diese Situation vorzubereiten, es konstruktiv zu verstärken. Aber war das alles genug? Wie immer in solchen Situationen, klafft eine enorme Lücke zwischen Theorie und Praxis. Wir konnten unsere Überlegungen nicht praxisnah unter Beweis stellen. Und auch die Pressungen, die das Schiff in Sibirien durchgestanden hatte, waren nichts im Vergleich zu dem,was sich jetzt hier aufbaut. Wird sich das Schiff bewegen?

Wir gehen unruhig an Deck auf und ab. Und dann passiert es: Eine der Eisschollen gibt dem enormen Eisdruck nach, schiebt sich mit der einen Kante unter die benachbarte Scholle und verschwindet darunter wie von Geisterhand bewegt. Dieses Nachgeben der einen Scholle setzt das gesamte Eisfeld in Bewegung. Es ist wie bei einem schweren Erdbeben. Alles um uns herum, die tonnenschweren Eisbrocken, schieben und drängen sich, kippen um oder stellen sich hochkant. Donnernd krachen sie gegen die gepanzerte Bordwand, die Erschütterungen sind im ganzen Schiff zu spüren. Der Druck, dem die »Dagmar Aaen« standhält, muß unglaublich stark sein. Fast spürt man die Energie, die der Eichenrumpf auffängt, das Schiff führt einen Überlebenskampf. Harte, abrupte Bewegungen werfen es auf die Seite. Das Erschreckende daran sind die atypischen Bewegungen. Wir sind es gewohnt, daß die »Dagmar Aaen« hart in der stürmischen See arbeitet. Aber trotz aller Härte ist darin doch eine gewisse Dynamik, ja sogar Harmonie in der Bewegung zu spüren. Diese jetzt spürbaren ruckartigen Stöße sind einfach nur zerstörerisch, mörderisch. Es ist, als wenn ein Schiff in einem Trockendock umfällt – Bewegungen, die nur dann entstehen können,

Nachts sind die Pressungen am stärksten. Die Ruderanlage wird zerstört.

wenn sich das Schiff nicht in seinem angestammten Element befindet. Die »Dagmar Aaen« schwimmt nicht mehr, sie ist wie auf Grund gelaufen. Ich weiß nicht, wie groß der Druck des Eises zu diesem Zeitpunkt ist. Plötzlich merke ich, daß sich eine der großen Eisschollen abrupt unter den Vordersteven des Schiffes schiebt und weiter unter den Rumpf gleitet. Da die Masse und das Gewicht der Scholle so gewaltig sind, richtet sie sich nach wenigen Sekunden wieder auf und hebt damit das gesamte Vorderschiff mit sich in die Höhe. Es ist ein Gefühl wie Fahrstuhlfahren. Das ganze Vorschiff bewegt sich nach oben, während das Achterschiff noch auf normalem Niveau liegt. Das kann nicht lange halten – und richtig: Auf dem mit 3 Zentimeter Stahl gepanzerten Kiel rutscht die »Dagmar Aaen« wie ein Schlittschuh rückwärts, obwohl auch dort nur Eis liegt. Uns wird in Bruchteilen von Sekunden klar, was das bedeutet: Wir hatten das Ruderblatt genau in Mittschiffsrichtung festgestellt. Steht es nämlich quer zur Fahrrichtung, dann wirkt das Ruderblatt wie ein Hebelarm. Das heißt, das Eis, das gegen das Blatt drückt, würde es vermutlich zerstören. Die Wucht, mit der die »Dagmar Aaen« jetzt rückwärts von der Eisscholle gleitet, ist zuviel für die Ruderbremse. Schlagartig wird das Ruderblatt von dem Eisdruck herumgerissen. Es ist nur gut, daß zu diesem Zeitpunkt keiner am Steuerrad steht. Die wirbelnden Speichen hätten ihm die Hände oder Arme gebrochen. Ich stürme nach achtern und lehne mich außenbords. Im klaren Wasser kann ich mit der Taschenlampe sehen, daß das gesamte Gewicht des Schiffes auf dem eingeschlagenen Ruderblatt lastet. Irgend etwas gibt in diesem Moment nach, ich spüre es mehr, als daß ich es höre. Das Ruderblatt ist es nicht, es sitzt unverändert an der gleichen Stelle. Ich steige hinunter in den Navigationsraum und öffne die Tür zur Rudermaschine. Selbst in dem schwachen Schein der Taschenlampe ist der Schaden erkennbar. Die Übertragungselemente zwischen dem Ruderblatt und dem Steuerrad sind verbogen, aus der Verankerung gerissen und gebrochen. Der Schaden ist gewaltig!

Ich springe wieder an Deck. Henryk und Martina, die das Ruder beobachtet haben, beruhigen mich damit, daß zumindest das Blatt selbst dem Druck offenbar standhält. Das ist kaum zu glauben. Das gesamte Schiffsgewicht lastet auf dem Ruder. Und dabei sind die Eispressungen durchaus noch nicht vorbei. Das Eis schiebt weiter, drückt, zerstört. Weitere Schollen schieben sich unter den Rumpf, und plötzlich hebt sich die »Dagmar Aaen« empor. Wieder dieser Fahrstuhleffekt, nur daß sich jetzt der ganze Rumpf hebt. Das Schiff beginnt instabil zu werden, es kippt zur Backbordseite, wir müssen uns an Deck festhalten. Immer neue Schollen drängen in den jetzt hinzugewonnenen Freiraum, schieben sich ebenfalls unter den Rumpf, und schlagartig wird mir bewußt, daß das Schiff aus dem

Mit Kettensägen trennen wir die spitzen Eisnasen ab, damit sie nicht die Planken punktuell belasten.

Eis herausgedrückt worden ist. Was wir immer wieder überlegt hatten, was uns Fridtjof Nansen und sein Bootsbauer Colin Archer vorgedacht und in Gestalt der »Fram« vorpraktiziert hatten, läßt sich in dieser Situation an der »Dagmar Aaen« prüfen. Das Prinzip der runden Spantform bewährt sich auch bei diesem Schiff. Obwohl es sich derzeit keineswegs außer Gefahr befindet, wissen wir doch, daß es in der Lage ist, sich aus der Gefahrenzone herauszuheben. Vorerst liegen wir mit 25 bis 30 Grad Schlagseite auf der Backbordseite. So schnell wie die Pressungen gekommen sind, so schnell sind sie vorbei. Das Zeitgefühl ist uns abhanden gekommen. Dauerten sie 10 Minuten oder 60 Minuten? Was spielt das schon für eine Rolle. In dem ersten wiederkehrenden Tageslicht sehen wir das Ausmaß der Pressungen. Die Eislandschaft um uns herum hat sich völlig verändert. Während ich gut gesichert auf das Eis trete, reicht mir Jörn die Kettensäge hinunter. Ich reiße den Motor an und beginne damit, die scharfen Eisnasen um den Rumpf herum abzutrennen. Wir hatten diese Motorsägen einzig zu diesem Zweck mit an Bord genommen. 2 Jahre schon fahren wir sie nutzlos spazieren, aber heute brauchen wir sie. Wir wollen verhindern, daß eine dieser Eisnasen eine Planke punktuell belastet und womöglich eindrückt. Wir sägen quasi für die »Dagmar Aaen« ein Bett aus dem Eis, so daß die Schollen leicht angeschrägt am glatten Rumpf anliegen. Eine Hilfs- und Vorsichtsmaßnahme, die sich bewährt. Gleichzeitig fangen Jörn, Henryk und Martina an, die Notpinne aufzuriggen. Die Decksdurchführung ist ein wenig knapp bemessen für den Vierkant der Pinne, Jörn muß sie mit dem Stemmeisen etwas erweitern. Schließlich paßt sie, aber nützen tut sie uns in dieser Situation ohnehin nichts. Erst wenn das Schiff wieder frei ist, werden wir das Steuer benötigen. Im Moment ist daran gar nicht zu denken. Während wir noch das Eis mit Äxten und Kettensägen bearbeiten, bitte ich Henryk, einen Eisanker auszubringen. Dieser Anker wird etwa 100 Meter seitlich vom Schiff im Eis verankert und mit einer langen Trosse verbunden. Diese Trosse wird jetzt wiederum über einen Block in der Saling im Mast umgelenkt und das Ende auf die Bergewinsch an Deck gebracht. Durch Anker und Trosse sowie den Hebelarm des Mastes versuchen wir, das Schiff hin und her zu bewegen, zu warpen, wie man sagt. 2 Mann kurbeln an der Winde, bis es nicht mehr geht, dann lassen wir die Trosse wieder locker. So geht es weiter, durchholen, loslassen. Das Schiff bewegt sich kaum dabei, aber das bißchen kann schon etwas ausmachen, wenn der Druck erneut einsetzt. Der folgende Tag verläuft den Umständen entsprechend ruhig. Sorgfältig prüfen wir in kurzen Abständen, ob das Schiff irgendwo Wasser macht. Alle Lenzsysteme sind auf Notlenzen eingerichtet, aber die »Dagmar Aaen« ist genauso trocken wie ehedem. Slava und Henryk haben sich inzwischen der defekten Rudermechanik angenommen. Gemeinsam schrauben, sägen und hämmern sie. Mit einem Schweißbrenner erwärmen wir die verbogene Kardanwelle und richten sie danach mit einem Vorschlaghammer. Die zerstörten Teile werden durch neue ersetzt, die wir uns aus Stahlplatten selbst fertigen. Das Improvisationsgeschick von Slava und Henryk trägt entscheidend dazu bei, daß bereits am Abend die Ruderanlage wieder vollständig gerichtet ist, vermutlich stärker denn je. Um sie zu schonen, bauen wir sie allerdings noch nicht wieder ein. Erst wenn das Schiff wieder frei ist, werden wir sie montieren.

Den ganzen Tag über weht es mit über 30 Knoten. Der Wetterbericht kündigt zwar langfristig eine Wetterbesserung an, vorerst soll der Starkwind aber bestehenbleiben. Durch den anhaltenden Wind wird sich der Druck im Eis verstärken. Wir haben festgestellt, daß sich der größte Druck bei Hochwasser einstellt. Der starke Gezeitenstrom, der durch die nahegelegene Bellot-Straße setzt, muß den Druck auf die Eisfelder noch steigern. Vorsichtshalber haben wir am Abend unsere Gore-Tex-Survival-Anzüge angezogen. Wie erwartet, setzen wieder Pressungen ein. Sie erreichen zwar nicht die Stärke der vorangegangenen Nacht, aber trotzdem ist die Situation bedrohlich. Über die Trosse und den Warpanker versuchen wir, die Bewegungen des Schiffes im Eis zu unterstützen. So schnell, wie sie eingesetzt haben, hören die Pressungen wieder auf. Es herrscht eine trügerische Ruhe. Wir versuchen zu schlafen, denn wir wissen, daß wir mit unseren Kräften haushalten müssen. Wir spielen Karten und Schach, versuchen, uns gegenseitig aufzumuntern, und gehen in Gedanken immer wieder alle Möglichkeiten durch, wie das Schiff aus der eisigen Umklammerung zu befreien ist.

Das Warten ist vielleicht das Schlimmste in dieser Situation. Immer wieder gehen wir auf dem Eis um das Schiff herum, suchen nach Auswegen. Unentwegt klettert irgendeiner aus der Mannschaft in die Eistonne, um Veränderungen im Eis festzustellen. Aber soweit das Auge reicht, ist nichts als Eis zu sehen. Am 26. August um 21.30 Uhr kommt das Eis plötzlich in Bewegung. Wir hören zuerst das Knistern und stürmen wie elektrisiert an Deck. Fast scheint es, als ob sich das Eis lockert. Kleine Wasserflächen bilden sich zwischen den Eisschollen, und die »Dagmar Aaen« richtet sich wieder vollständig auf. Ist es das Ende der Pressung? Wir haben uns zu früh gefreut. Was eine halbe Stunde nach den ersten Eisbewegungen passiert, stellt alles in den Schatten, was wir bislang erlebt haben. Um Punkt 22 Uhr läuft das Eis mit einer Wucht auf uns zu, daß uns Hören und Sehen vergeht. Der Ansturm ist so gewaltig, daß man sich festhalten muß, wenn man über Deck geht. Um uns herum herrscht das Inferno. Riesige Eisschollen drehen und wenden sich um die eigene Achse, werden von anderen Eisschollen überrannt, zerstückelt und unter Wasser gedrückt. Wir haben die Decksbeleuchtung eingeschaltet, da es wieder stockfinster ist. Dadurch wirkt die Szenerie noch gespenstischer. Die »Dagmar Aaen« wird wie ein Spielzeug hin und her geworfen. Ich lasse vorsichtshalber die Dieselöfen löschen, damit nicht etwa noch ein Feuer ausbricht. Die Urgewalt der Natur – selten zuvor habe ich sie derart intensiv gespürt. Anders als in den Nächten zuvor hören die Pressungen nicht auf. Wie ein gigantischer Mahlstrom schiebt, drängt, stößt und reibt das Eis um das Schiff herum. Die Bewegungen der »Dagmar Aaen« sind furchtbar, sie erschrecken uns bis ins Mark. Die Situation wird schließlich so bedrohlich, daß ich mich entschließe, Order zu geben, sich zum Verlassen des Schiffes vorzubereiten. Das ist der Moment, vor dem sich jeder Schiffsführer fürchtet – aber ich darf nicht länger zögern. Wie oft haben wir diese Situation theoretisch und auch praktisch durchgespielt, eine Situation, von der jeder hofft, daß sie niemals eintreten wird. Jetzt aber scheint sie gekommen zu sein – mitten in der Nacht, im Packeis der Nord-West Passage.

Der Hubschrauber der »Arctic Ivik« kommt uns besuchen.

Das viele Üben zahlt sich aus. Innerhalb weniger Minuten sind alle in Survival-Anzügen und mit den notwendigsten Habseligkeiten an Deck versammelt. Entsprechend der Rolle, die die Funktion eines jeden Crewmitgliedes im Seenotfall festlegt, werden weitere Maßnahmen getroffen: Einige machen die Rettungsinsel klar zum Aussetzen, andere deponieren Proviant, Trinkwasser, Seekarten, Navigationsausrüstung, Funkgeräte, Zelte, Schlafsäcke, Schrotflinten, Schiffspapiere und was sonst noch von Bedeutung ist in unserem Schlauchboot. Sollte das Schiff sinken, können wir das Schlauchboot mit unseren verbliebenen Habseligkeiten aufs Eis ziehen. Darüber hinaus haben wir noch die große Rettungsinsel, die speziell für den Arktis-Einsatz ausgestattet ist. Das alles sind vorbeugende Maßnahmen. Keiner von uns denkt daran, jetzt von Bord zu gehen – aber es ist alles vorbereitet, um in letzter Minute das Schiff verlassen zu können, wenn es keine andere Option mehr für uns gibt. Unser Faltboot wird zusätzlich mit Proviant und Trinkwasser bepackt und dann ebenfalls klar zum Aussetzen gemacht. Immer wieder überprüfen wir die Bilgen. Aber obwohl der Rumpf unglaublich in die Zange genommen wird, hält er dem Druck statt. Wieder hat das Eis die »Dagmar Aaen« herausgehoben. Erneut hat sie sich mit 25 bis 30 Grad Schlagseite auf die Backbordseite gelegt. 2 Stunden halten die Eispressungen jetzt schon an. Über Funk gelingt es mir erneut, Kontakt mit Resolute herzustellen. Bradley Air hat den leistungsstärksten Sender im Ort. Ich schildere dem Funker unsere Situation und bitte ihn, eine entsprechende Meldung an die Coast Guard weiterzugeben. Dort erkennt man sofort den Ernst der Lage. Ob wir gerettet werden möchten, läßt die Coast Guard fragen. Ich verneine: »Zur Zeit besteht keine Gefahr für uns.« Lediglich das

Vom Hubschrauber aus ist das volle Ausmaß der Eispressungen erkennbar.

Schiff befindet sich in einer Gefahrensituation, deshalb frage ich nach, ob die »Arctic Ivik«, ein Eisbrecher, der in der Nähe operiert, uns zu Hilfe kommen kann. Nachdem die Coast sich erneut vergewissert hat, daß wir nicht mittels Hubschrauber abgeborgen werden wollen und keine Lebensgefahr für uns besteht, sichert man uns zu, daß sich die »Arctic Ivik« auf den Weg machen wird. Die Entscheidung, die Coast Guard anzusprechen, ist mir nicht leichtgefallen. Es wäre aber letztlich falscher Stolz, darauf zu bauen, daß wir allein freikommen. Wir wissen ja nicht, ob erneute Eispressungen einsetzen und ob das Schiff diese ebenso gut überstehen würde. Wir selbst befinden uns momentan wirklich nicht in unmittelbarer Gefahr. So paradox es klingen mag: Sollte das Schiff durch Eiseinwirkung sinken, könnten wir es mit Hilfe von Schlauchboot und Rettungsinsel trockenen Fußes verlassen. Wohl aber befindet sich die »Dagmar Aaen« in »Lebensgefahr«. Der Ehrgeiz, es allein und ohne fremde Hilfe zu schaffen, darf nicht den Blick für das Wesentliche verschleiern. Die »Dagmar Aaen« ist nicht irgendein Gegenstand sie ist »unser« Schiff. Es verbindet uns sehr viel mit ihr. Wir wollen sie um jeden Preis erhalten, und nachdem sie uns sicher durch die schwierigsten Gewässer gebracht hat, ist es jetzt an uns, alles zu versuchen, sie zu retten. Es mag ein wenig pathetisch klingen, aber wir sind gut Freund mit diesem Schiff. Auch vom seemännischen Standpunkt aus ist das die einzig richtige Entscheidung. Schließlich sind wir auch verpflichtet, nichts unversucht zu lassen, das Schiff zu retten. Nicht zuletzt auch im Hinblick auf die Dieselvorräte, die wir in unseren Tanks mitführen und die eine latente Gefahr für die Region bedeuten könnten. Die Coast Guard hatte uns zuvor schon signalisiert, daß wir im Notfall auf Eisbrecherunterstützung zählen können. Seit wir uns ordnungsgemäß angemeldet haben, ist man dort der »Dagmar Aaen« wohlgesonnen. »Und wozu sonst sind Eisbrecher da, wenn nicht, um Schiffen zu helfen«, hatte mir ein Coast Guard-Sprecher gesagt. So hart es auch ist, wir müssen uns darauf einstellen, diese Hilfe in Anspruch zu nehmen. Aber es soll anders kommen, als wir glauben. So beruhigend die Zusage zu sein scheint, daß die »Arctic Ivik« uns zu Hilfe kommen kann, momentan tröstet sie uns wenig. Wir wissen, daß es auch für den Eisbrecher schwer sein wird, zu uns vorzustoßen. Und bis uns die »Arctic Ivik« erreicht, würde Zeit vergehen, in der viel passieren kann. Lange nach Mitternacht lassen die Pressungen endlich nach. Die Stille, die plötzlich einkehrt, können wir fast körperlich spüren. Die Eislandschaft um uns herum sieht total verändert aus. Den Rest der Nacht bleibt es ruhig. Trotzdem kann keiner schlafen. Slava heizt die Öfen wieder an, auf dem Tisch stehen unsere gesamten Reste an Schokolade und anderen Süßigkeiten, die mit Heißhunger von uns vertilgt werden. Es ist unglaublich, aber die »Dagmar Aaen« hat auch diese Eispressungen überstanden! Trotzdem ziehen wir das Schlauchboot samt Ausrüstung auf eine solide Eisscholle neben das Schiff und sichern es durch eine Leine. Wer weiß, was noch kommt!

Am nächsten Morgen inspizieren wir mit unserer Unterwasserkamera den Rumpf. Soweit wir auf dem Video sehen können, gibt es keinerlei Schäden zu verbuchen. Wieder bearbeiten wir mit Äxten und Kettensägen das Eis, um die gefährlichen Eisnasen abzutrennen. Um 20 Uhr erhalten wir plötzlich auf UKW einen Anruf: Es ist der Bordhubschrauber der »Arctic Ivik«, der wenige Minuten später unmittelbar neben dem Schiff auf dem Eis aufsetzt. Ich springe aufs Eis und begrüße den 1. Offizier der »Arctic Ivik«. Gemeinsam klettern wir zu uns an Bord. Dort teilt er uns mit, daß die »Arctic Ivik« versucht hat, durch die Bellot-Straße zu uns zu gelangen. Aber auch dem Eisbrecher ist es nicht gelungen, die Eisfelder zu durchbrechen, so daß sie wieder abdrehen mußten. Hilfe ist von ihm also nicht zu erwarten. Diese Mitteilung hatten wir irgendwie erwartet, trotzdem wirkt sie jetzt ernüchternd auf uns. Der 1. Offizier und auch die Piloten sind sehr freundlich und offensichtlich bekümmert, daß sie so wenig für uns tun können.

Kapitän Mellis von der »Arctic Ivik« läßt uns aber ausrichten, daß seiner Meinung nach das Eis sich bald wieder lockern wird. Mehr könne er zu diesem Zeitpunkt leider nicht tun. Allerdings sollten wir unbedingt Funkkontakt mit Resolute halten. Wenige Minuten später hebt der Hubschrauber wieder ab und verschwindet Richtung Bellot-Straße. Wir sind wieder allein und erwarten voller Sorge die näherrückende Nacht. Sicherheitshalber ziehen wir unsere Survival-Anzüge an und schlafen auch in ihnen. Aber diese Nacht bleibt es ruhig. Früh am Morgen erhalten wir überraschend erneut Besuch von dem Hubschrauber. Die 2. Offizierin, die dieses Mal an Bord ist, bringt uns einen Brief von Kapitän Mellis, in dem er nochmals sein Bedauern ausdrückt, daß er uns nicht zu Hilfe kommen kann. Aber das Eis sei schlichtweg zu stark für sein Schiff. Das Schreiben ist in einem sehr freundschaftlichen Ton abgefaßt. Der Kapitän teilt unsere Einschätzung, daß die Situation sehr ungewöhnlich für das Prince Regent-Inlet und die Bellot-Straße ist. Er gibt uns einige Tips und Empfehlungen und endet schließlich mit dem Wunsch »Good Luck« – und das ist es wohl, was wir in unserer Situation am meisten benötigen. Um unsere Lage ein wenig erfreulicher zu gestalten, hat er den Hubschrauber geschickt, der uns einige Kartons mit frischem Obst und Gemüse überbringt. Wir sind sprachlos über so viel Entgegenkommen und Hilfsbereitschaft. Zusätzlich werde ich zu einem Rundflug eingeladen, damit ich mir aus der Vogelperspektive ein Bild von der Eislage machen kann. Mit 9+ bezeichnet die Offizierin die Eisbedeckung, also nahezu 10/10. Allerdings entdecken wir in gar nicht allzu weiter Ferne neue Risse im Eis. Da der Wind abgeflaut ist, scheint sich auch der Druck langsam abzubauen. Danach verläßt uns der Hubschrauber, nicht ohne uns nochmals die besten Wünsche mit auf den Weg zu geben. Selten zuvor habe ich den Ausfall unserer »Polaris«, unseres kleinen Wasserflugzeugs, so sehr gespürt wie in diesen Tagen. Aber da unser Pilot Chris Nelson in diesen Tagen Vaterfreuden entgegensieht, haben wir niemanden, der das Fluggerät bewegen

Deutlich ist zu sehen, wie sich Eisschollen unter den Rumpf schieben und das Schiff aus dem Wasser heben. Es ist die einzige Möglichkeit, dem Eisdruck zu widerstehen.

Mitten in der Nacht löst sich das Eis vom Schiff. **Mit der Notpinne steuern wir in offenes Wasser.**

kann. Mit Hilfe der »Polaris« wären wir vermutlich nicht in diese Falle geraten. Aber es ist müßig, darüber zu sinnieren. Nächstes Jahr wird Chris wieder mit dabeisein.

Auch in dieser Nacht bleibt es ruhig. Das Schiff hat sich wieder aufgerichtet, allerdings hängen immer noch dicke Eisplatten unter dem Rumpf, so daß sie insgesamt ein gutes Stück aus dem Wasser herausragt. Am nächsten Tag können wir aus dem Mastkorb die Rinnen im Eis sehen, die unserer Position immer näher kommen. Wir bergen das Schlauchboot und beenden damit vorerst auch offiziell die Notsituation. Deutlich spürbar driften wir jetzt mit dem Eis in südliche Richtung und dichter unter Land. Das ist allerdings ein erneuter Grund zur Sorge, denn die Drift führt genau auf Untiefen zu, denen wir nicht ausweichen können. Es ist wie verhext!

Zwar deuten wir die Drift als gutes Zeichen, nicht aber die Tatsache, daß wir damit ins Innere einer Bucht gedrängt werden. Nur 150 Meter von uns entfernt gibt es jetzt bereits offenes Wasser. Aber wir sind dermaßen eingekeilt zwischen großen Eisfeldern, daß wir uns nach wie vor nicht bewegen können. Nachts um 23.30 Uhr werden wir erneut durch plötzlich einsetzende Eisbewegungen alarmiert. Wir befinden uns nur noch 2 Seemeilen von den Untiefen entfernt. Das Eisfeld, in dem wir gefangen sind, hat offenbar die Untiefen erreicht und damit abrupt die Drift gestoppt. Was wird jetzt passieren? Wir sind auf das Schlimmste gefaßt. Doch plötzlich bewegt sich die riesige Eisscholle, die uns seit der letzten Pressung auf Steuerbordseite eingekeilt hatte, von uns fort. Wir trauen unseren Augen kaum. Als sei es das Selbstverständlichste der Welt, löst sich das Eis vom Rumpf und treibt mit größer werdender Geschwindigkeit fort. Sofort haben wir die Maschine gestartet. Henryk ist in die Eistonne geklettert, während ich versuche, unter Maschine das Schiff von den Eisschollen herunterzuziehen, auf denen es immer noch aufliegt. Slava und Helmut stehen an der Pinne und steuern auf meine Zurufe hin in die entsprechende Richtung. Ein paarmal setzen wir vor und zurück, dann rutscht die »Dagmar Aaen« plötzlich zurück ins Wasser und – ist frei! Brigitte und Jörn überprüfen, ob wir irgendwo Wasser machen, aber das Schiff ist trocken.

Wieder passiert alles mitten in der Nacht. Es ist finster und schneit darüber hinaus kräftig. Die Sicht ist sehr schlecht. Vorsichtig fahren wir durch die immer breiter werdenden Rinnen. Ragna steht auf dem Vorschiff und gibt Handzeichen, nach denen der Rudergänger steuert. Nur jetzt nicht erneut in eine Sackgasse fahren! Bei der schlechten Sicht können wir das Eis nicht weiträumig überblicken. So bleiben wir die ganze Nacht in Bewegung, ständig auf der Suche nach offenen Wasserstellen. Erst als es hell wird, können wir das Eis überblicken. Es gelingt uns schließlich, die Einfahrt in das Hazard-Inlet zu erreichen, eine kleine Bucht, die uns von Kapitän Mellis als Warteposition empfohlen worden war. Da der Eingang sehr flach ist, stranden die großen Eisschollen und können nicht in die Bucht gelangen. Auch wir haben nur wenig Wasser unter dem Kiel, als wir die Barre überqueren. Dahinter wird das Wasser wieder tiefer – und vor allen Dingen ist es eisfrei. An dieser Stelle wollen wir abwarten, bis sich die Eislage weiter entspannt hat. Hier sind wir sicher, selbst wenn wir überwintern müßten. Wir sind noch einmal davongekommen!

Alles oder nichts

Wir setzen alles auf eine Karte und versuchen, doch noch auf der alten Amundsen-Route durch die Passage zu gelangen. Eine andere Chance bleibt uns nicht. Der Winter steht vor der Tür.

Das Hazard-Inlet mutet uns in den ersten Stunden wie ein Paradies an. Endlich einmal ohne Gefahr vor Anker liegen, endlich einmal ausschlafen können. Wir sind glücklich und müde zugleich. Aber langsam macht sich über die Freude, aus dem Eis heraus zu sein, auch so etwas wie Ernüchterung breit. Wir können schließlich nicht ewig hier bleiben, und der größte Teil der Passage liegt noch vor uns. Während wir die Ruderanlage montieren, beziehen Slava, Henryk und Jörn am Eingang der Bellot-Straße Position, um das Eis zu beobachten. Dort gibt es eine verlassene Station der Hudson's Bay Company, das »Fort Ross«, wo sie sich wohnlich einrichten. Ein Eisbär muß vor einiger Zeit dort eingedrungen sein und alles zerstört haben, was nicht niet- und nagelfest war. Nachdem sie alles repariert und geordnet haben, ist die Hütte richtig gemütlich geworden. Über Funk halten die drei mit dem Schiff Kontakt. Es gibt allerdings nicht viel zu berichten. Das Eis in der Bellot-Straße liegt wie festbetoniert. Die Zeit drängt. Wir haben den 1. September, das bedeutet schon Winteranfang für diesen Teil der Arktis. Mit jedem Tag, den wir abwarten, verstreicht wertvolle Zeit, die uns an anderer Stelle fehlen wird. Alle Empfehlungen, alle Hinweise in den nautischen Unterlagen weisen darauf hin, daß das Eis der Bellot-Straße nach einigen Tagen herausgespült wird. Jetzt sitzt es dort jedoch schon seit unserem Eintreffen am 24. August, vermutlich aber bereits seit sehr viel längerer Zeit. An Land gibt es Ruinen von alten Eskimosiedlungen. Wir schauen uns dort um. Die Landschaft ist karg, aber durchaus schön. Säße uns nicht die Zeit im Nacken, würde es sich hier eine gute Weile aushalten lassen.

Als sich auch am 2. und 3. September nichts tut, wird es mir zu bunt. Nach langer Sendepause gelingt es mir wieder, mit Resolute Kontakt aufzunehmen. Ich spreche mit Bezal und sage ihm, daß ich nicht mehr daran glaube, daß sich das Eis aus der Straße fortbewegt. Er stimmt mir schließlich zu. Alles in mir sträubt sich dagegen, auch nur eine Stunde länger hier zu warten. Wenn es denn für uns eine Chance gibt, in diesem Jahr durch die Passage zu kommen, dann müssen wir alles auf eine Karte setzen und zurückfahren, um doch noch zu versuchen, durch die Barrow-Straße in den Peel-Sund zu gelangen. Wir beraten uns und wissen alle sehr wohl, daß der Plan gewagt ist. Aber untätig abzuwarten und damit vielleicht alle Chancen zu verlieren, das wollen wir nicht. Irgendwie spüre ich, daß dies die letzte Möglichkeit ist, die wir

Von einer Anhöhe beim »Fort Ross« können wir die Eissituation in der Bellot-Straße beobachten.

haben. Alles versuchen oder abbrechen – eine andere Wahl haben wir nicht. Nachdem ich die Entscheidung getroffen habe, fühle ich mich bedeutend besser. Sofort werden unsere 3 »Landgänger« mit dem Beiboot abgeholt, und wenige Minuten später gehen wir auf Nordkurs Richtung Barrow-Straße. Um 6.45 am nächsten Morgen erreichen wir offenes Wasser. Endlich! Ein starker Seegang empfängt uns, und die »Dagmar Aaen« wälzt sich in den Wellen, als würde ihr das nach den Eispressungen ganz besonderes Vergnügen bereiten. Einige blasse Gesichter an Bord lassen erkennen, daß nach so langer »Ruhephase« im Eis die Seekrankheit Einzug gehalten hat. Die Fahrt nach Norden ist naß, eisig und ungemütlich, aber wir sind erleichtert. Endlich geht es weiter. Wir verschwenden keinen Gedanken mehr daran, ob nicht vielleicht gerade in diesem Moment das Eis aus der Bellot-Straße forttreibt – glücklicherweise werden wir es niemals erfahren. Da wir momentan nur offenes Wasser vor uns haben, kommen wir trotz des schlechten Wetters zügig voran.

Bereits am Morgen des 5. September passieren wir die Enge zwischen der Somerset-Insel und der Prince Leopold-Insel. Wir verlassen damit das Prince Regent-Inlet. Jetzt wird es wieder enger. Über Funk halte ich mit Bezal Kontakt, der von der Coast Guard die neuesten Eisvorhersagen erhält. Es könnte klappen, mehr kann er uns nicht sagen. Die Barrow-Straße ist immer noch unverändert dicht. Aber zur Zeit befindet sich das Eis, wie bei unserem Eintreffen in Resolute, auf der Nordseite der Straße. Dadurch besteht eine winzige Chance für uns, daß die Küste der Somerset-Insel für einige Stunden frei wird. Wir halten uns dicht unter Land. Die Spannung steigt, je dichter wir dem Peel-Sund kommen. Am nächsten Morgen um 4 Uhr erreichen wir die Limestone-Insel, die am Eingang des Peel-Sunds liegt. Eisfelder liegen davor, er sieht geschlossen aus. Doch je näher wir kommen, desto deutlicher sehen wir Rinnen in dem Eisfeld. Auf der letzten Eiskarte war deutlich zu sehen, daß der Peel-Sund eisfrei ist – nur der verdammte Eingang ist meistens blockiert. Vorsichtig tasten wir uns durch das Labyrinth und gelangen dadurch langsam von einer Rinne zur anderen. Um 5 Uhr morgens am 6. September sehen wir zwischen Schneeschauern und Nebelfetzen einen dunklen Streifen im Hintergrund. Ein wenig versonnen stehe ich frierend an Deck und blicke in meine Kaffeetasse, die ich immer noch mit einem Rest kalt gewordenen Kaffee in den Händen halte. Täusche ich mich oder hat der Kaffeerest wirklich ein wenig geschwappt? Da ist es wieder, und jetzt spüre ich es auch in den Beinen, wie das Schiff sich ganz leicht bewegt. Eine leichte Dünung hat eingesetzt – und die kann nur entstehen, wo offenes Wasser ist! Wenige Minuten später taucht der dunkle Streifen vor uns auf. Es ist der Peel-Sund mit seinem offenen, dunklen Wasser! Überglücklich setzen wir alle Segel. Wie lange diese Rinne entlang der Somerset-Insel besteht, wissen wir nicht. Später erfahren wir über Funk, daß es sie erst seit etwa 12 Stunden gibt. Wir waren zum richtigen Zeitpunkt am richtigen Ort.

Die Fahrt durch den Peel-Sund verläuft problemlos. Wir fahren jetzt genau auf der alten Amundsen-Route. Und noch etwas ist uns klargeworden: Zurück können wir nicht mehr. Nachdem wir diese Schlüsselstelle genommen haben, gibt es für uns nur noch das Motto »weiter«.

Am nächsten Morgen passieren wir den Westeingang der Bellot-Straße. Fast 400 Seemeilen Umweg haben wir hinter uns gebracht, um an diese Stelle zu gelangen. Wir können von unserer Position aus nicht sehen, wie es in der Straße aussieht, es ist uns auch gleichgültig, wir fahren an ihr vorbei. Die Franklin-Straße, der Larsen-Sund und die James Ross-Straße gelten ebenfalls als Schlüsselstellen. Insbesondere die James Ross-Straße ist häufig durch Eis blockiert. Die breite Victoria-Straße ist eigentlich immer mit dichtem Eis bedeckt. Hier hatte, wie spätere Funde bewiesen, Franklin versucht, eine Durchfahrt zu finden. Mit dem Resultat, daß er beide Schiffe verlor. Wir halten uns dicht an der Küste der Boothia-Halbinsel. Dort irgendwo ist es gewesen, wo sich 1990 der deutsche Segler Clark Stede und die Australierin Michelle Poncini beim Versuch der Durchfahrung der Nord-West Passage im Eis festgefahren haben. Sie waren noch relativ problemlos durch die Bellot-Straße gelangt, blieben dann aber mit ihrer 13-Meter-Yacht »Asma« im Eis hängen. Ein Eisbrecher der Coast Guard kam ihnen zu Hilfe und lud Schiff und Besatzung kurzerhand zu sich an Deck. Nach einer Reise von rund 100 Seemeilen war die kritische Passage gemeistert, und die »Asma« konnte auf eigenem Kiel weiterfahren. Andere Schiffe vor ihnen waren gezwungen, umzukehren oder abzuwarten. Der Amerikaner John Bockstoce hatte 4 Jahre lang die Durchfahrt versucht, bevor sie ihm schließlich gelang. Auch Amundsen hatte Probleme, durch die James Ross-Straße zu kommen. Er lief mit der »Gjöa« in einem Sturm auf eine der unzähligen Untiefen, von deren Existenz Amundsen natürlich keine Ahnung haben konnte, da er der erste war, der hier hindurchfuhr. Er kam aber frei und überwinterte auf der King William-Insel. Der Winterhafen wurde nach der »Gjöa« benannt und heißt heute noch so: Gjöa Haven. Die Einfahrt in die James Ross-Straße wird auch für uns knapp. Wir haben wieder Eisberührung und müssen uns dicht unter Land halten, um hindurchzukommen. Einmal in der James Ross-Straße, geht es wieder leichter. Vorsichtig navigieren wir zwischen den Untiefen hindurch. Kein Wunder, daß Amundsen hier aufgelaufen ist. Selbst in Kenntnis der Verhältnisse und mit modernem Echolot und Radar ausgerüstet, muß man gewaltig aufpassen, nicht irgendwo aufzulaufen. Neben dem Eingang zum Peel-Sund ist die James Ross-Straße die zweite entscheidende Schlüsselstelle. Als wir durch sie hindurch sind und wieder offenes Wasser vor uns haben, ist unsere Freude kaum noch zu beschreiben. Seit Wochen haben wir keinerlei Alkohol an Bord getrunken, heute ist es soweit. Martina holt die einzige verbliebene Flasche Gin aus der »Bordapotheke«, und gemeinsam trinken wir auf unseren Erfolg. So gelöst und froh sind wir lange nicht mehr an Bord gewesen!

Um Mitternacht passieren wir Gjöa Haven. Wir können die Lichter dieser kleinen Siedlung deutlich erkennen – es sind die ersten nach langer Zeit. Gern würden wir hinfahren, aber die Zeit gestattet es uns nicht. Wir haben den 9. September und müssen uns sputen, wollen wir nicht doch noch irgendwo vom Winter eingeholt werden. Jeder Tag, jede Stunde zählt, deshalb haben wir uns vorgenommen, erst in Cambridge-Bay Station zu machen. Die Passage zwischen dem Festland und der King William-Insel ist ebenfalls tückisch. Allerdings sind hier von den Eisbrechern Seezeichen ausgebracht worden, wodurch die Navigation erheblich erleichtert wird. Wir befinden uns mitten in der berüchtigten Simpson-Straße, als wir plötzlich über UKW angesprochen werden. Es ist ein alter Freund, der uns dort ruft, die »Arctic Ivik«. Man hat uns an Bord des Eisbrechers von weitem gesehen und ist ganz außer sich, daß wir uns jetzt hier treffen. Der Eisbrecher liegt hier vor Anker, und der Kapitän lädt uns ein, längsseits zu kommen. Wir lassen uns nicht lange bitten. Kurze Zeit später fliegen die Festmacherleinen rüber, kräftige Hände packen sie, und dann liegt die »Dagmar Aaen« fest an der »Arctic Ivik«. Die Aufnahme, die wir an Bord erfahren,läßt sich mit »großartig« nur unzureichend beschreiben. Zwar ist die Crew, die uns freibrechen wollte, turnusmäßig abgelöst worden, aber natürlich weiß auch die neue Mannschaft genau über uns Bescheid. Wir können duschen, unsere Wäsche waschen und essen, soviel in uns hineingeht. Und das ist eine ganze Menge! Besonders Helmut tut sich dabei hervor, und der Koch der »Ivik« scheint überglücklich zu sein, daß jemand so ausdauernd und herzhaft seinen Koteletts, Salaten und Torten zuspricht. Der Proviantsatz des Schiffes muß an diesem Tag gründlich durcheinandergeraten sein. Wir bleiben die ganze Nacht längsseits liegen. Gegenseitig besichtigen wir die Schiffe, erzählen viel und freuen uns einfach über das Zusammentreffen. Wann treffen sich schon mal zwei Schiffe in der Nord-West Passage? Mit dem Kapitän gehe ich auf der Brücke des Eisbrechers sämtliche See- und Eiskarten durch. Die Eislage sieht nach Westen hin momentan recht gut aus. Point Barrow, der nördlichste Punkt Alaskas, ist ein notorisch schwieriger Punkt. Da gibt es fast immer Eis, und so manches Schiff ist dort festgehalten worden, obwohl ihm nur wenige Meilen bis zum offenen Wasser fehlten. Und über ein weiteres Thema reden wir ausführlich: über die jetzt einsetzenden schweren Herbststürme. Eindringlich warnt mich der Kapitän, auf der Hut zu sein und ja nicht die Gewalt der Stürme zu unterschätzen. Ich soll mich noch sehr gut an seinen Ratschlag erinnern.

Am nächsten Morgen verabschieden wir uns. Um 9.30 Uhr werfen wir los und setzen alle Segel. Schnell ist die »Arctic Ivik« außer Sicht, und wir konzentrieren uns auf das, was vor uns liegt. Im Queen Maud-Golf erwarten uns wieder dichte Eisfelder, Untiefen und schlechtes Wetter. Durch die Victoria-Straße schiebt sich das Polareis in den Queen Maud-Golf hinein, und wir müssen einmal mehr vom Ausguck aus Rinnen im Eis suchen. Aber wir kommen weiter. Am 12. September um 3 Uhr morgens beginnen wir die Ansteuerung von Cambridge-Bay. Es ist kalt und sternenklar, fast schon eine Winternacht. Um Punkt 5 Uhr sind wir in Cambridge-Bay an einer kleinen Landungsbrücke fest.

Im Orkan

Die Schwierigkeiten nehmen kein Ende. Die Tiefdrucksysteme ziehen über uns hinweg, und wir haben keine Chance, ihnen auszuweichen. Wir sollen die schwersten Stürme der gesamten ICE-SAIL-Expedition erleben.

Cambridge-Bay ist im Vergleich zu den anderen arktischen Siedlungen eine richtige kleine Stadt. Seit wir Upernavik in Grönland verlassen haben, ist es das erste Mal, daß die »Dagmar Aaen« an einer Pier liegt. Der Ort verfügt über einen stattlichen Flugplatz, auf dem täglich mehrere Jets aus dem Süden landen. Von hier aus werden mit kleineren Flugzeugen die umliegenden Siedlungen angeflogen, um sie zu versorgen. Cambridge-Bay ist so etwas wie eine Drehscheibe für Versorgungsgüter, ärztlichen Notdienst und Verwaltung. Es gibt Hotels, Supermärkte und Autos. Der Ort ist gewiß nicht schön, aber funktionell.

Trotzdem wirkt er für uns paradiesisch. Mit Cambridge-Bay haben wir einen wichtigen Meilenstein auf unserer Reise erreicht. Das verwinkelte Inselarchipel mit den Untiefen und dicken Eisfeldern liegt hinter uns. Ein Zurück gibt es für uns jetzt nicht mehr. Nur die Flucht nach vorn, das heißt nach Westen, kann uns weiterbringen. Es ist bereits Mitte September und damit spät im Jahr. Die Einwohner des Ortes warnen uns, allzu lange zu warten, denn jeden Tag kann jetzt der Dauerfrost abrupt und mit entsprechender Eisbildung einsetzen. Wir wissen das und wollen daher nicht länger als unbedingt erforderlich bleiben. Zunächst heißt es Abschied nehmen. Ragna muß von hier aus nach Hause fliegen, da ihre Schule bereits seit einigen Tagen angefangen hat. Sie wird ein wenig zu spät kommen, was aber nicht so schlimm ist, wie sie immer wieder betont. Leicht fällt weder ihr noch uns der Abschied. Ruhig und bedacht hatte sie auch die schwierigsten Situationen gemeistert und sich darüber hinaus eine Menge seemännisches Fachwissen angeeignet. Gut zu wissen, daß Ragna uns auch im nächsten Jahr wieder begleiten wird. Auch David verläßt uns hier. Ursprünglich hatte er nur bis Grönland mitfahren sollen, daraus ist immerhin Cambridge-Bay geworden. Das Kamerateam Duri und Nabil verlassen uns ein wenig überraschend. Ursprünglich hatten sie bis zu unserem Winterhafen mitfahren wollen, jetzt entscheiden sie sich anders. Knapp 4 Wochen waren sie nur an Bord. Zweifellos hatten sie dramatische Momente miterlebt. Trotzdem sind wir ein wenig traurig, daß nur ein so kleiner Teil der Expedition im Film dokumentiert werden soll.

Wir sind jetzt nur noch 7 Personen an Bord. Henryk und Helmut werden die Null-Vier-Wache übernehmen. Jörn und Slava die Vier-Acht und Martina und Brigitte die Acht-Zwölf-Wache. Vorsichtshalber füllen wir die Diesel- und Wassertanks auf und überprüfen mit der Unterwasserkamera erneut den Rumpf sowie die Ruderanlage. Nirgendwo ist ein Schaden festzustellen. Da man zu Hause nur teilweise Informationen über unseren Reiseverlauf erhalten hat, nutze ich die Möglicheit zu einigen Telefonaten. Die Nachricht, daß wir im Eis festsaßen, war durch die Medien gelaufen, aber niemand hatte Genaueres gewußt. Das hole ich jetzt nach. Erleichterung macht sich am anderen Ende der Leitung breit, als ich erzähle, wie gut das Schiff und wie souverän die Mannschaft die Situation gemeistert haben.

Henryk, dem seit Wochen ein entzündeter Backenzahn das Leben zur Hölle macht, begibt sich zu einem Zahnarzt in Behandlung. Der zieht ihm den Zahn sofort. Der ganze Kiefer ist bereits vereitert, und Henryk kann von Glück sagen, daß der Zahnarzt gerade vor Ort ist. Die Schmerzen müssen zeitweilig für Henryk unerträglich gewesen sein. Neben der Aufregung und dem Streß im Eis mußte er auch noch die Schmerzen ertragen – und das über Wochen. Armer Henryk! Zwar ist die Backe noch dick, aber Henryks strahlendem Gesicht ist leicht zu entnehmen, wie glücklich er ist, endlich schmerzfrei zu sein.

Mit dem Schlauchboot machen wir einen kurzen Ausflug in die hinterste Ecke der Bucht. Dort ragt aus dem seichten Wasser der Rest eines Schiffswracks heraus. Nur wenige wissen von dem Wrack, dabei ist es doch von historischem Interesse: Es handelt sich um die »Maud«.

Kein geringerer als Roald Amundsen hatte dieses Schiff in Norwegen bauen lassen. Nachdem er zuvor mit der »Gjöa« die Nord-West Passage durchfahren hatte und auf einer weiteren Expedition als erster Mensch den Südpol erreicht hatte, benötigte er für eine weitere Expedition

ICESAIL ALASKA
EXPEDITIONSSTRECKE ALASKA
NORDPOLARMEER
RUSSLAND
TSCHUKTSCHEN-SEE
TSCHUKTSCHEN-HALBINSEL
UELEN
DIOMEDE-I.
INTERN. DATUMSGRENZE
BERING-STRASSE
PROWIDENIJA
RUSSLAND U.S.A.
ST. LAWRENCE-I.
POINT BARROW
BARROW
KAP LISBURNE
POINT HOPE
KOTZEBUE-SUND
KOTZEBUE
NÖRDLICHER POLARKREIS
WALES
TELLER
SEWARD-HALBINSEL
NOME
NORTON-SUND
YUKON
ALASKA
ST. MATTHEW-INSEL
BERING-SEE
NUNIVAK-I.
ANCHORAGE
SEWARD
HOMER
GOLF VO ALASKA
PRIBILOF-INSELN
BRISTOL-BAY
ALASKA-HALBINSEL
KODIAK
KODIAK-I.
UNIMAK-I.
DUTCH HARBOR
UMNAK-I.
UNALASKA-I.
ALËUTEN
0 50 100 150 200 250 300 km
0 50 100 150 sm

ein neues Schiff. Für die Südpol-Expedition hatte er von Fridtjof Nansen die »Fram« bekommen. Die »Fram« war nach dieser langen Expedition in die antarktischen Gewässer arg mitgenommen. Da Amundsen eine Renovierung zu aufwendig erschien, ließ er statt dessen ein neues Schiff bauen und segelte mit der »Maud« in den Jahren 1918 bis 1920 durch die Nord-Ost Passage. Zweimal mußte er dabei überwintern. Die »Maud« war ähnlich groß und solide gebaut wie die »Fram« und sollte das zweite Schiff in der Geschichte werden, dem die Durchfahrung der Nord-Ost Passage gelang. Die anderen Expeditionsziele, beispielsweise eine geplante Drift mit dem Polareis über den Nordpol hinweg, konnten allerdings nicht erreicht werden. 1925 wurde die »Maud« in San Francisco aufgelegt und ein Jahr später an die kanadische Hudson's Bay Company verkauft. Diese schickte sie schließlich nach Cambridge-Bay, wo die »Maud« als Depotschiff verwendet wurde. Einige meinen, die Hudson's Bay Company habe das Schiff nur deshalb gekauft, damit kein anderes Unternehmen es bekäme und so der Company Konkurrenz mache. Die »Maud« sollte jedenfalls nie wieder nach Norwegen zurückkehren und sank in den späteren Jahren durch irgendeine Leckage. Wir klettern auf dem Wrack herum und bestaunen, wie solide dieses Schiff gebaut ist. Es gab eine Zeitlang Pläne, das Wrack zu bergen und nach Norwegen zu bringen, um es dort zu renovieren und neben der »Fram« auszustellen. Aus Kostengründen hat man davon wohl Abstand genommen. Leider! So verfällt dieses Wrack von Jahr zu Jahr. Dabei stellt es wirklich ein seltenes Zeugnis norwegischer Schiffbaukunst dar.

Am 14. September verlassen wir Cambridge-Bay. Zuvor haben wir nochmals das gesamte Schiff überprüft, unsere Sturmsegel parat gelegt und alles für den langen Seetörn, der jetzt vor uns liegt, vorbereitet. Um 11.30 Uhr laufen wir aus. Rund 2500 Seemeilen liegen vor uns. Das entspricht etwa der Distanz einer Atlantiküberquerung von den Kanarischen Inseln aus in die Karibik. Mit dem Unterschied, daß unsere Reise nicht über die günstige Passat-Route führt, sondern durch die stürmische Beaufort- und Bering-See. Wie stürmisch sie sein kann, sollen wir bald erfahren.

Jeden Abend versuche ich, mit Bezal über Kurzwelle Funkkontakt aufzunehmen. Leider ohne den gewünschten Erfolg. Die atmosphärischen Störungen sind zu groß. Ich hatte Bezal von Cambridge-Bay aus angerufen und ihm von unserem Eintreffen erzählt. Terry und er freuen sich darüber offenbar mindestens genauso wie wir. Der Funkkontakt mit der Coast Guard klappt hingegen sehr gut. Täglich geben wir unsere Positionsmeldung durch und erfahren die neuesten Wetter- und Eisberichte. Wir haben keine Zeit zu verlieren! Sturm in der Bering-See – und das Polareis nur 40 Seemeilen von Point Barrow entfernt. Wir kommen gut voran. Etmale von 140 Seemeilen lassen die Distanzen langsam schrumpfen. Ohne Probleme passieren wir den Coronation-Golf und die Dolphin & Union-Straße. Eis sehen wir keines mehr. Aber der Wind kommt aus nördlicher Richtung, und damit schiebt er unweigerlich das Polareis vor sich her.

Am 16. September erreichen wir den Amundsen-Golf und damit auch das Ende des Inselarchipels der Nord-West Passage. Ein weiterer Abschnitt ist geschafft. Wir haben uns angewöhnt, im Verlauf der Passage in Abschnitten zu denken. Jedes erreichte Etappenziel stellt einen Erfolg dar. Die Distanzen in der Nord-West Passage sind so gewaltig und erdrückend, daß man sich von Abschnitt zu Abschnitt hangelt. Es sind die kleinen Erfolgserlebnisse – so belanglos sie vielleicht auch sein mögen –, die einem immer wieder neuen Antrieb geben. Jeder an Bord, mich eingeschlossen, ist müde geworden von der langen Reise. Wie gern würden wir jetzt in einem schützenden Hafen liegen, das Schiff einmal Schiff sein lassen und einige Wochen ausspannen. Aber das ist nicht möglich. Wir wissen sehr wohl, daß es auf der gesamten Strecke bis Dutch Harbor keinen einzigen Hafen gibt, der groß und tief genug wäre, der »Dagmar Aaen« Schutz zu gewähren. Selbst Buchten oder Landabdeckung gibt es nicht. Der »North Slope«, die Küste Alaskas und Kanadas, ist flach und seicht.

Ungebremst fegen die Sturmwinde von allen Himmelsrichtungen heran. Im Süden die seichte und mit Untiefen gespickte Küste, im Norden das Polareis. Dazwischen bleibt ein schmaler Grad, den man durchfährt. Die Möglichkeit zur Wetternavigation, d.h. den Kurs entsprechend der Wetterentwicklung festlegen zu können, entfällt völlig. Hier müssen wir einfach durch! Die Nächte, die täglich kälter werden, warten immer wieder mit spektakulären Nordlichtern auf. Stundenlang können wir diesem Lichterspiel zusehen, unsere Müdigkeit ein wenig vergessen. Die Wetterberichte werden schlechter: Wind aus westlicher Richtung, anfangs mit 20 Knoten, später auf 30 und 35 Knoten zunehmend. Wir binden ein Reff ein und segeln so hart es geht am Wind, um möglichst direkten Kurs halten zu können. So hart am Wind sind die Bewegungen des Schiffes unangenehm. Die Gischt, die beim Einsetzen des Bugs in eine See übers Deck weht, ist eisig kalt. Die Deckswache ist froh, wenn sie nach 4 Stunden unter Deck gehen und sich an einer heißen Tasse Schokolade aufwärmen kann.

Am 17. September nähern wir uns Kap Bathurst und damit der Beaufort-See. Wir wissen, daß um das Kap ein starker Strom setzt. Der westliche Wind verstärkt diesen Strom, und von der Beaufort-See rollen hohe Seen heran. Zusätzlich verschlechtert sich das Wetter ständig. Da wir kaum noch von der Stelle kommen, entschließen wir uns abends beizudrehen. Dazu binden wir das dritte Reff ins Großsegel, bergen die Vorsegel und legen das Ruder auf 25 Grad Backbord. Die »Dagmar Aaen« liegt fast quer zum Wind und zu den Seen. Das Kielwasser zeigt genau in die Richtung der Seen, und die daraus resultierende Blasenbahn im Wasser nimmt den Wellen die Kraft, so daß wir eine vergleichsweise ruhige Nacht haben. Zwar rollt die »Dagmar Aaen«, aber keine einzige See, die an Deck steigt. Das Schiff liegt wie ein Korken auf den Seen. Auch an dem nächsten Tag bleibt es so stürmisch, daß wir beigedreht liegenbleiben. Erst gegen Abend läßt der Wind nach. Wir setzen wieder die Vorsegel und machen uns auf den Weg. Die Beaufort-See ist ein flaches Gewässer. An einigen Stellen nur 10 Meter, an anderen gerade 20 Meter tief. In diesen flachen Meeren baut sich bei Starkwind eine hohe und steile See auf. Anders als im Atlantik, wo die Amplituden der Seen lang und weich verlaufen, sind sie bei flachen Meeren kurz und steil. Deshalb ist ein Sturm in solchen Gewässern nicht minder gefährlich. Die brechenden Wellen kommen mitunter in derart schneller Folge, daß ein Schiff den Seegang nicht ausreiten kann. Die volle Wucht dieser Seen trifft damit das Schiff und kann verheerenden Schaden anrichten.

Abends schreibe ich ins Logbuch: »Schiff arbeitet in schwerer See. Wasser über Deck.« Immer wieder steigen die rasch heranrollenden Seen ein. Die Arbeit an Deck ist naß, kalt und gefährlich. Ohne Sicherheitsgurt und Sicherheitsleine darf keiner an Deck herumlaufen. Es soll noch schlimmer kommen. Eine Wetterkarte, die wir durch unser Wetterfax erhalten, kündigt ein Sturmtief an. Inuvik Coast Guard Radio verkündet ebenfalls eine »Storm Warning«. Wohlgemerkt: eine »Storm« und keine »Gale Warning«. Und wenn die Coast Guard in diesem Gebiet eine Sturmwarnung ausgibt, dann meint sie mindestens Windstärke 10. Um 2 Uhr nachts des 21. September erreichen wir die Herschel-Insel. Wir befinden uns damit in der sogenannten »Äquinoktialzeit«. Darunter versteht man die Zeitspanne, in der auf der ganzen Welt Tag und Nacht gleich lang ist. Einhergehend mit dieser Periode setzen meistens die schweren Herbststürme ein. Mir wäre sehr viel wohler zumute, wenn wir zu diesem Zeitpunkt die Beaufort- und Bering-See bereits hinter uns hätten... Da die Herschel-Insel zumindest ein Minimum an Schutz gewährt, entschließen wir uns, hier den Sturm abzuwettern. Die Zugbahn des Sturmtiefs verrät uns, wie sich die Windrichtung entwickeln wird. Derzeit weht es aus südöstlicher Richtung mit etwa 20 Knoten. Wir haben uns deshalb an der Nordwestküste der Insel vor Anker gelegt. Erwartungsgemäß dreht der Wind um die Mittagszeit schlagartig auf Südwest. Wir gehen wie geplant ankerauf und verholen an die Ostseite der Herschel-Insel. Schon während wir die paar Meilen um die Insel herumfahren, weht

Wir sind müde, kalt und fühlen uns zerschlagen.

es mit Sturmstärke. Das Gewässer um die Insel ist flach und der Ankergrund schlecht. Durch die Wolkenfetzen hindurch sehen wir einige Häuser auf der Insel stehen. Sie sind unbewohnt. Die Herschel-Insel war ein beliebter Anlaufpunkt für Walfänger, die mitunter den Winter dort verbringen mußten. Eigentlich wollten wir uns die alten Siedlungsreste auf der Insel ansehen, das aufziehende Unwetter läßt uns jedoch nicht einen Gedanken daran verschwenden. Beeindruckt beobachten wir, mit welcher Rasanz das Barometer fällt. Alle halbe Stunde sinkt es um mindestens ein Hectopascal. Wir ankern bei 7 Meter Wassertiefe und haben 30 Meter Kette zu Wasser gelassen. Der Sturm nimmt kontinuierlich an Heftigkeit zu. Um 18 Uhr haben wir bereits 45 Knoten, eine Stunde später 50 Knoten Wind, entsprechend Windstärke 10. Wir geben vorsichtshalber noch etwas Kette aus. Der Sturm reißt mit unglaublicher Gewalt an dem Schiff. Es heult und pfeift derart in der Takelage, daß man laut schreien muß, um sich zu verständigen. Bei einbrechender Dunkelheit sehen wir plötzlich die Positionslichter eines Schiffes genau auf uns zukommen. Ich mag das nicht so recht glauben, denn erstens fahren hier eigentlich keine Schiffe, und zweitens ist unser Ankerplatz für die Eisbrecher viel zu seicht. Es gibt aber keinen Zweifel, es ist ein Schiff! Der Lichterführung können wir entnehmen, daß es sich um einen Schlepper handelt, der irgend etwas hinter sich herzieht. Bei dem Sturm und der schlechten Sicht, wird er unsere Ankerlaterne vermutlich nicht sehen, wohl auch nicht nach anderen Schiffen Ausschau halten. Für ihn muß es genauso überraschend sein, ein anderes Schiff anzutreffen, wie für uns. Über UKW-Kanal 16 rufe ich den Schlepper an. Keine Antwort. Erst als ich es ein zweites Mal versuche, antwortet jemand: »Ship calling ›Johnny Hope‹!« – Wer ruft uns? Wie ich vermutet habe, hatte man uns auf der Brücke des Schleppers nicht gesehen. Der Kapitän meldet derzeit konstante 60 Knoten Wind. Unser Windmeßgerät hat inzwischen seinen Geist aufgegeben. Der Kapitän bedankt sich, daß ich ihn gewarnt habe, und teilt mir mit, daß er uns auf dem Radarbild ausfindig gemacht hat. Sein Schlepper habe nur einen sehr geringen Tiefgang, da er für den Mackenzie-Fluß gebaut sei. Deshalb müsse er unbedingt Schutz unter Land suchen und auf besseres Wetter warten. Er schleppt eine riesige Barge, die leer ist und damit hoch aus dem Wasser herausragt. Es sieht unheimlich aus, als der Schlepper genau in den Wind geht und Kurs auf die Küste nimmt. Dabei passiert er uns dichter, als uns lieb ist, aber die Schleppercrew weiß genau, was sie tut. Gespannt verfolgen wir auf unserem Radarschirm das Manöver. Der Kapitän setzt seinen Schlepper mit dem Bug auf den Strand. Beide Maschinen laufen voraus, um die Nase des Schiffes gegen den Wind und das Land zu drücken. Die Barge wird von dem Sturm achteraus getrieben und hält dabei die schwere Schlepptrosse gespannt. Solange das hält, sind wir beruhigt. Eine treibende Barge bei diesem Wetter wäre so ziemlich das letzte, was wir brauchen! 60 Knoten Wind, das entspricht Windstärke 11, und noch immer nimmt der Wind zu. Für einen Betrachter ist es unmöglich, die Windgeschwindigkeit exakt zu schätzen. Wir erhalten die Information von der Brücke des Schleppers, der allerdings erheblich besser geschützt ist als wir. Die Anker- und Deckswache hat diese Nacht ein hartes Los. Die Luft ist angefüllt mit Gischt, Schnee und Hagel. Waagerecht peitscht dieses Gemisch über Deck, sehen können wir nur noch mit Schneebrillen. Die Hagelkörner sind im Gesicht so schmerzhaft, daß wir uns Sturmmasken aus Fleece überstülpen und somit völlig vermummt sind. Die Gewalt, mit der das Schiff an der Kette reißt, geht mir durch Mark und Bein. Werden Anker und Kette dieser enormen Beanspruchung standhalten?

Die Antwort darauf bekomme ich um 23 Uhr. Das Knallen, als die Kette bricht, ist im ganzen Schiff zu hören. Es gibt Alarm: »All hands on deck!« Ich stürze in den Maschinenraum und starte den Callesen-Diesel. Martina verfolgt unsere Drift an Hand der Seekarte, während Jörn und Helmut beginnen, den Rest der Ankerkette einzuholen. Brigitte, Slava und Henryk stehen am Ruder, gehen Ausguck und fahren die Maschine langsam hoch. Obwohl es flach ist und die See keinen langen Anlauf hat, kocht es um uns herum. Die Arbeit auf dem Vorschiff ist äußerst gefährlich. Ich gehe mit nach vorn, um Helmut und Jörn zu helfen. Die Bewegungen des Schiffes sind so abrupt und hart, daß wir immer wieder Gefahr laufen, über Bord gespült zu werden. Alle, die nicht unbedingt gebraucht werden, müssen wieder unter Deck gehen. Martina und Brigitte navigieren im Kartenraum, Henryk steht am Steuer, und Slava versucht, einen heißen Kaffee für uns zu kochen. Seewasser füllt unsere Stiefel bis zur Oberkante, der Sturm drückt uns das Wasser in Augen, Nase und Ohren. Wir halten von der Küste ab und geraten dadurch in immer grobere See. Es gelingt Jörn, trotz der Schwere des Sturmes, einen weiteren Bügelanker anzuschlagen. Dabei wird das Deck ständig von Brechern überspült, und wären wir nicht angeleint, würden wir unweigerlich über Bord gerissen. Die Kette ist in der Mitte durchgebrochen. Die Sorge, sie könnte aus fehlerhaftem Material bestehen, hat sich nur allzusehr bestätigt. Bereits in Rußland hatten wir durch Eiseinwirkung einen Anker und ein Stück Kette verloren. Aber nirgendwo gab es passenden Ersatz. Entweder waren die Ketten zu groß, zu klein oder zu kurz. Erst in diesem Winter soll von Deutschland eine neue Kette nach Alaska verschifft werden. Zu spät, wie sich jetzt zeigt. Die Bügelanker, die wir verwenden, halten hingegen hervorragend. Wenn selbst die Kette eher bricht, als der Anker slipt, dann muß er schon gut fassen. Schon verschiedentlich hatten wir die hohe Haltekraft dieses Ankers schätzengelernt. Ein erneuter Ankerversuch scheitert. Der Reserveanker ist für dieses Wetter zu leicht und der Grund offenbar zu schlecht. Uns bleibt nichts anderes übrig, als beizudrehen und den Sturm auf diese Weise abzuwettern. Da bei jedem Ankerversuch Leute aufs Vorschiff müssen, um den Anker fallen zu lassen bzw. ihn wieder zu hieven, ist mir das Manöver zu gefährlich. Auch wissen wir nicht, ob die Kette nicht erneut bricht. Beim letzten Versuch hat eine See den Anker, der gerade aus dem Wasser auftauchte, gepackt und ihn wie einen Totschläger übers Deck gewirbelt, so daß er schließlich im Klüvernetz hängenblieb.

Noch immer nimmt der Sturm zu. Im Morgengrauen erreicht er offenbar seine größte Gewalt: 70 Knoten konstanter Windgeschwindigkeit – das ist Orkan. Dabei liegt der Schlepper noch einigermaßen geschützt. 70 Knoten, das sind 130 Stundenkilomter. Das Heulen des Sturmes im Rigg ist ohrenbetäubend. Beigedreht versuchen wir unser Bestes, um den Orkan abzuwettern.

Inzwischen ist das Barometer wieder sehr schnell gestiegen. Zwar läßt das auf Wetterbesserung hoffen, aber gerade das rasche Steigen deutet auf die großen Luftdruckgefälle hin, die für die Windgeschwindigkeiten verantwortlich zeichnen. Diese Nacht wird niemand von uns vergessen! Um 8 Uhr morgens läßt der Sturm etwas an Heftigkeit nach. Die Schleppercrew, die unseren nächtlichen Kampf so gut es ging über UKW und Radar verfolgt hat, bietet uns an, eine Trosse zu ihrer Barge überzugeben und uns dann achteraus treiben zu lassen. Nachdem der Sturm weiter nachgelassen hat, gelingt es uns, in einem schwierigen Manöver eine Trosse über einen Poller der Barge zu werfen. Wir lassen uns rund 80 Meter achteraus sacken und liegen jetzt gut unter Abdeckung des Schwimmpontons. Schnell sinkt die Windgeschwindigkeit auf 30, dann auf 20 Knoten. Der Sturm ist vorbei!

Am Abend klart der Himmel auf, und ein spektakuläres Nordlicht erhellt den Himmel. Die Schleppercrew kommt mit einem Schlauchboot längsseits, und gemeinsam sitzen wir bei uns an Bord und unterhalten uns. Die »Johnny Hope« ist auf dem Weg zum Mackenzie, um dort für den Winter aufgelegt zu werden. Auch sie sind spät dran. Die Barge war mit Brennstoff für Eskimosiedlungen beladen gewesen und wird jetzt leer nach Inuvik geschleppt. Gern nehmen wir die Einladung des Kapitäns an, am Morgen auf dem Schlepper eine heiße Dusche zu nehmen und unseren Frischwassertank aufzufüllen. Anschließend verabschieden wir uns und fahren in entgegengesetzter Richtung davon. Obwohl der Wetterbericht nichts Schlimmes verheißt, frischt der Wind schon bald wieder auf 30 Knoten auf. Die Knüppelei geht weiter, irgendwie müssen wir schließlich aus der Passage herauskommen! Um 23.30 Uhr am 23. September passieren wir die Grenze zwischen Kanada und Alaska. Damit haben wir ein weiteres Etappenziel erreicht. Wir hatten dieses Jahr der Expedition mit »Aufbruch nach Alaska« überschrieben. Die Sorge, ob wir diese ehrgeizige Ankündigung würden wahrmachen können, lag uns allen auf der Seele. Jetzt sind wir da! Nach 179 Reisetagen seit Tromsö und 7300 Seemeilen haben wir Alaska erreicht. Aber das Wetter zeigt sich von unserer Hochstimmung wenig beeindruckt. Es bleibt weiterhin stürmisch.

Im weiteren Verlauf liest sich das Logbuch wie eine stete Aneinanderreihung von Schilderungen schlechten und sehr schlechten Wetters. Am 26. September liegt Point Barrow endlich querab. Wir sind vor dem Eis, das sich unaufhaltsam auf die Küste zuschiebt, durch das Nadelöhr hindurchgeschlüpft. Wir ändern den Kurs auf 220 Grad und damit in südwestliche Richtung. Das Wetter bleibt mit einer »Boshaftigkeit« schlecht, daß wir es kaum glauben können. Auf den Wetterkarten, die wir per Fax erhalten, sieht man die Tiefdrucksysteme wie Perlen, die auf eine Schnur gezogen sind, herannahen. Und alle halten sie genau Kurs auf uns. Nur selten ein Tag dazwischen, der etwas Wetterberuhigung verspricht. Aber, wie es scheint, nur zum Luftholen, denn gleich folgt der nächste Sturm. In der Nacht vom 29. zum 30. September fällt der Luftdruck ins Bodenlose. Innerhalb von 30 Stunden sinkt er von 1011 Hektopascal auf 967. Das entspricht 44 Hektopascal! Um 18 Hektopascal fällt das Barometer allein innerhalb von 12 Stunden. Auf der Wetterkarte sieht das Sturmtief aus, als wäre es zu Schulungszwecken konstruiert worden. Sturmfock und Trysegel sind ohnehin fast die einzigen Segel, die wir in der letzten Zeit verwendet haben. Wieder bricht der Sturm mit furchtbarer Gewalt über uns herein. Wir sind müde, zerschlagen und ausgelaugt. Im stillen beobachte und bewundere ich die Gelassenheit, mit der die Crew dieses anhaltende Ungemach aushält. Keine Klage, kein Nachlassen der Aufmerksamkeit oder der Konzentration. Man hat sich ins Unvermeidliche ergeben und tut routinemäßig sein Bestes, um endlich in den Hafen zu gelangen. Die Gesichter sind blaß und übermüdet, denn bei den Schiffsbewegungen findet keiner mehr Schlaf. Die Augen sind vom Seewasser gerötet und die Haut der Hände durch die Kälte und Feuchtigkeit aufgedunsen wie nach einem stundenlangen Bad. Da der Sturm dieses Mal aus nördlicher Richtung weht, ist er besonders kalt, was aber den Vorteil birgt, daß wir vor ihm ablaufen können. Mit teilweise über 9 Knoten segeln wir unter Sturmfock und Trysegel in Richtung Bering-Straße. Eine enorm hohe See hat sich aufgebaut, gelegentlich steigen Brecher an Deck und reißen den Rudergänger von den Beinen. Am 30. September um 12 Uhr haben wir das Kap Prince of Wales querab. Wir sind mittendrin in der Bering-Straße. Auf dem Radarbild können wir die Diomedes-Inseln ausmachen, die genau in der Mitte der Straße liegen. Wenig später ändern wir den Kurs auf Ost und geraten damit unter Landabdeckung. Schlagartig wird die See ruhiger. So recht bewußt will es uns einfach nicht werden: Wir haben die Bering-Straße durchfahren – und damit auch die Nord-West Passage. Nach 186 Tagen und 8154 Seemeilen befinden wir uns in der Bering-See. Wir haben es geschafft!

Dutch Harbor

Endlich erreichen wir nach rund 9000 Seemeilen den Winterhafen Dutch Harbor. Wir haben es geschafft. Die »Dagmar Aaen« ist aus eigener Kraft durch die Nord-West Passage gefahren. Wir haben alles gewagt und alles gewonnen.

Während wir in der Bucht vor der kleinen Siedlung Teller vor Anker liegen, versuchen wir zu begreifen, wo wir auf unserer langen Reise angelangt sind. Wie sehr haben wir den Moment herbeigesehnt, an dem wir endlich auf die Nord-West Passage zurückblicken können. Jetzt ist es soweit, aber irgendwie fühlen wir uns leer und ausgebrannt. Das Eis, die Stürme haben unsere Energien gefressen. Und vielleicht können wir deshalb noch nicht entspannen und abschalten, weil wir wissen, daß wir noch nicht im Winterhafen sind. Die ganze Bering-See liegt vor uns. Weitere Stürme scheinen laut Wetterkarte unvermeidlich. Aber die Nord-West Passage – haben wir sie nun bezwungen? Sind wir besser gewesen als andere vor uns? Die »Dagmar Aaen« ist unseres Wissens nach erst das dritte Schiff, das die Passage innerhalb eines einzigen Jahres ohne fremde Hilfe und Eisbrecherunterstützung gemeistert hat. Das erste Schiff war die »St. Roch« der Royal Canadian Mountain Police, das zweite die »Williwaw« des Belgiers Willy de Roos. Dazwischen liegen Jahrzehnte. Alle anderen Schiffe brauchten länger, mitunter viele Jahre, oder waren Eisbrecher. Was ist das Besondere an diesen 3 Schiffen und an ihren Crews? Die Antwort ist so simpel wie eindeutig: Es gibt keine Besonderheiten!

Die »Dagmar Aaen« war gut vorbereitet und ausgerüstet, und ihre Mannschaft brachte eine Menge Erfahrung im Umgang mit dem Eis mit. Diese Voraussetzung hatten frühere Expeditionen aber auch erfüllt: Selbst Franklin mit seinen schwerfälligen und behäbigen Schiffen war gut vorbereitet. Und wenn Leute wie der Amerikaner John Bockstoce 4 Jahre für die Durchfahrt benötigt haben, dann liegt das nicht an mangelnder Erfahrung oder Ausrüstung, sondern ganz einfach an der Passage selbst. Es ist der »Fluch« der Nord-West Passage: Können und Erfahrung zählen nur zum Teil – der andere Teil ist Glück. Die Nord-West Passage verhöhnt den Seefahrer. Wer sich mit ihr einläßt, wird zum Spielball der Elemente. Die dauernde Anspannung, das Fehlen von Ruhepausen und schützenden Buchten oder Häfen – das Eis bestimmt alles. Es schreibt dir vor, wann du schlafen darfst, wohin du fährst, wie du fährst, ob du fährst. Das Eis ist allgegenwärtig. Die Sorge um das Schiff und deine Mannschaft höhlt dich aus. Immer wieder die Frage: Wieweit darf ich gehen? Wieweit darf und will ich das Schiff riskieren? Und dabei stets die Unmöglichkeit vor Augen, der Außenwelt die Situation zu vermitteln. Es herrschen eigene Gesetze in der Nord-West Passage. Wir haben es geschafft, sind aber ohne Triumphgefühl. Das ist vielleicht der Segen der Nord-West Passage: daß sie dich auf ein sehr bescheidenes Maß zurückstuft. Die Nord-West Passage begünstigt niemanden und benachteiligt niemanden, ihr ist schlichtweg egal, was mit Schiffen und deren Besatzungen passiert.

Das Erlebnis Nord-West Passage ist so gewaltig und umfassend, daß man es nicht in einigen Stunden verarbeiten oder abhandeln kann. Sie wirkt nach, wird uns noch lange beschäftigen – und das ist gut so. Denn in der Erinnerung, in der Intensität, mit der solch ein Erlebnis nachklingt, liegt der eigentliche Wert einer solchen Reise. Es ist kein kurzzeitiges Erlebnis gewesen, sondern eine Erfahrung fürs Leben.

Darüber sprechen wir am Abend des 1. Oktober. Obwohl wir eigentlich todmüde sein müßten, hält es keinen in der Koje. Immer wieder brauen wir uns einen Tee und reden. Die Petroleumlampen brennen in dem gemütlichen Salon, der Wind weht einen würzigen Geruch von Land und Gras herüber, und wir reden und reden die ganze Nacht. Wir können miteinander sprechen, über alles und jedes. Wir haben ein ausgesprochenes Bedürfnis, uns jetzt gerade miteinander zu unterhalten. Wir können und mögen das noch, obwohl wir so lange auf engstem Raum zusammengelebt haben. Wir sind Freunde geblieben!

Einer, der aus der Ferne den Verlauf der Expedition mit größter Sorge und Spannung verfolgt hat, ist unser Smut Falk gewesen. Als er sich in Grönland von uns verabschieden mußte, fiel ihm das besonders schwer. Er hatte sich spontan entschlossen, nach Alaska zu fliegen, um hier in Teller an Bord zu kommen und uns während der restlichen Strecke mit seinen Kochkünsten auf-

zupäppeln. Deshalb liegen wir hier vor Anker, um auf ihn zu warten.
Die Siedlung selbst ist klein. Es ist für uns das erste Mal auf dieser Reise, daß wir amerikanischen Boden betreten. Wir melden uns bei dem Bürgermeister, fragen, ob es eine Zollstation gibt – man verneint lächelnd. Überall freundliche Menschen, Bilder und Zeitungsausschnitte von Roald Amundsen werden herumgereicht. Auf ihnen ist zu sehen und zu lesen, wie Amundsen am 14. Mai 1926 mit dem Luftschiff »Norge« hier gelandet war, nachdem er den Nordpol überflogen hatte. Die Zeit in Teller ist nicht so schnellebig wie zu Hause. Dieses historische Ereignis ist immer noch gut genug für stundenlange Gespräche.
Am nächsten Tag trifft Falk ein. Von Anchorage ist er nach Nome geflogen und von dort mit einem Auto nach Teller gekommen. Um 21.30 Uhr meldet sich Smutje Falk zum Dienst an Bord zurück. Er ist voll beladen mit Obst, Gemüse und einigen Flaschen Bier. Zum ersten Mal können wir richtig auf unseren Erfolg anstoßen. Bereits eine halbe Stunde später gehen wir ankerauf. Es kommt so, wie es kommen muß. Das Wetter ist grau in grau, hoher Seegang und Starkwind. In einige der Kojen tropft es feucht durch die Decksnähte. Durch die enorme Beanspruchung haben sich das Werg und der Teer in den Fugen gelockert, Wasser dringt durch. Das ist nicht schlimm, es läßt sich später leicht beheben – aber es ist unangenehm! Der Wind kommt zudem fast genau von vorn – wie sollte es anders sein. Hart am Wind arbeiten wir uns voran, der alte Rhythmus hat uns wieder eingeholt. Eines Nachts meldet Henryk ein Elmsfeuer. Der Masttop und Teile des Riggs

Seelöwen auf den Aleuten.

Eine russische Kirche in Unalaska.

haben eine leuchtende Aura. »Das bringt Glück!« sagt Henryk und bringt damit einen alten Seemannsglauben zum Ausdruck. In der Nacht zum 8. Oktober entdecken wir auf dem Radarschirm die Ausläufer der Aleuten. Wenig später werden wir von einem amerikanischen Coast Guard Schiff eingeholt, nach unserer Nationaliät und Reiseziel befragt. Nachdem wir die Fragen beantwortet haben, wünscht man uns eine gute Weiterfahrt und dreht ab. Genau um Mitternacht beginnen wir die Ansteuerung. Es geht im Zickzack durch eine Ansammlung hell erleuchteter Fischerboote hindurch. Am Himmel zeichnet sich deutlich der Lichterschein der Ortschaft ab. Über Funk melde ich mich beim Hafenkapitän an. Man ist sehr freundlich und weist uns einen Liegeplatz zu. Um 2.30 Uhr des 8. Oktober legen wir an. Von Teller bis hierher waren es nochmals 725 Seemeilen. Nach 194 Reisetagen und rund 9000 Seemeilen haben wir unseren Winterhafen Dutch Harbor auf den Aleuten erreicht. Ich kenne den Ort, ich bin schon 1986 mit einer Kajak-Expedition hier gewesen. Als die Einwohner im Laufe des Tages erfahren, woher wir kommen und vor allen Dingen, auf welcher Route wir gekommen sind, geht die Neuigkeit wie ein Lauffeuer um. Die Hafenverwaltung bemüht sich um uns, als wären wir Staatsgäste. Wir bekommen den besten Liegeplatz im Hafen zugewiesen und erhalten einen Container, in dem wir Ausrüstung für den Winter unterstellen können. Wo es Probleme oder Fragen gibt, finden wir offene Ohren. Der Platz ist genau richtig zum Überwintern.

Dutch Harbor lebt von der Fischerei. Fast jeder im Ort ist auf irgendeine Weise mit dem Fischfang verbunden, sehr viele sind aktiv zur See gefahren. Sie kennen die Region bestens. Und

es sind gerade die Fischer, die unsere Reise richtig bewerten können. Die »Dagmar Aaen« erregt viel Aufsehen. Wir fühlen uns spontan zu Hause in diesem gastfreundlichen Ort. Einige Tage später kommt unsere Ablösung aus Europa eingeflogen. Es ist Kai Meibaum, ein junger Schweizer, von Beruf Bootsbauer und ein guter Bekannter von Gerd Schwalenstöcker aus Tromsö. Kai wird den Winter auf der »Dagmar Aaen« verbringen und das Schiff betreuen. Langeweile wird er nicht haben, die Einladungen häufen sich – es steht ihm ein ereignisreicher Winter bevor.
Nachdem wir im »Elbow Room«, der bekanntesten Kneipe der Aleuten, ausgiebig unseren Erfolg gefeiert haben, verlassen wir am 17. Oktober Dutch Harbor. Am nächsten Tag landen wir in Hamburg-Fuhlsbüttel. Nach einer herzlichen Begrüßung durch die vielen Freunde, die sich am Flughafen eingefunden haben, geht es in den Nebenraum zur Pressekonferenz. Wir sind zurückgekehrt, eingetaucht in den hiesigen Alltag – größer kann der Kontrast kaum sein. Ein knappes halbes Jahr werden wir jetzt anderen Gesetzmäßigkeiten unterworfen sein. Trotz aller Gegensätzlichkeit, trotz aller Hektik und Schnellebigkeit – ich mag auch dieses Leben. Und die ICESAIL-Expedition? Sie geht weiter!
In den 3 Jahren, die wir mit der »Dagmar Aaen« unterwegs sind, haben wir insgesamt rund 20 000 Seemeilen, das entspricht 37 000 Kilometern, zurückgelegt.
Während ich diese Zeilen schreibe, ist es März 1994 geworden. Am 2. April werden wir zurück nach Dutch Harbor fliegen. Die Westküste Kanadas und Alaskas, die Inselkette der Aleuten und schließlich die Nord-Ost Passage, durch die wir 1992 nicht gelangen konnten, stehen auf unserem Reiseplan. Wir wollen dieses Mal versuchen, von Osten her das berüchtigte Kap Tscheljuskin zu umrunden. Wir geben nicht auf. Im Oktober 1994 wollen wir wieder in Hamburg einlaufen und damit den Kreis endgültig schließen. Ob es gelingen wird? Wir werden sehen. Aber was auch immer das Jahr an guten wie schlechten Erfahrungen parat hält – es bringt uns persönlich weiter. Die Erlebnisse haben uns zusammengeschweißt. Und trotz aller Widrigkeiten, trotz Sturm und Eis – wir freuen uns schon gewaltig, daß das Abenteuer ICESAIL weitergeht.

Die Ausrüstung der »Dagmar Aaen«

1. **Hauptmaschine**
   3 Zylinder Callesen Diesel Typ 425 CO
   180 PS bei 500 Umdrehungen max.
   auf Verstellpropeller
   2 angehängte Lichtmaschinen
   2 angehängte Lenzpumpen/
   Feuerlöschpumpe

2. **Generator**
   Typ Fischer Panda
   12 KW Dieselgenerator mit 220/380 Volt

3. **Wassermacher**
   Sea Recovery SRC 400 AF

4. **Transportable Notlenzpumpe mit Benzinmotor**

5. **3 Deckslenzpumpen**

6. **Elektrik**
   4 Trockenbatterien à 200 AH
   1 Ladegerät 220 V
   Landanschluß
   Stromversorgung 220, 380 und 24 V

7. **Navigationsausrüstung**
   Furuno Radar FR 8031 D
   Furuno GPS GP 500
   Tubsat/TU Berlin: Experimentelles
   SATCOM-System
   Magellan GPS
   Furuno Loran LC 90 MK II
   Furuno Echolot FMV 603
   Furuno Wetterfax FA 208 A mit Navtex
   Navstar Transit 2000
   AP Navigator
   Sextant Plath Classic
   Sextant Freiberger Yachtsextant
   Künstlicher Horizont
   Ferngläser Steiner Comander II 7 x 50
   2 Taschenrechner mit
   Navigationsprogrammen
   SEL Globus 2000 GPS
   Kompasse:
   alter dänischer Schiffskompaß
   VDO Fluxgate Kompaß
   Silva Peilkompaß Typ 80
   Silva Kompasse Typ 15, 5 Stck.
   VDO Windmeßanlage
   Barometer
   Windanemometer
   Thermometer
   Schleuderthermometer
   Schiffsuhren/Armbanduhren Citizen

8. **Nautische Bücher**
   Nautisches Jahrbuch, Gezeitentafeln
   Eisatlas, deutsche, englische, kanadische
   und amerikanische Seehandbücher,
   Funkdienst I – IV, Leuchtfeuerverzeichnis,
   diverse Fachbücher über Wetterkunde,
   Seemannschaft, Navigation, Funk, etc.,
   Seekarten

9. **Funkausrüstung**
   Hagenuk Skanti TRP 7000 KW Seefunkanlage, ausgerüstet mit Telex Modul und
   Laptop mit integriertem Drucker,
   Furuno UKW Handfunkgeräte,
   3 Stck. FM 55
   Sailor UKW RT 2048
   Amateurfunkanlage

10. **Sicherheitsausrüstung**
    Survivalanzüge Dry Fashion Gore-Tex
    Secumar Rettungsweste Typ 15 Bolero
    Sicherheitsgurte
    2 Rettungsringe mit aufblasbarer
    Kadematik Mark I
    Markierungsboje
    Hand-/Suchscheinwerfer
    1 Rettungsinsel Viking 12 Personen wie bei Handelsschiffen üblich, aber extra für arktische Gewässer ausgerüstet:
    Enthalten sind zusätzlich Wärmedecken, Benzinkocher mit Topf und reichlich Brennstoff, Cathay (Pemmikan), Kaffee, Tee, Seenotverpflegung etc.;
    diverse Seenotsignale,
    zusätzlich Signalpistole samt Munition

LOKATA EPIRB Boje
Handfunkgerät, Magellan GPS Empfänger,
Bolzenschneider, Feueräxte, Feuerlöscher,
Flex, Brecheisen, Schweißgeräte,
Lecksegel etc.;
ferner gibt es 2 Kettensägen, um das Schiff
aus dem Eis heraussägen zu können
(eine elektrisch, eine mit Benzinmotor).

11. **Bekleidung**
Berghaus Trango Extrem Gore-Tex
Fleecepullover und -hosen von Salewa mit
dem Gore-Windstopper
Funktionsunterwäsche
Meindl Gore-Tex Berg- und Seestiefel
Asics Sportbekleidung und Laufschuhe
Ziener Gore-Tex Handschuhe
Berghaus Fäustlinge Gore-Tex
diverse Handschuhe aus Fleece-Material
Mützen und Kappen von Codeba,
ausgerüstet mit dem Gore-Windstopper
Thorlo Strümpfe

12. **Sonstiges**
Rucksäcke Berghaus Cyclops II Aztek
Schlafsäcke Ajungilak Tyin
2 Zelte Salewa Sierra Grande
1 Zelt Salewa Sierra Nevada
5 Paar Skier Authier
Bergseil, Eisschrauben, Steigeisen, Pickel
etc.
2 »Klepper Aerius I« Expeditions-
Faltboote

13. **Tauchausrüstung**
Dräger Werke Lübeck für 4 Personen:
Atemluftkompressor Bauer Utilus
Trockentauchanzüge Nokia
Vollgesichtsmasken mit integrierten
Lungenautomaten
Lungenautomaten Dräger vereisungssicher
Flaschen Stahl 10 l
ABC Ausrüstung
Messer Puma
Uhren Citizen
Tauchcomputer
Tiefenmesser, Kompaß

14. **Schlauchboot Lomac mit GFK Boden**
Außenborder Yamaha 25 PS

15. **Flugboot »Polaris«**
Aus der Kombination Schlauchboot
und Ultralight-Flugzeug ergibt sich das
Flugboot »Polaris«
Startbahn: 80 m
Kapazität: 2 Personen
max. Geschwindigkeit: ca. 80 km/h

16. **Heizung**
Vorschiff: Reflex Dieselofen mit
separatem Tank
Mittschiff: Reflex Dieselofen
mit Warmwasserkreislauf in den
Navigationsraum
Dieselherd »Dickinson Atlantik«
mit Backofen
Achterschiff: Heizkörper vom Dieselofen
Mittschiff sowie vom Kühlwasserkreislauf
der Hauptmaschine

17. **Sanitär**
»Albatros-Pump« WC
Fäkalien/Schmutzwassertank
Frischwassertank 450 l in Verbindung mit
Druckwassersystem

18. **Lenzsystem**
Das Schiff ist in 3 wasserdichte Segmente
unterteilt.
Jede Abteilung kann über 4 verschiedene
Pumpen mit jeweils eigener Lenzleitung
gelenzt werden.
Selbst wenn 3 Leitungen verstopfen
sollten, bleibt eine immer noch frei,
da Pumpen und Systeme unabhängig
voneinander arbeiten.

19. **Anker**
2 Bügelanker 33 kg und 44 kg
mit 400 m Kette
1 Stockanker mit 150 m Trosse
1 Handankerwinsch
1 Nirowinsch mittschiffs als Berge- und
Warpwinsch vorgesehen

SEGELSCHIFF "DAGMAR AAEN"

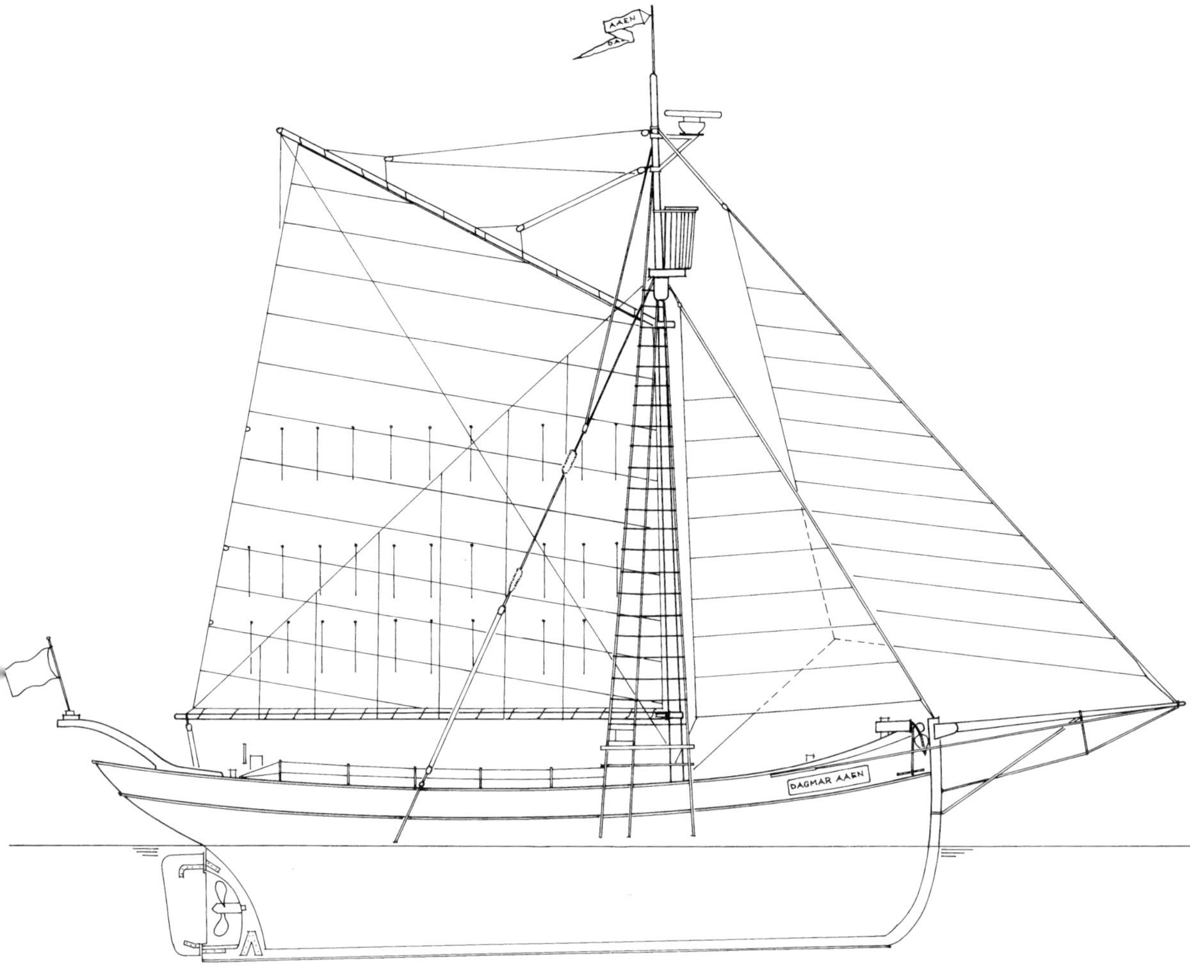

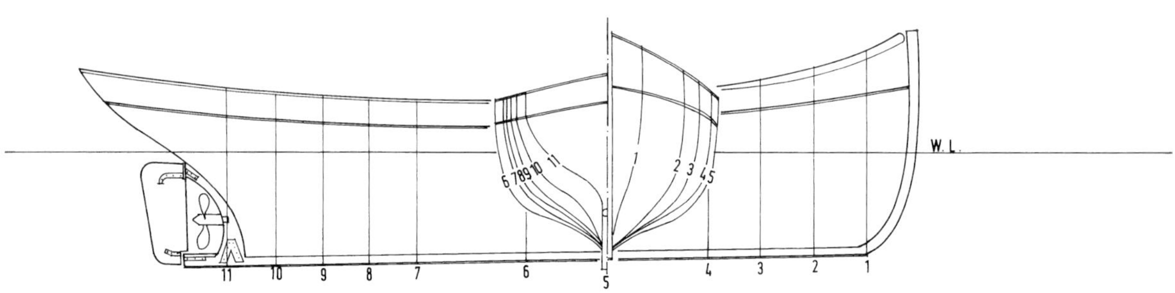

SPANTENRISS

SEGELSCHIFF "DAGMAR AAEN"

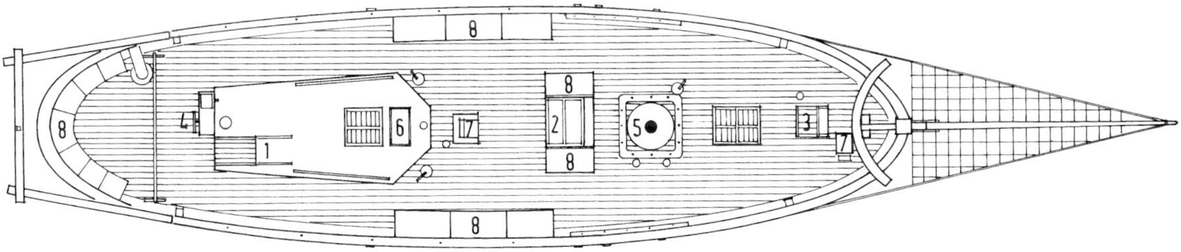

DECKSPLAN

0 1 2 3 4 5 6 m

1 NIEDERGANG ACHTERSCHIFF
2 NIEDERGANG MITTELSCHIFF
3 NIEDERGANG VORSCHIFF
4 RUDER
5 MAST
6 RETTUNGSINSEL
7 WINDE
8 BACKSKISTE

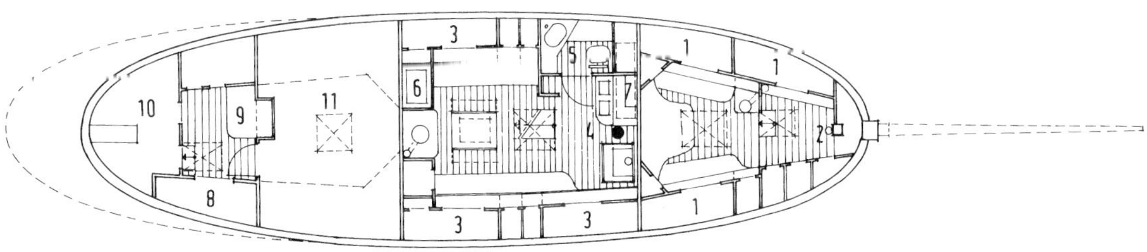

EINRICHTUNG UNTER DECK

0 1 2 3 4 5 6 m

VORSCHIFF
1 KOJEN (6 STCK)
2 ANKERKETTE

MITTELSCHIFF
3 KOJEN (6 STCK)
4 KOMBÜSE
5 WC
6 FRISCHWASSERTANK
7 FÄKALIENTANK

ACHTERSCHIFF
8 KOJE
9 NAVIGATION, FUNK
10 STAURAUM
11 MASCHINENRAUM, TANKS

20. Werkzeug
Das Schiff ist mit allem Werkzeug ausgerüstet, das irgendwie Verwendung finden könnte. Dazu gehören ein Autogen-Schweißgerät, elektrische Werkzeugmaschinen für Holz- und Metallverarbeitung sowie ein umfangreiches Ersatzteillager.

21. Erste Hilfe
In Zusammenarbeit mit Ärzten sowie dem Roten Kreuz zusammengestellt:
Von Aspirin bis zum Zahnbesteck sowie künstlicher Beatmung und Tropf ist alles vorhanden.
Vor Antritt der Reise ist die gesamte Crew entsprechend geschult worden.

22. Proviant
Trekking Mahlzeiten (gefriergetrocknet), Firma Schultheiss
Cathay (Pemmikan), Metzmacher
Grundnahrungsmittel für insgesamt 12 Monate

»Dagmar Aaen«

1931 auf der N. P. Jensen-Werft in Esbjerg für den dänischen Reeder Mouritz Aaen gebaut. Er benennt das Schiff nach seiner Frau.

Länge:	18 m (ohne Klüverbaum)
Breite:	4,80 m
Tiefgang:	2,60 m
Baumaterial:	5,5 cm Eichenplanken auf Eichenspanten
Deck:	Oregon Pine
Mast:	Douglas Fichte
Segel:	1 Klüver, 1 Fock, 1 Großsegel mit 3 Reffreihen, zusätzlich 1 Trysegel und 1 Sturmfock. Die Segel sind aus Dacron und wurden von der Segelwerkstatt Stade gefertigt. Rah mit Breitfock

Der Umbau zum Expeditionsschiff fand auf der dänischen Werft Skibs & Badebyggeri in Grasten, Dänemark, statt. Abschlußarbeiten wurden auf der Peterswerft in Wewelsfleth durchgeführt.

Wissenschaftliche Untersuchung während der ICESAIL-Expedition 1993 von Hartmut Schäfer

XBT – Wegwerfthermometer zur Klimabeobachtung

Wetterbeobachtungen in der Atmosphäre gehören zum täglichen Leben. Auch wenn wir über den täglichen Wetterbericht meistens schimpfen, so ist er doch für viele Aktivitäten ausschlaggebend. Ist aber eine ähnlich genaue Erforschung der Ozeanwassersäule genauso wichtig? Der Sinn großräumiger Messungen der Ozeantemperatur bis in große Tiefen soll an folgendem Beispiel erläutert werden.

Vergleicht man die Atmosphäre mit dem Ozean, so fallen die Meere durch ihre hohe Wärmekapazität (vierfach gegenüber Luft) und ihre große Trägheit auf. Die Wärmekapazität pro Flächeneinheit der oberen 2,5 m der Ozeanwassersäule ist genauso groß wie die der gesamten Luftsäule darüber. Die Fähigkeit des Ozeans, Wärme zu speichern, über weite Strecken zu transportieren und an die Atmosphäre abzugeben, hat starken Einfluß auf das aktuelle Wettergeschehen. Sie ist aber auch entscheidend für unser Klima auf der Erde, denn der Wärmetransport im Ozean entspricht trotz der niedrigen Geschwindigkeiten dem der Atmosphäre. Dabei spielt der oberste Kilometer der Ozeanwassersäule eine wichtige Rolle. Im Nordatlantik beinhaltet er den Golfstrom und den daraus nach Nordosten fließenden warmen Nordatlantischen Strom. Seine Wirkung läßt sich an der geographischen Verteilung der auf der Erde nördlich des 50. Breitenkreises lebenden Menschen verdeutlichen. Zwischen Atlantik und Ural leben, dank des warmen Klimas, annähernd 10mal so viele Menschen wie in den entsprechenden amerikanischen und asiatischen Sektoren zusammengenommen.

Zusammen mit Salzgehaltsänderungen im Meerwasser ergibt sich folgende schematische Darstellung der globalen thermo-halinen (durch Temperatur- und Salzgehaltsunterschiede angetriebene) Zirkulation (Abb. 1).

Im Nordatlantik ist die Verdunstungsrate höher als die Frischwasserzufuhr, was zu einer Zunahme des Salzgehaltes und damit zu einer Steigerung der Dichte führt. Das Wasser wird also schwerer. Unterstützt wird der Effekt im Winter noch durch die Abkühlung des warmen Golfstromwassers durch die kalte Festlandluft des nordamerikanischen Kontinents. Diese beiden Dichteerhöhungen führen schließlich dazu, daß das Wasser in große Tiefen absinkt und eine nach Süden gerichtete langsame Tiefenströmung antreibt, die bis zum Pazifik reicht. Dort steigt das Wasser auf und kann an der Oberfläche Wärme durch Sonneneinstrahlung auf-

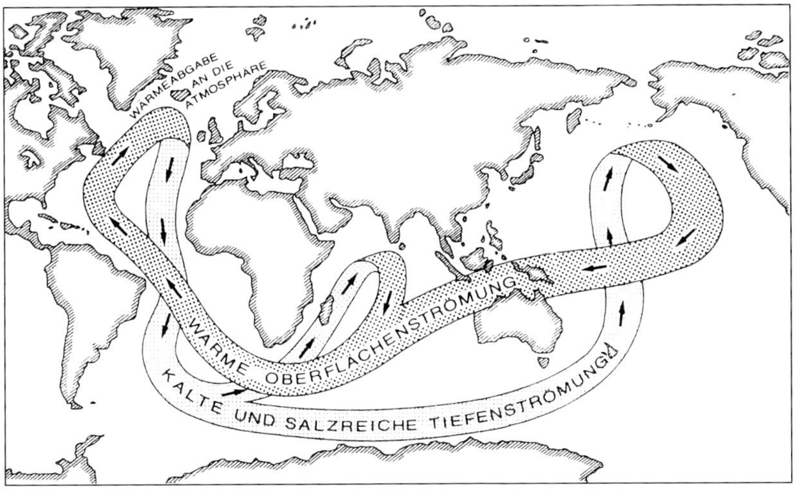

Abb. 1: Vereinfachtes Schema der thermo-halinen Zirkulation

nehmen, während es wieder nach Westen transportiert wird. Da gerade diese Absinkprozesse in der Grönlandsee stattfinden, dort aber selten Schiffe unterwegs sind, wurde die Gelegenheit genutzt, auf der Etappe von Tromsö nach Grönland mit Hilfe von XBTs Temperaturprofile aufzunehmen, die zur aktuellen Wärmetransportberechnung nötig sind (Abb. 2).

Der Name XBT leitet sich aus den englischen Wörtern eXpendable Bathy Thermograph ab, was soviel wie verbrauchbarer Tiefen- und Temperaturmesser heißt. So ein XBT (Abb. 3) besteht aus einem elektrischen Widerstand, der seinen Stromdurchfluß bei Temperaturänderung verändert. Über ein haardünnes Kupferkabel von mehreren 1000 m Länge wird diese Stromänderung auf einen Computer an Bord übertragen, der daraus die Wassertemperatur in der jeweiligen Tiefe berechnet. Ist der ganze Draht abgespult, so reißt er ab, die Messung ist beendet, und der Temperaturfühler fällt auf den Meeresgrund. 53 solcher Temperaturprofile wurden aufgenommen und in ein internationales Datennetz eingespeist, wo sie für Berechnungen des Wärmetransports, zum Vergleich mit Temperaturen aus Satellitenaufnahmen und zur Klimamodellierung verwendet werden.

Unterstützt wurde die Meßkampagne von Herrn Dr. Alexander Sy vom Bundesamt für Seeschifffahrt und Hydrographie in Hamburg, der auch die weitere Datenauswertung durchführte.

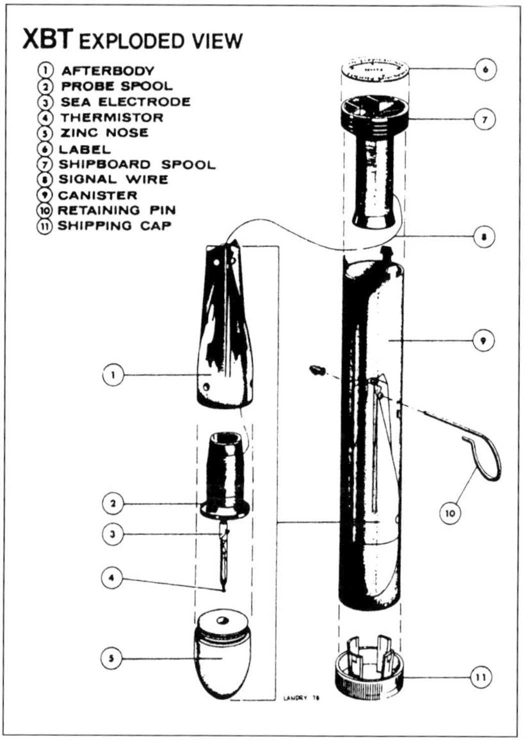

Abb. 3: Aufriß einer Einwegsonde (XBT) zur Messung von vertikalen Temperaturprofilen im Meer (nach Sippican, Inc., USA)

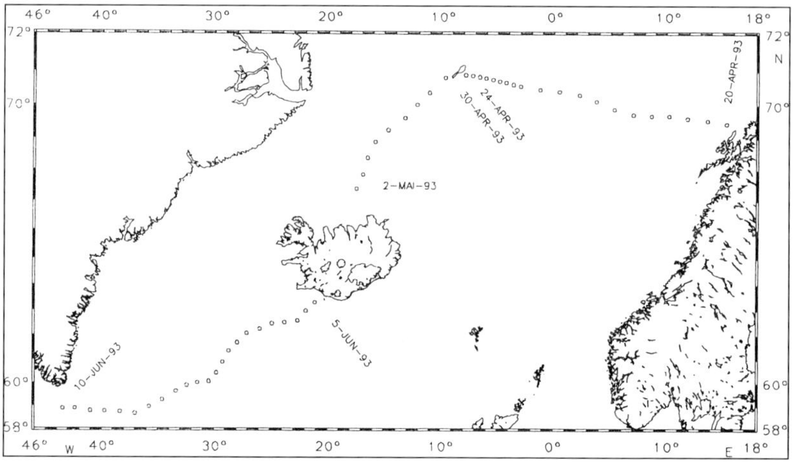

Abb. 2: XBT-Stationen der ICESAIL-Expedition

Glossar

achteraus: alles, was hinter dem Schiff ist
achteraus gehen: rückwärtsfahren
Backstag: Backstag, Achterstag, Vorstag
Stag: starker Draht (oder Tauwerk), der dem Mast Halt gibt
Bändsel: kurzes und dünnes Ende zum Festmachen von Gegenständen oder zum Festzurren von Segeln
Bilge: der unterste Raum eines Schiffes
Block: Gehäuse mit Rollen oder Scheiben zur Führung von Tauwerk
Breitfock: einfaches Rahsegel
Bullentalje: Talje oder Tau, das von der Nock des Großbaumes zum Vorschiff geht, um das Übergehen des Baumes von der einen Seite zur anderen zu verhindern
Etmal: Dauer eines astronomischen Tages sowie die in dieser Zeit von 24 Std. über Grund zurückgelegte Distanz in Seemeilen
fieren: einen Gegenstand mittels Tau oder Drahtseil herablassen; auch das Nachlassen oder Losegeben von Leinen oder Ketten, die unter Zug stehen
Fock: das untere bzw. achtere von 2 Vorsegeln
Gaffel: Rundholz, das zum Hinausstrecken des oberen Teils eines Gaffelsegels dient.
Gaffelgei: Leine, mit der die Gaffel seitlich bewegt oder an unabsichtlichen Bewegungen gehindert wird
Gaffelsegel: ein viereckiges Segel, das längsschiffs stehen und weitgehend senkrecht gesetzt werden kann
Großbaum: bewegliches Rundholz zum Ausstrecken des unteren Teil eines Großsegels
Großschot: ein abgepaßtes Stück Tauwerk, das durch mehrere Blöcke geführt ist (zur Bedienung des Großsegels)
Großsegel: das am Großmast gesetzte Segel, das fest mit dem Großbaum verbunden ist
hieven: ein Gegenst. wird in die Höhe gezogen
Höhe laufen: der bestmögliche in Richtung des Windes gesegelte Kurs, ohne dabei an Fahrt einzubüßen
Klüver: bei Kuttertakelage das vordere vor der Fock gefahrene Vorsegel
laschen: das Festzurren oder -schnüren von Gegenständen, um sie gegen Verrutschen durch Seegang zu schützen
Lee: die Richtung, in die der Wind weht
Leedirk: Leine zum Halten des Großbaumes auf der Leeseite
Legerwall: Küste an der Leeseite eines Bootes
lenz: trocken, leer als Zustandsbezeichnung nach dem Entleeren (Lenzen)
Loran C: elektronisches Navigationssystem
Lose: das Durchhängen einer Leine
Luv: die Richtung, aus der der Wind kommt
Niederholer: Leine, die das Niederholen von Segeln sicherstellt oder erleichtert
Nock: freies Ende eines waagerechten Rundholzes
Rah: Rundholz, das nach außen schlanker wird; es ist am Mast aufgehängt, um daran Rahsegel anzubringen
reffen: Verkleinern der Fläche eines Segels um ca. ein Drittel der Fläche; hierfür sind besondere Bändsel fest am Segel angebracht
Rigg: die Takelage eines Segelschiffs
Schot: Bezeichnung für die Taue, Drähte oder Ketten, die ein Segel ausspannen und in der richtigen Lage halten
Schwell: eine Dünung, die in Häfen hineinläuft, den Strand an einer Küste erreicht
schwojen: vor der Ankerkette durch die Wirkung des Stromes herumdrehen
slippen: Schiff auf einer geeigneten Anlage aus dem Wasser holen oder zu Wasser bringen
Steven: vordere oder hintere Begrenzung des Schiffsrumpfes (Vor- und Achtersteven), wo die Beplankung oder Beplattung ansetzt
Strecktaue: Leinen, die bei schwerer See über das Deck gezogen werden, um der Mannschaft bei der Arbeit auf Deck Halt zu geben
Takelage: Sammelbegriff für das stehende und laufende Gut sowie für alle Masten, Stengen, Segel eines Segelschiffes
Talje: Flaschenzug
verholen: Liegeplatz eines Schiffes verändern
Vollzeug: mit allen Hauptsegeln laufen
Vorsegel: z.B. Fock, Klüver
Zeising: kurze Taue, mit denen ein Segel »festgemacht«, d.h. zusammengeschnürt wird

Danksagung

Eine Expedition ist immer ein Produkt vieler Helfer und Freunde, sowie Firmen und Institutionen, die einem wohlwollend gegenüberstehen. All denen, die mitgeholfen haben, dieses Projekt zu realisieren, und die auch in schwierigen Zeiten zu uns gestanden haben, gilt mein ganz besonderer Dank. Vor allem danken möchte ich:

Der Crew der »Dagmar Aaen« – eine bessere Mannschaft kann man sich nicht wünschen!

Der Firma W. L. Gore für das Vertrauen und die Unterstützung in allen Bereichen. Besonders danken möchte ich Astrid Bockstette, deren Engagement jedes zu erwartende Maß überschritten hat.

Rolf Becker, der immer einen kühlen Kopf behält und mit seinem skeptischen und kritischen Weitblick manches Ungemach aus dem Weg geräumt hat.

Elke Hoffmann, der guten Seele unseres Organisationsbüros.

Gerd und Marie-Christine Schwalenstöcker für Eure tolle Aufnahme und Eure Freundschaft.

Terry und Bezal Jesudason – Ihr habt wieder maßgeblichen Anteil an unserem Erfolg. Habt Dank für Eure Hilfe.

Till Gottbrath für sein Engagement im Pressebereich.

Birthe Dörksen für das Schreiben und Überarbeiten des Buchmanuskripts.

Den Einwohnern von Igarka, insbesondere Slava Gorchakov.

Dem russischen Konsul Herrn Grigorjev.

Kapitän Mikhailichenko von der Verwaltung des »Nördlichen Seeweges«.

Dem Auswärtigen Amt Bonn.

Dem Verein »Leben lernen auf Segelschiffen e.V.«, insbesondere Detlev Löll und Elke Bachmann.

Der Crew des Segelschiffes »Fridtjof Nansen«.

Allen Isländern, die uns so freundlich aufgenommen haben.

Der Albingia Versicherung für das Vertrauen, das sie uns entgegenbringt.

Der Versicherungsmaklerei Griebel & Spahn, besonders Herrn Brox und Herrn Matthäus. Wir haben wirklich in allen Versicherungsfragen die beste Beratung erfahren!

Der Organisation HELP, insbesondere Herrn von Galen, für die unbürokratische und effektive Hilfeleistung für das Krankenhaus Igarka.

Allen Spendern, die diesen Hilfstransport ermöglicht haben.

Monika Puskeppeleit und Johannes Ehmanns für ihren Einsatz, sowie allen Fahrern und Helfern, die den Transport sicher nach Igarka geleitet haben.

Den Einwohnern von Dickson, insbesondere Dima.

Der Besatzung der »Vaigatsch«.

Herrn Strübing von der Eiszentrale Hamburg.

Den Eiszentralen in Narsarsuaq, Moskau und Kanada.

Der kanadischen Coast Guard, insbesondere Kapitän Mellis und der gesamten Crew der »Arctic Ivik«.

Dem Polarmuseum in Tromsö für die freundliche Aufnahme.

Dem Verein »Youth Friendship International«, insbesondere Michael Zwicker und Michael Stannius.

Der TU Berlin, insbesondere Prof. Udo Renner und seinem Team für das »Tubsat«.

Reinhard Postelt und Peter Brunner für Euer Engagement und Eure Freundschaft.

Matthias Steiner für die faire Berichterstattung.

Egon Fogtmann, ohne dessen technische Hilfestellung manches anders gelaufen wäre. Und Else, daß sie so viel Verständnis für uns hat.

Der Firma Callesen sowie der »Skibs & Badebyggeri«, insbesondere Christian Jonsson.

Den Firmen Berghaus, Salewa, Dry Fashion, Asics, Meindl und Ajungilak. Eure Ausrüstung hat sich hervorragend bewährt!

Folker und Meddy Schultheiss für die tollen Trekkingmahlzeiten. Etwas Besseres gibt es derzeit nicht.

Josef Metzmacher für das »Cathay«.

Der Firma Secumar für die hervorragenden Schwimmwesten.

Dem Bundeskriminalamt, insbesondere Herrn Dr. Werner und seinem Team, für die Recherche in Sachen Tegetthoff.
Der Firma Hagenuk für den ausgezeichneten Service.
Karl-Heinz Zarp dafür, daß wir bei Dir unsere Müsli anrühren dürfen.
Der Segelwerksatt Stade, Jens Nickel.
Der Peterswerft in Wewelsfleth, insbesondere Herrn Breuer.
Den Firmen Ferropilot und SEL.
Last, but not least dem Verlag Kiepenheuer & Witsch, ganz besonders Renate Matthaei für die Begeisterungsfähigkeit und die hervorragende Betreuung.

Allen anderen, die nicht namentlich genannt werden können oder möchten, sei ebenfalls an dieser Stelle nochmals ganz herzlichen Dank gesagt. Ohne Euch wäre es nicht gegangen!

Fotonachweis

Brigitte Ellerbrock
Zeichnungen: Einband vorne, Seite 31, 79, 122/123, 156/157, 174/175, 182/183, 217, 232/233
Foto: Seite 81

Wilfried Erdmann
Seite 18/19, 20

Arved Fuchs
Umschlag vorne, Seite 10/11, 15, 22/23, 25, 26, 28/29, 31, 34/35, 38, 40/41, 43, 46/47, 48/49, 55, 56, 58/59, 61, 62, 64/65, 66/67, 70/71, 76/77, 82, 85, 88/89, 91, 92, 95, 97, 98/99, 100, 101, 102, 104, 111, 121, 128/129, 136/137, 144/145, 155, 157, 167, 168, 170/171, 173, 175, 178/179, 180, 190/191, 194/195, 198/199, 200, 201, 204, 206, 207, 208/209, 210/211, 213, 214/215, 220, 224/225, 227, 228

Till Gottbrath
Umschlag hinten, Seite 106/107, 112/113, 131, 132, 134, 135, 138, 141, 160/161, 163, 164

Helmut Hammele
Seite 187, 203

Hartmut Schäfer
Seite 118/119, 124, 147, 149, 152/153

Peter Lechhart
Seite 52/53, 80, 92

ICESAIL-Crew 1992/93

1 Arved Fuchs
2 Brigitte Ellerbrock
3 Martina Kurzer
4 Ragna Koch
5 Slava Melin
6 Chris Nelson
7 Raimer Fuhlendorf
8 Helmut Hammele
9 Jörn Bohlmann
10 Henryk Wolski
11 Peter Lechhart
12 Miroslav Jakes
13 Falk Mahnke
14 Harm Warnemünde
15 Hartmut Schäfer
16 Egon Fogtmann
17 Kai Meibaum
18 David Schurman
19 Till Gottbrath
20 Wilfried Erdmann
21 Torsten Heller (rechts)
21 Alex (links)
22 Jens Holst
23 Stefan Dörksen
24 Nabil Ali Moghib (Kamerateam)
25 Duri Mayer (Kamerateam)

1
2
3
6
ICESAIL
7
8
11
12
13
16
17
18
21
22
23